인간보다 나은 인간

Better Than Human
Copyright © 2011 Oxford University Press

"BETTER THAN HUMAN: THE PROMISE AND PERILS OF ENHANCING
OURSELVES, FIRST EDITION" was originally published in English in 2011.
This translation is published by arrangement with Oxford University Press.
All rights reserved.

Korean translation copyrights © 2015 by RHODOS PUBLISHING Co.
Korean translation rights arranged with Oxford University Press
through EYA(Eric Yang Agency).

이 책의 한국어판 저작권은 EYA(Eric Yang Agency)를 통해
Oxford University Press와 독점 계약한 로도스출판사에 있습니다.
저작권법에 의하여 한국 내에서 보호를 받는 저작물이므로 무단전재와 복제를 금합니다.

인간보다 나은 인간:
인간 증강의 약속과 도전

앨런 뷰캐넌 지음 | 심지원·박창용 옮김

서문

최근 생명의료 증강 윤리에 관한 『인간 너머?(Beyond Humanity?)』라는 제목의 분량이 많은 학술서를 옥스퍼드 대학 출판사에서 출간했다. 그 책은 학문적인 독자들을 위한 책이다. 누구보다도 생명윤리와 도덕철학 전문가를 대상으로 했다. 하지만 독자 다수가 그 책에서 다룬 주제에 관심이 있을 것 같아 더 넓은 독자층을 염두에 두고 이 책을 썼다.

이 책은 방대한 참고문헌을 가지고 있음에도 불구하고 전혀 주석을 표시하지 않았다. 이 책에서 내가 언급한 것에 대한 참고자료를 원하는 사람들은 『인간 너머?』를 참고하기를 추천한다. 이 참고문헌은 책의 마지막 부분에 너무나 지루하게 넓은 공간을 차지한다.

이 책 『인간보다 나은 인간(Better than Human)』은 『인간 너머?』의 축약본이 아니다. 이 책은 『인간 너머?』가 출판된 이후에 떠오른 수없이 많은 단상을 포함하고 있다. 그렇더라도 『인간보다 나은 인간』은 『인간 너머?』보다 상당히 군살을 뺀 책이다. 어느 정도 복잡한 논의와, 학자들에게는 적합하지만 일반 독자들을 여지없이 깊은 잠에 빠져들게 하는 난해한 논의는 생략했다.

게다가 이 책은 약간 다른 내용을 포함하고 있고, 두 책은 상당히 다른 양식으로 쓰였다. 이 책은 형식에 얽매여 있지 않고 대화하는 듯하다. 또한 주제에 대해서 그리고 그 주제가 어떻게 제시되고 논의되는지에 대해서 나의 감정을 솔직하게 표현하고 있다.

이 책이 전작에 기반하고 있기 때문에 전작을 쓰는 데 도움을 주셨던 모든 분에게 다시 감사를 표해야겠지만 『인간 너머?』에서 감사를 표했던 분들은 다시 언급하지 않겠다. 다만 훌륭하게 연구를 보좌해 준 매슈 브래덕, 휘트니 케인, 샌디 아네슨에게, 그리고 탈고되기 전 원고에 값진 논평을 해준 제프 홀즈그레프, 러셀 파월에게 특별히 감사의 말을 전하고 싶다. 또한 옥스퍼드 대학 출판사의 피터 올린과 액션 시리즈 철학의 탁월한 편집장인 월터 시낫-암스트롱에게 감사한다.

2010년 7월 25일
앨런 뷰캐넌

일러두기
본문 하단의 주석은 모두 옮긴이 주입니다.

목차

서문 5

1장 엄청난 낙천주의와 병적 혐오 11
2장 진화로는 충분하지 않은 이유 37
3장 인간 본성의 변화? (또는 복제양 돌리뿐만 아닌 비자연적인 행위) 68
4장 책임감 있게 신처럼 굴기 95
5장 부자가 생물학적으로도 더 부유해질까? 126
6장 증강이 사람들을 도덕적으로 타락시키는가? 161
7장 증강 기획 205

참고문헌 217
찾아보기 227
역자 후기 233
비오스총서를 펴내며 237

1장

엄청난 낙천주의와 병적 혐오

생명의료 증강에 대해 무작정 "그냥 안 돼!"라고만 하기에는 너무 늦었다. 왜냐하면 생명의료 증강은 이미 우리 가까이에 있고, 한층 더 발전 중이기 때문이다. 미셸이라는 대학생의 경우를 살펴보자. 그녀는 미국 명문대 3학년에 재학 중이며, 명석하고 야망을 가진 학생이다. 미셸은 주의력 결핍 장애(ADD: Attention Deficit Disorder)가 아닌데도, 공부의 능률을 높이기 위해서 주의력 결핍 장애에 처방되는 리탈린(Ritalin)이라는 약물을 복용한다. 리탈린은 주의력 결핍 장애, 알츠하이머병, 기면증을 비롯한 여러 질환을 치료하기 위해 개발된 몇몇 약물 가운데 유일하게 인지 장애가 없는 사람들의 인지능력을 증강시키는 약물로 알려져 있다. 인지 증강 약물은 이미 우리 수중에 있고, 그만큼 널리 사용되고 있다.

미셸의 남자친구인 카를로스는 그녀가 리탈린을 복용해서는 안 된다고 말한다. "리탈린을 복용하는 건 부정행위고, 게다가 위험할 수도 있어." 미셸은 다음과 같이 대답한다. "진정해. 리탈린은 그냥 인지 증강 약물일 뿐이야. 그저 내 머리가 좀 더 잘 돌아갈 수 있도록 도와주는 화학물질일 뿐이라고. 코카인 같은 위험한 마약이 아니야. 너 너무 이중적인 거 아냐? 어쩌면 너도 섭취량이 위험수위에 달할지도 모르는 인지 증강 약물을 섭취하고 있잖아. 카페인 말이야! 그리고 담배도 내가 모른 척해준 거야. 넌 끊었다고 말하지만, 밤늦게까지 공부할 때면 가끔 줄담배 피운다는 거 안다고. 네 머리카락에서 냄새가 나. 봐봐, 카페인이나 니코틴 둘 다 정신을 바짝 차리게 해서, 좀 더 명확히 사고하도록 도와주잖아. 그게 바로 많은 사람이 그걸 사용하는 이유야. 그러니까 내가 부정을 저지르는 거라면, 너하고 다른 많은 사람도 부정을 저지르는 거야. 게다가 네가 걱정하는 게 부당하게 이득을 취하는 거라면, 왜 인지 증강 약물만 비난해? 우리 대학에 다니는 것도 우리에게는 엄청나게 유리한 거잖아. 교육이 뭔 거 같아? 교육은 인지 증강이야. 아니면 네 부모님 두 분 다 아주 명석하시고, 박사라는 사실에 대해서는 어떻게 생각해? 그것 역시 틀림없이 유리한 점이고, 게다가 너는 그걸 그냥 얻은 거잖아. 언젠가 내게 자식들이 생긴다면, 난 자식들을 위해서 내가 해줄 수 있는 최고의 기회를 마련해줄 거야. 만약 이게 내 아이들이 좋은 유전자를 갖는다는 걸 보장한다면, 그렇다면 좋아. 생명의료 증강? 난 전적으로 지지할 거야!"

"잠깐만." 카를로스가 이의를 제기한다. "인지 증강 약물은 그렇다고 쳐. 그런데 넌 지금 네 아이들을 유전적으로 디자인하는 것에 대해 말하고 있잖아! 사람의 잠재력을 최대한 일깨우기 위해서 약물을 사용하는 것과 아이들의 본성을 바꿔서 원래 걔네들이 될 사람과는 다른 사람으로 만드는 것은 완전히 달라. 그건 신처럼 구는 거잖아."

나는 대화록에 등장하는 두 학생의 이름을 바꾸었고, 몇몇 불완전한 문장을 보완했으며, 한 문장 걸러 한 번씩 "~같다, ~한 거 같다"로 말을 마치는 학부생들의 성가신 말버릇도 수정했다. 그러나 이것을 제외하면 이 대화록은 듀크 대학교의 생명의료 증강 윤리학이라는 내 수업 시간에 오

1장 엄청난 낙천주의와 병적 혐오   12

갔던 두 학생의 대화 요지를 잘 담고 있다.

인지 증강 약물은 단지 시작에 불과하다. 생명의료학은 놀라울 정도로 새로운 지식, 즉 만약 우리가 결정만 한다면 우리 자신을 변형할 수 있을 지식을 양산하고 있다. 생명의료 증강을 통해 우리는 더 똑똑해질 수 있고, 더 좋은 기억력을 가질 수 있고, 더 강해지고 더 빨라질 수 있으며, 더 강인한 체력을 가질 수도 있고, 훨씬 더 오래 살 수 있고, 질병과 노쇠에 더욱 강한 저항력을 가질 수 있으며, 더 풍부한 정서적 삶을 즐길 수도 있을 것이다. 심지어 생명의료 증강은 우리의 성격까지도 개선하거나, 아니면 적어도 우리의 자기 통제력만큼은 강화할 것이다. 증강 약물은 빙산의 일각일 뿐이다. 실험동물의 유전자를 성공적으로 바꾸는 것을 포함해서, 인간이 자신의 유전자를 의도적으로 변형함으로써 결국 신체 능력, 인지 능력 그리고 정서 능력을 변화시킬 수 있을 것이라는 증거가 우려스러울 정도로 증가하고 있다. 결국 우리가 심지어 인간 진화에 대한 책임마저 떠맡게 될 수 있을는지도 모른다.

여기서 약간의 전문용어를 정리하고 넘어가려고 한다. 증강은 개입이다. 여기서 개입이란 정상적인 인간이 일반적으로 가지고 있는 어떤 능력(또는 성격)을 개선하거나, 보다 급진적으로는 새로운 능력을 창조해내는 일체의 인간 행위를 의미한다. 인지 증강은 정상적인 인지능력을 증강시킨다. 인지능력은 (몇몇 종류의) 기억, 집중, 추리 그리고 심리학자들이 "집행 기능(executive function)"이라고 부르는 것을 포함하는데, 집행 기능은 다양한 정신 작용을 관찰하고, 명령하고, 조정하는 정신적 능력을 의미한다. *생명의료 증강*은 (뇌를 포함하여) 신체에 직접적으로 영향을 미침으로써 현재 사용되고 있는 기존의 능력을 개선하고자 생명공학을 이용한다.

생명의료 증강은 질병을 치료하거나 예방하는 것으로 정의되는 치료와는 대비되는 개념이다. 그러므로 유전병을 예방하기 위해 인간 배아의 유전자를 변형하는 것은 증강이 아니라 치료일 것이다. 반면에 감염에 맞서는 정상적인 면역 체계 능력을 개선하기 위해 배아를 변형하는 것은 증강일 것이다. 만약 질병을 정상적인 기능으로부터의 부정적인 일탈로 간주하고, 질병을 치료하거나 예방하는 것이 치료의 목표라고 한다면, 증강이 치료와 대비되는 개념이라는 것은 명확해진다. 왜냐하면 증강은 정상적인 기능의 확대나 개선을 목표로 하기 때문이다. 이런 의미에서 증강은 치료를 넘어서는 것을 목표로 한다.

생명의료 증강은 두 가지 방식, 즉 생명의료 증강이 개선하려고 하는 능력의 유형에 따라 그리고 생명의료 증강이 능력을 개선하려고 사용하는 기술, 다시 말해 개입의 양상에 따라 나눠볼 수 있다. 생명의료 증강이 개선할 수 있는 능력의 유형은 인지적 기능, 체력·속력·정력, 기분·기질·정서적 기능, 수명으로 나눠볼 수 있다. 우리는 정상적인 면역 체계의 강화를 통해 수명을 단축시키는 질병에 덜 취약해짐으로써 수명을 증강시킬 수 있다. 더 급진적으로는 더 이상 세포가 재생할 수 없게 노화시키는 정상적인 노화 과정에 대처함으로써 수명을 증강시킬 수 있을 것이다.

생명의료 증강의 양상은 약물을 포함해서, 정상적인 능력보다 더 나은 능력을 초래할 것 같은 유전자를 위해 배아를 검사해서 자궁에 착상할 배아를 선택하는 것, 유전적으로 변형된 세포를 몸이나 뇌에 주입하는 것, 인간 배아(수정된 난자 세포) 또는 생식세포(정자 또는 난자 세포)를 유전적으로 조작하는 것 그리고 컴퓨터를 뇌에 직접 연결하는 기술로 나누어 볼 수 있다. 생명의료 증강의 이러한 모든 유형과 양상은 실험동물에게 이미 성공적으로 사용되었고, 몇 가지는 이미 인간에게도 사용되었다. 예를 들어, 뇌-컴퓨터 인터페이스 기술은 시력을 잃어버린 사람들이나 사지가 마비된 사람들에게 이미 도움을 주고 있다.

논의를 더 진행하기 전에 한 가지 간단한 점을 강조하고 싶다. 증강은 어떤 특정한 능력의 개선을 의미하는 것이지, 필연적으로 모든 것을 더 낫게 만드는 것을 의미하지는 않는다. 예를 들어, 청각이 엄청나게 증강된다고 해서 삶이 개선될 것이라고 섣불리 말할 수는 없을 것이다. 오히려 온갖 소음들로 인해서 무언가에 집중하기 힘들어질 것이고, 결국 청각의 증강 때문에 비참해질 수도 있을 것이다. 바로 이런 이유 때문에 인간의 증강보다 능력의 증강에 대해 이야기하는 편이 더 낫다. 만약 능력의 증강이 우리를 모든 면에서 더 낫게 만들 것이라고 생각하는 실수를 저지른다면, 우리는 또한 "당연히 우리는 증강되어야만 해! 왜냐하면 더 나은 게 좋은 거니까!"라고 잘못 생각하게 될 것이다.

심지어 증강이 우리를 모든 면에서 더 낫게 만들 수 있을지라도, 이것이 증강에 착수해야 할 근거가 될 수는 없다. 옳은 일을 하더라도 가끔은 자신의 상황이 개선되지 않을 때가 있는데, 더군다나 자신의 상황을 개선하기 위해 다른 누군가를 부당하게 불리하게 만들거나, 그러한 개선이 몇몇 중요한 도덕규범을 침해해서 생기는 것이거나 자신의 성격을 훼손하는 결과를 낳는다면 그 상황은 더욱 개선하기 힘들어질 것이다.

미셸과 카를로스의 대화는 이 책에서 살펴보게 될 생명의료 증강에 대한 많은 사안을 함축하고 있다. 그러한 사안 가운데 두 가지를 지금 당장 살펴보고자 한다. 나머지는 다음에서 검토될 것이다.

첫 번째, 사회로서 우리는 떳떳한 생명의료 증강과 떳떳하지 못한 생명의료 증강 가운데 한 가지를 선택해야 하는 데 직면해 있다. 생명의료 증강은 스스로가 증강의 모습을 하고 있을 때 떳떳해진다. 예를 들어, 만약 미국 식품의약국(FDA: Food and Drug Administration)이 정상적인 기억을 개선하기 위해 고안되어 그와 같은 용도로 거래될 약물을 승인하는 경우가 여기에 해당할 것이다. 현재는 생명의료 증강을 떳떳하게 용인할 수 없다. 생명의료 증강은 질병 또는 질환을 치료하기 위한 노력의 파생 효과로서 떳떳하지 못하게 용인되고 있다. 미셸의 경우가 여기에 해당한다. 리탈린은 인지 증강 약물로서가 아니라, 주의력 결핍 장애 치료제로서 거래되고 처방된다. 미셸은 다음과 같은 세 가지 방식으로 리탈린을 얻을 수 있다. 첫째, 주의력 결핍 장애에 대한 위키피디아의 글을 읽고 증상을 외워서 학교 보건소 담당 의사에게 자신이 주의력 결핍 장애가 있다고 말한다. 둘째, 의사에게 리탈린 처방을 받은 사람으로부터 리탈린을 "얻거나" 산다. 마지막으로 (가짜 리탈린이나 함량 미달의 리탈린이 배달될 위험성이 좀 있기는 하지만) 온라인상의 가상 의사에게 리탈린을 주문한다.

질병에 대한 치료로 시작해서 증강이 된 경우는 수도 없이 많다. 선택적 세로토닌 재흡수 차단제(SSRIs: Selective Serotonin Reuptake Inhibitors)로 불리는 약물 가운데 가장 잘 알려진 것이 프로작인데, 처음에 이 프로작은 우울증 질환을 치료하기 위해서 개발되었다. 그러나 지금은 임상적으로 우울증을 앓고 있지 않은 수백만의 사람들이 더 좋은 기분을 느끼기 위해 프로작을 복용한다. (실제로 내가 다니는 동물 병원의 수의사는 사람들이 지극히 정상인 개를 더 활발하게 만들기 위해 프로작을 처방해달라고 부탁한다고 말했다.) 비아그라는 발기부전 장애(EDD: Erectile Dysfunction Disorder)를 치료하기 위해서 개발되었지만 요즘은 (카를로스를 포함한) 많은 젊은이들이 심지어 술에 취했을 때조차도 에너자이저 백만돌이[1]처럼 성능을 뽐내기 위해서 비아그라를 복용한다. (아마도 근래 가장 뛰어난 마케팅 전략은 "만약 당신이 네 시간 이상 발기가 지속되는 것을 경험한다면 병원에 가봐라!"라는 경고일 것이다.)

가끔 사람들은 치료를 받다가 예기치 못한 덤으로 증강되기도 한다. 예를 들어, 다리를 잃은 사람들을 위한 최첨단 의족은 실제로 빨리 달릴 수 있는 능력을 증강한다. 그런 만큼 그들을 경쟁으로부터 금지하려는 움직임까지 있다. 몇 년 전 나는 근시 교정을 위해 안구 레이저 수술을 받았다. 왜냐하면 안경 쓰는 것을 좋아하지 않았고, 콘택트렌즈는 너무 성가시다

---

[1] 원문에는 에너자이저의 토끼라고 되어 있지만, 문맥의 분명한 전달을 위해서 에너자이저 광고 중에서 토끼보다 우리에게 더 친숙한 팔굽혀펴기를 하는 백만돌이로 바꾸어 번역했다.

고 생각했기 때문이다. 놀랍게도 의사는 내게 1.0 시력을 원하는지 아니면 좀 더 나은 시력을 원하는지 물어봤다. 나는 (시합에 나가기 위해서가 아니라 재미로) 권총 사격을 하기 때문에 왼쪽 눈은 1.0 시력을 그리고 사격할 때 주로 사용하는 오른쪽 눈은 왼쪽보다 조금 나은 시력을 골랐다. 그 결과 한쪽에만 초점이 맞추어져 다른 쪽이 희미해지는 현상 없이 총의 가늠자와 가늠쇠를 볼 수 있게 되었을 뿐만 아니라 동시에 더 정확하게 표적을 볼 수 있게 되었다. "정상적인" 시력을 갖는 것이 표적 사격을 포함한 다른 모든 일에 최선은 아니다.

질병과 질환의 치료가 계속해서 진보하는 한 생명의료 증강은 여전히 정당성을 확보하지 못한 채 떳떳하지 못하게 계속해서 도입될 것이다. 그러므로 의학의 진보가 멈추기를 바라지 않는다면 생명의료 증강에 대해 그저 안 된다고 말하는 것은 적절한 선택이 아니다.

생명의료 증강이 여전히 정당성을 확보하지 못한 채 떳떳하지 못하게 계속해서 도입된다면 심각한 문제에 봉착하게 될 것이다. 미셸의 경우를 살펴보자. 미셸뿐만 아니라 아마도 수천 명의 다른 학생들이 (그리고 몇몇 교수들도) 약물의 주목적과는 다른 목적으로 약물을 복용하고 있다. 그럼에도 불구하고 주의력 결핍 장애를 앓고 있지 않은 사람들의 리탈린 장기 복용 사례에 대한 의학적 연구는 전무한 상태이다. 그렇다면 최악의 시나리오는 아주 끔찍할 것이다. 지금으로부터 10년 후에 리탈린의 심각한 부작용 사례를 발견했다고 상상해보자. 미셸과 같은 사람들에게서는 몇몇 정신적 또는 신체적 문제가 발생할 것이다. 얄궂게도 그들의 인지 수행 능력의 어떤 부분은 더욱 악화될 것이다. 어쩌면 그들은 정서 문제나 성격장애를 겪게 되거나, 신장이나 간 손상에 시달리게 될 것이다. 생명의료 증강이 떳떳하게 도입되지 않는 한, 우리는 생명의료 증강의 안전을 평가할 유리한 입장에 서지 못하게 되거나, 심지어 생명의료 증강이 그것을 사용하는 모두에게 실제로 작동하는지조차 평가하지 못하게 될 것이다.

미셸과 카를로스의 대화에서 제기되는 두 번째 문제는 "생명의료 증강이 야기하는 문제가 딱히 얼마나 새로운 것인가?" 하는 것이다. 미셸은 인지 증강 약물이 새로운 게 아니라고 한다. 그리고 우리는 니코틴과 카페인을 오랫동안 소비해오고 있다. 또한 미셸은 교육이 하나의 인지 증강 기술이라고도 한다. 더 나아가 미셸은 글을 읽고 쓰는 능력이 엄청난 인지 증강이라고 할 수도 있었다. 글을 읽고 쓰는 능력은 인간의 두뇌 능력을 현저하게 증강한다. 즉, 우리는 사건과 경험을 기록할 수 있고, 이러한 기록은 엄청난 거리를 넘어 대대로 전달할 수 있다. 구두로만 약속했을 때 발생할 수 있는 몇 가지 이견을 문서로 방지함으로써 보다 확실한 약속을 할 수 있다. 또한 읽고 쓰는 능력이 없었다면 가능하지 않았을 복잡하고 풍부한 논의의 형태들을 전개시킨다. 이러한 능력으로 인해 각각의 세대는 모든 것을 완전히 처음부터 시작해야만 한다거나, 구두로 전래되어 일관성이 결여된 사실에 의존할 필요 없이 이전 세대의 지식을 기반으로 삼을 수 있게 되었다.

지금까지 글을 읽고 쓰는 능력과 계산 능력(수학적 능력)은 근대 과학과 같은 가장 위대할지도 모르는 인지 증강을 이루어냈다. 컴퓨터나 스마트폰과 같이 컴퓨터와 관련된 기술 역시 훌륭한 인지 증강이다. 그것들은 즉각적인 원거리 의사소통을 용이하게 할 뿐만 아니라, 빙, 구글 그리고 야후와 같은 인터넷 검색엔진도 제공한다. 이러한 검색엔진은 이것 없이는 결코 얻을 수 없었을 엄청난 양의 정보에 신속하게 접근할 수 있게 해준다. 컴퓨터가 없었다면 인간 게놈을 배열할 수 없었을 것이고, 모두가 알다시피 대부분의 의학 연구도 생겨날 수 없었을 것이다. 이러한 비생명의료 인지 증강 덕분에 인간은 이제 우리 선조들이 신에게서만 기인할 수 있을 거라고 여겼던 영향력을 가지게 되었다.

이러한 역사적 비생명의료 인지 증강이 단지 인지적 이득만을 산출해내는 것은 아니다. 역사적 비생명의료 인지 증강은 보다 양질의 삶의 척도를 산출해냄으로써 더 풍요로운 사회를 만드는 데 기여하기도 한다. 이것은 더 많은 식량, 더 좋은 거주지, 더 좋은 물품, 더 많은 서비스를 생산하기 위해 적용할 수 있는 지식을 가능하게 함으로써 더 풍요로운 사회를 만드는 데 기여한다. 그리고 우리가 시장이라고 부르는 위대한 제도 증강은 이러한 훌륭한 것들의 생산을 고무하고, 동시에 그것들을 더 낮은 가격으로 보다 폭넓게 이용 가능토록 하는 데 도움이 된다.

인지 증강은 생산성을 증가시키는 데 도움이 되고, 비록 이렇게 증가된 생산성이 더 나은 행복과 혼동되어서는 안 된다고 할지라도, 생산성은 행복을 위한 필요조건이기 쉽다. 증강되지 않은 세상은 아주 적은 인구로 이루어진 비참하리만치 불행한 세상이다.

현재 논의에서 보통 생명의료 기술을 수반하는 개입에만 "증강"이라는 용어를 사용하는 것은 문제가 있다. 이 문제는 우리 삶에 증강이 얼마나 만연해 있는지 그리고 인간 종의 기원과 진화에 증강이 얼마나 중추적 역할을 담당했는지 알 수 없게 만든다. 또한 이러한 사실이 실제로 이 문제에 대한 철저한 숙고 없이 다른 증강보다 생명의료 증강에 무언가 근본적으로 더 문제가 있는 것처럼 가정하게 만든다.

이에 생명의료 증강은 도전장을 내민다. 우리는 이 책 전반에 걸쳐 이러한 도전에 대해 고심하게 될 것이다. 그러나 이렇게 계속되는 도전을 올바르게 규명하기 위해서 *생명의료 증강 예외론*, 즉 증강이 생명공학(약물, 컴퓨터, 배아 조작 등)을 수반하기 때문에 증강은 어떻게든 도덕 기준에서 벗어나고, 우리가 사용하는 평범한 도덕적 도구 모음이 증강을 다루는 데 쓸모가 없다는 독단적인 가정을 피하는 것이 무엇보다 중요하다. 생명의료 예외론을 해결하기 위해서 인간의 역사가, 아니면 최소한 인간의 진보가 대부분 증강의 역사라는 점을 기억하는 것이 중요하다.

잠시 마지막 논점에 대해서 상술해보자. 앞에서 글을 읽고 쓰는 능력, 계산 능력, 과학 그리고 컴퓨터를 언급했지만, 인간의 진보에 결정적인 역할을 해온 증강의 목록은 내가 언급했던 것보다 훨씬 더 길다. 역사가들이 농업혁명이라고 일컫는 것에 대해 생각해보자. 이 농업혁명은 8천 년에서 1만 년 전 사이 중동에서 발생했다. 이 시기에 성취된 것의 대표적인 예로는 경작과 식량 수송을 위한, 그리고 고기, 털실, 가죽을 얻을 수 있는 믿을 만한 원천을 확보하기 위한 동물의 가축화와 함께 식용작물의 개발을 들 수 있다.

농업혁명의 첫 번째 위대한 영향은 수많은 사람이 1년 내내 함께 살게 되었다는 점이다. 그 이전에 사람들은 상당히 고립된 작은 집단을 이루어 살았고, 철에 따라 자주 식량을 찾아 이동해야만 했다. 많은 사람이 1년 내내 함께 살 수 있게 되자마자 그들은 제도, 즉 사회조직에 대한 그들의 능력을 크게 증강시킬 규칙이 지배하는 행동 양식을 발전시켜야만 했다. 우리는 보통 제도를 이런 식으로 생각하지 않지만, 제도는 엄청난 영향력을 지닌 증강이다.

농업혁명이 초래한 식량 과잉은 노동 분업, 상업의 발달, 여가 활동 그리고 여가 용품과 서비스("사치품"), 예술과 문학의 번영, 정부의 발달 그리고 이와 함께 공적 영역과 사적 영역의 구분을 가능하게 했다. 제도, 글을 읽고 쓰는 능력, 계산 능력, 과학이라는 위대한 비생명의료 증강이 현재의 우리를 만들었다. 심지어는 비생명의료 증강이 인간 본성을 형성했다고 말할 수도 있을 것이다.

몇몇 사람은 이것은 진정한 진보가 아니라고 이의를 제기할지도 모른다. 그들은 인류 초창기 삶의 유형이라고 여기는 소박함과 조화를 동경한다. 지난 수십 년 동안 인류학자들은 이러한 이상화된 과거의 상, 즉 근대 이전 상황에서는 인간이 평화를 사랑했고, 자연과 조화롭게 살았으며, 평등주의자였다는 생각을 무너뜨려 왔다. 이러한 신화는 이제 산산이 부서졌다. 인류학자들은 많은 학술 논문에서 그리고 로버트 에저튼(Robert Edgerton)의 『병든 사회: 원시적인 조화의 신비에 대한 도전

(Sick Societies: Challenging the Myths of Privitive Harmony)』, 로런스 킬리(Lawrence H. Keeley)의 『문명화 이전의 전쟁: 평화로운 미개의 신화(War Before Civilization: The Myth of the Peaceful Savage)』, 재레드 다이아몬드(Jared Diamond)의 『붕괴(Collapse)』와 같은 책에서 좋았다던 옛 시절이 그렇게 좋지는 않았다는 논거를 강력하게 입증해왔다. 근대 이전 사회에서 남자들 사이의 살인율은 천문학적으로 높아지고 있었고, 여자들은 (그리고 아이들 역시 자주) 빈번하게 잔인한 대우를 받았다. 이와 같이 몇몇 근대 이전 사회는 그 사회를 둘러싼 환경이 붕괴됨으로써 스스로 몰락했다. 불행하게도 대중 영화 〈아바타(Avatar)〉의 제작자는 이러한 과학적 발견을 의식하지 못했다. 위대한 역사적 증강이 인간을 모든 면에서 낫게 만들었다는 사실을 의심하는 사람들은 그들 스스로를 또는 자신의 딸들을 수렵채집 사회로 되돌려보내야 할지 자문해봐야 한다.

생명의료 증강은 거대한 논쟁을 불러일으켰다. 증강이 새로운 것이 아니고, 인간의 진보에서 핵심적인 역할을 했다는 것이 사실이라면, 대체 왜 이렇게 호들갑인 것일까? 왜 우리는 증강을 위해 생명의료 기술을 사용한다는 이유만으로 증강을 포기함으로써 두 손을 꽁꽁 묶어 꼼짝 못하게 하고, 더 나은 진보를 중단해야만 하는가? 그 해답은 분명히 이런 증강이 생명의료적이기 때문에 이러한 증강에는 근본적으로 다른 무언가가 존재하고, 심오하게 더 문제가 되는 무언가가 있다는 데 있다. 그렇다면 그 무언가에는 어떤 것이 있을 수 있을까?

다음과 같은 몇몇 대안을 제시해보자. (1) 생명의료 증강은 우리의 생물학을 변화시키기 때문에 다르다. (2) 생명의료 증강은 (생명의료 증강 가운데 어떤 것은) 인간 유전자 풀을 변형하기 때문에 다르다. (3) 생명의료 증강은 인간 본성을 변화시키거나 파괴할 수 있기 때문에 다르다. (4) 생명의료 증강은 신처럼 구는 것에 해당하기 때문에 다르다.

신처럼 굴기

우선 앞에서 대안으로 제시된 것들 중 가장 마지막 대안을 살펴보자. 예전에 유전자를 쥐의 배아에 삽입하는 과학자에게 그와 유사한 일에 종사하는 과학자들이 신처럼 굴고 있다는 일반적인 혐의에 대해서 걱정하고 있는지 물어본 적이 있다. 그는 "신처럼 구는 게 아니라, 신처럼 진지합니다!"라고 대답했다. 이 대답을 믿을 수 없었지만, 다행히도 이 대답이 표현하려는 의도가 현직 과학자들 사이에서 일반적인 것 같지는 않았다. 그리고 그는 바로 웃으면서 그가 한 말이 농담이었다고 설명했다. 내가 알고 있는 많은 과학자들은 신중하게 정도를 걷고 있고, 자신과 신을 혼동하는 일은 없다.

인간이 신처럼 굴고 있다는 불평은 새로운 것이 아니며, 생명의료 증강에 대해서만 제기되는 것도 아니다. 고대 그리스 신화에서 프로메테우스는 인간에게 불을 전해주었다는 이유로 신들의 노여움을 샀다. 이것은 그렇게 강력한 기술이 한낱 인간에게는 적합하지 않다는 것을 함축하고 있다. 신처럼 굴지 말라는 경고는 종종 "자연을 거스르지 말라"는 것과 같은 의미로 간주된다. 하지만 이것은 전혀 도움이 안 되는 충고이다. 철학자 존 스튜어트 밀(John Stuart Mill)이 150년 전에 지적했듯이 "자연"이라는 용어는 애매해서 여러 가지 해석이 가능하다. 자연이라는 용어는 (예를 들어, 힘 = 질량×가속도와 같은 자연법칙을 포함하여) 실재의 총계를 의미할 수도 있고, 또는 인간 행위의 개입 없이 일이 저절로 진행되는 방식을 의미할 수도 있다. 첫 번째 의미에서, 우리에게 자연을 따르는 것 말고는 다른 방법이 없기 때문에 자연을 거스르지 말라는 경고는 의미가 없다. 두 번째 의미에서, 자연을 거스르지 않는다는 것은 결코 어떤 행위도 하지 않는 것을 의미하고, 만약 우리가 살아가기를 희망한다면, 그것은 당연히 선택 사항이 아니다.

2장과 3장에서 자연이나 자연스러움이란 개념이 생명의료 증강 윤리를 해명하는 데 새로운 실마리를 제공할 수 있을지 더 깊게 파헤쳐볼 것이다. 지금 내가 주장하고 싶은 요점은 간단히 다음과 같다. "신처럼 굴지 말라!"는 표어는 그리스인들이 오만(hubris)이라 불렀던 것, 그러니까 지나친 자존심 또는 우리의 능력, 즉 기술을 통제할 수 있는 능력에 대한 정당성 없는 확신이라고 불렀던 것에 대한 경고로서 이해될 수 있다.

이것은 훌륭한 충고이다. 하지만 이런 훌륭한 충고를 모든 기술에 적용할 수 있다고 하더라도, 단순히 생명의료 기술에 적용할 수는 없다는 사실에 주목해보자. 이 충고를 신중하게 따른다는 것이 어떤 기술이든지 결코 사용해서는 안 된다는 것을 의미해서는 안 된다. 모든 기술의 사용을 삼가는 것은 멸종에 대한 바람이나 그런 기술 없이도 살아갈 수 있다는 근거 없이 오만한 확신을 드러내는 것이다. 그래서 신처럼 굴지 말라는 것이 단지 "교만하지 말라"는 의미일 때 우리가 신처럼 굴지 말아야 한다는 것이 사실일지라도, 이것이 어떤 기술을 사용할지 또는 어떻게 사용할지 구체적이고 실제적인 결정을 내리는 데에는 그렇게 유용하지 않다.

"신처럼 굴지 말라"는 표어는 생명의료 증강과 다른 기술 양쪽 모두에 적용되기 때문에 생명의료 증강과 다른 기술 사이에 명확한 경계를 확실하게 설정할 수 없다. 이 표어는 단순히 조심하라는 일반적인 호소일 뿐이다. 왜냐하면 그것이 우리에게 *어떻게* 조심해야 하는지 또는 우리가 언제 너무 조심스러운지 또는 언제 충분히 조심스럽지 않은지 말해줄 수 없기 때문이다. 또한 그것은 우리가 삶에서 숙명을 개선해보려고 시도할 때 이성적인 낙천주의와 오만한 어리석음을 구별하는 데도 도움이 되지 않는다. "신처럼 굴지 말라"는 표어는 기껏해야 위험과 이익의 균형을 맞추는 방법에 대한 어려운 사고를 위한 출발점에 불과하다. 하지만 불행하게도 많은 사람이 그것을 사고 자체를 대신할 대체물처럼 들먹인다.

인간 유전자 풀의 변형

여기서 첫 번째로 주목해야 할 것은 대부분의 생명의료 증강이 유전자 변형을 수반하지 않기 때문에 유전자 풀을 변형하지 않을 것이라는 점이다. 그렇다면 아마도 이러한 우려는 생명의료 증강의 한 종류인 인간 배아 유전공학과 관련이 있을 것이다. 사소한 의미에서 유전자를 한 개인으로 성장할 배아에 삽입함으로써 그 개인의 능력을 증강시키려는 경우라면 어떤 경우든 유전자 풀을 변형할 것이다. 즉, 어떤 개인은 그렇게 하지 않았으면 갖지 않았을 유전자를 갖게 된다는 의미이다. 작은 변화가 유전자 풀, 즉 개별적인 인간 게놈의 전체에 중대한 영향을 미칠 것인지의 여부는 유전적으로 변형된 개인이 많은 자손을 갖게 될지의 여부, 그 자손 가운데 많은 사람이 생존할지의 여부 그리고 그들이 번식할지(어떤 규모로 번식할지)의 여부에 따라 좌우될 것이다. 유전공학을 통한 증강은 다음의 두 조건 가운데 어느 한쪽이 만족될 경우에만 인간 유전자 풀에 중대한 영향을 미칠 개연성을 갖게 될 것이다. 첫 번째 조건은 특수한 유전자 변형이 아주 거대한 규모로 이루어진 경우이고, 두 번째는 소규모로 이루어진 경우이다. 이 두 조건 가운데 두 번째 조건은 번식 적응도 측면에서 매우 이로운 것으로 밝혀졌다. 즉, 유전자를 갖는 것이 생존과 번식의 기회를 대단히 증가시키기 때문에, 세대를 넘어 인구를 통해서 유전자들이 확산되었다. 후자의 경우 유전자 풀의 변형은 아마도 좋은 일일 것이다. 예를 들어 만약 새로운 유전자가 세계적으로 발생하고 있는 전염병으로부터 우리를 보호해준다면 말이다. 그러므로 유전자 풀의 변형이 항상 나쁜 것이라고 가정해서는 안 된다.

2001년 유럽평의회[2]는 인간 유전자 풀은 인류의 "공동 유산"이며, 따라

---

2   The Council of Europe: 프랑스 스트라스부르에 본부를 두고 있으며, 민주주의와 인권 수호를 위해

서 보전되어야만 한다고 엄숙히 선언했다. 이 선언은 바다에게 파도를 멈추라고 명령한 11세기 영국의 왕인 크누트[3]의 유명한 일화, 즉 오만에 관한 이야기를 상기시킨다.

유전자 풀은 그것을 변형하려는 인간의 의도적인 노력과는 상관없이 보통 진화를 통해서 항상 변화하고 있다. 유전자 돌연변이는 무작위로 발생한다. 몇몇 돌연변이는 여과를 통해서도 걸러지지 않는다. 그래서 자연선택은 유전자 풀에서 변형을 전제하고, 생산하는 두 가지 역할을 모두 담당한다. 인간 유전자 풀을 보전하는 유일한 방법은 모든 사람의 유전자 샘플을 저장하고, 어떤 추가적인 생식도 허가하지 않는 것이다.

미국 생명윤리학자 조지 아나스(George Annas)는 유럽평의회보다 한 술 더 떠서 (어떤 이유에서든 증강을 포함하여) 인간 배아 유전공학을 "반인류적 범죄"로 만들어서 국제형사재판소[4]에서 기소할 수 있도록 하는 국제법 개정을 옹호한다. 아나스 역시 인간이 의도적으로 개입해서 유전자 풀을 변형하지 않는 한 유전자 풀은 고정된 것이라고 생각하는 실수를 저지르고 있는 것처럼 보인다. 어쨌든 아나스는 유전자 증강이 언제나 옳지 않을 것이라고 가정하고 있을 뿐만 아니라 유전자 증강이 대량 학살이나 집단 살인과 똑같이 취급되어야 할 정도로 극악무도할 것이라고 가정한다. 주지하다시피 아나스는 몇몇 사람만 유전학적으로 증강되고 나머지는 증강되지 않는다면, 증강된 사람들이 증강되지 않은 사람들을 먹잇감으로 삼을 것이라고 우려한다. 다시 말해 증강된 사람들이 증강되지 않은 사람들을 무자비하게 착취하거나 심지어는 몰살할 것이라고 우려하고 있는 것

활동하는 유럽의 국제기구이다.
3　Canute: 덴마크인으로 11세기 잉글랜드, 노르웨이, 덴마크의 왕을 지냈던 인물. 어떤 일의 발생을 막으려고 애쓰지만 결코 성공하지 못할 사람을 빗대어 사용한다.
4　The International Criminal Court: 세계 최초의 상설 전쟁범죄 재판소. 본부 소재지는 네덜란드 헤이그로, 2002년 7월 1일 발족했다. 집단살해죄(genocide), 전쟁범죄(war crimes), 반인도적 범죄(crimes against humanity)를 저지른 개인을 형사처벌하기 위해 설립됐다.

이다.

  이 암울한 예견의 의도를 파악하기란 쉽지 않다. 이 암울한 예견에 대해서는 5장에서 보다 상세하게 살펴보자. 하지만 그 전에 우선 이 예견이 아주 터무니없는 우려 같아 보인다고만 언급해두기로 하자. 조금만 더 자세히 언급해보면 이 예견은 대충 만들어진 "미끄러운 경사 길" 논변[5] 같다는 것이다. 즉, 딱 봐도 유전자 변형을 허용하는 것은 포식자와 먹잇감이라는 두 계급으로 양분된 세계를 야기할 것이기 때문에 지금 유전자 변형의 정도가 얼마나 미미한지 또는 가벼운지와는 상관없이 유전자 변형을 이행하는 자를 슬로보단 밀로셰비치[6]처럼 취급하는 것은 당연하다는 발상이다. 국제 변호사들은 새로운 국제형사재판소가 공신력을 가질 수 있을지 또 존속할 수 있을지에 대해 우려하고 있다. 만약 그들이 누군가 아나스의 제안을 심각하게 받아들일 거라고 생각한다면 그들은 그것을 훨씬 더 우려해야 할 것이다.

  유전자 풀은 우리가 행하는 것과는 무관하게 항상 변하고 있기 때문에 유전자 증강이 유전자 풀을 변형한다는 경고는 그야말로 의미가 없다. 그럼에도 불구하고 "신처럼 굴지 말라!"는 표어처럼 아마도 이러한 경고들은 실제로 중요한 무언가에 대한 서투른 표현일 것이다. 인간 유전자를 변형하려는 신중한 노력이 자연선택으로 작동하는 진화에 의해서 유전자 풀이 변형되는 "자연적인" 과정을 완전히 망쳐버릴 거라는 게 아마도 실

---

5 slippery slope: 만일 우리가 일단 첫걸음을 떼고 나면 그 방향을 바꾸거나 멈출 수 없는 경사를 미끄러져 내려가게 되기 때문에 그것이 우리 모두에게 끔찍한 해가 될 것이므로 첫걸음을 떼는 데 신중해야 한다고 주장하는 논변이다. 이는 숙고 중인 어떤 행위나 정책 등에 대해 그 도덕적 허용 가능성에 문제를 제기하는 논변으로서, 특히 생명의료윤리의 각 사안에 관하여 결과주의적인 보수적 입장을 대변해주는 가장 대표적인 논변으로 사용되고 있다.

6 Slobodan Milošević: 유고의 정치가·신유고 연방의 대통령. 1989년 세르비아 대통령으로 선출되었다. 여러 민족이 혼재한 유고 연방에서 세르비아 민족주의를 촉발해 내전을 주도했다. '발칸의 도살자'라 불리며 인종 청소를 벌이다가 2000년 민중 봉기로 실각했다. 1999년 구유고슬라비아국제형사재판소(ICTY)에 의하여 전쟁범죄와 학살죄, 반인도적 범죄 혐의로 기소되었고, 2001년 체포되었다. 전범으로 재판을 받던 중 2006년 3월 감옥에서 사망했다.

제로 우려하는 바일 것이다.

　유전자 풀의 변형에 대한 경고를 이런 방식으로 이해하는 것은 진화는 그 소임을 잘 수행하고 있는 반면에 인간의 노력은 상황을 악화시킬 것이라는 가정을 전제하고 있다는 점을 염두에 두자. 2장에서 소개할 그러한 가정은 근거 없는 독단에 불과하다. 모순적이게도 그것이 진화에 기반을 둔 유전자 증강에 대한 반대를 주장하는 것일지라도, 그것은 실제로 자연을 목적론적으로 이해하는 전(前) 다윈주의적인 산물, 즉 "자연적인" 과정이 (인간이 그 과정을 방해하지 않는 한) 좋은 결과를 산출한다는 관점이다.

　진화생물학의 아버지, 찰스 다윈(Charles Darwin)은 이와는 다르게 생각했다. 자신의 친구인 조지프 후커(Joseph Hooker)에게 쓴 편지에서 다윈은 "자연의 굼뜨고, 헤프고, 서툴고, 미개하고, 무시무시하게 잔혹한 활동을 책으로 쓴다면 '악마의 사도'라는 제목이 딱 맞지 않을까!"라고 적고 있다. 2장에서는 이것이 다윈이 기이하고 주관적으로 판단한 것이 아니라는 것을 보여준다. 이것은 진화에 대한 정확한 이해로부터 논리적으로 추론되는 자연의 특성이다.

　유전자 풀의 변형에 대한 마지막 한 가지 요점은 몇몇 생명의료 증강만이 필연적으로 유전자 풀의 변형을 수반한다는 것이다. 다시 말해 인간 배아의 유전공학 또는 생식세포(정자 또는 난자 세포들)의 유전공학을 포함하는 몇몇 생명의료 증강만이 유전자 풀의 변형을 수반한다는 것이다. 그러나 앞에서 기술한 위대한 역사적 증강도 몇 가지 방식으로 인간 유전자 풀을 분명히 변형했다. 이러한 몇 가지 방식 가운데 다음 네 가지를 살펴보기로 하자. 첫째, 농업혁명으로 불리는 증강으로 인해 상당수의 사람들이 서로 그리고 돼지나 닭 같은 동물들과 아주 가까이서 함께 살게 되었고, 이로 인해 병원균이 (인플루엔자처럼) 인간에서 인간으로뿐만 아니라 동물에서 인간으로, 전염병이 되어 확산되기에 이르렀다. 이것이 유전자 풀을 변형했다. 왜냐하면 자연선택은 질병에 대한 면역력을 부여하는 유전자를 가진 사람들을 선호하기 때문이다. 둘째, 위대한 역사적 증강은 이전에 고립되어 있던 집단들을 함께 이어준 원거리 상업, 사람들의 이주를 가능하게 해준 사회적 제도와 기술이라는 결과를 나왔다. 그 결과 구식 저급 기술의 유전자 짜깁기(예를 들어, 섹스)를 통해 유전자의 새로운 조합이 발생했다. 셋째, 우유를 생산하는 동물의 가축화는 유당 분해와 연관된 유전자의 선택이라는 결과를 초래했다. 우유는 지방과 단백질을 얻을 수 있는 훌륭한 원천이기 때문에 유당을 분해할 수 있다는 것은 번식 적응도 측면에서 이점을 제공한다. 그러나 몇몇 인간 사회가 낙농 문화를 발전시킬 때까지 유아가 우유를 소화하도록 허용하는 유전자는 유아가 나이가 들면서 보통 "작동을 멈췄다." 넷째, 역사적 증강은 성선택에 막대한 영향을 미쳤을 인간 상호작용의 새로운 양식과 새로운 역할을 창조했다. 자연선택과 마찬가지로 성선택도 유전자 풀을 형성한다. 이것은 두 가지 방식으로 나타난다. 첫째, (수사슴은 교미 기간 동안 뿔로 티격태격한다는 것을 생각해보라!) 수컷은 암컷에게 접근하기 위해서 서로 경쟁하고, 암컷은 수컷이 가진 특성 때문에 특정한 수컷에게 끌린다. 예를 들어 새의 경우, 통상적으로 수컷의 선명한 깃털은 기생충에 감염되지 않았다는 신호이고, 그래서 전체적으로 건강하다는 신호이다. 둘째, 또 다른 이론에 따르면 수컷의 선명한 깃털은 포식자의 눈에 너무 쉽게 띄는 불리한 조건임에도 불구하고 포식자로부터 도망칠 수 있을 만큼 수컷의 힘이 넘친다는 신호이다.

인간의 경우 성선택의 두 가지 유형은 문화의 영향을 받고, 문화는 역사적 증강의 영향을 깊이 받는다. 가족을 먹여 살릴 훌륭한 부양자가 될 것 같은 남성을 선택하는 여성의 경향성은 수 세기가 지나도록 변하지 않았을지도 모른다. 그러나 인간이 수렵채집에서 농업으로 그리고 이후에 디지털 정보 처리에 기반을 둔 복합경제로 전환함에 따라 짐작컨대 훌륭한 부양자를 결정하는 특징들도 변했을 것이다.

이러한 모든 논의 가운데 무엇이 타당한가? 만약 생명의료 증강과 그 밖의 증강 사이에 차이점이 있다면, 그것은 생명의료 증강이 인간 유전자 풀을 변형할 수 있다는 것을 의미하는 것은 아니다. 다시 말해 모든 생명의료 증강이 유전자 변형을 수반하는 것은 아니다. 오직 유전자 증강만이 유전자 변형을 수반하고, 만약 그렇다면 오직 특정한 조건 아래서만 그러하다. 그리고 가장 중요한 비생명의료 증강은 유전자 풀을 변형*해왔다*. 더 중요한 점은 유전자 풀의 의도적인 변형이 나쁠 거라는 막연한 가정이 잘못되었다는 것이다. 이러한 변형이 나쁠지 그렇지 않을지는 자연이 유전자 풀을 끊임없이 변형하는 데 있어서 얼마나 자신의 역할을 충실히 하느냐에 달려 있다. 이것은 2장의 주제이기도 하지만, 적어도 자연스러운 것이 항상 최고라고 생각하는 사람들은 다윈의 비관적 견해로 인해서 망설이게 될 것이다.

우리 생물학의 변화

생명의료 증강을 아주 다르게, 특히 골칫거리로 만드는 것은 생명의료 증강이 우리 몸을 변화시키는 것을 수반하거나, 더욱 극적으로는 우리의 생물학을 변화시킨다는 점이다. 우리의 생물학을 변화시킨다는 것이 확실히 큰일처럼 들리지만, 이것이 무엇을 의미하는지는 그렇게 명확하지 않다. 커피를 마시는 것이 우리의 생물학을 변화시키는가? 커피를 마시는 것은 우리 뇌의 화학작용을 변화시킨다. 만약 커피가 우리의 생물학을 변화시키지 않는다면, 인지 증강 약물을 알약의 형태로 복용하는 것이 왜 우리의 생물학을 변화시킬 것이라고 생각하는가? 인간 배아의 유전자 변형은 어떠한가? 이것은 우리의 생물학을 변화시키는 것으로 간주되는가? 그것은 어떤 종류의 변화가 일어났는가에 달려 있다. 몇몇 유전자 변형은 상당히 사소할 수도 있고, 어떤 것은 그렇지 않을 수도 있다.

이상하게도 인간과 소수의 다른 포유류만이 음식을 통해 섭취되는 비타민C를 스스로는 생성하지 못한다. 이와는 대조적으로 대부분의 포유동물이 이 중요한 화학물질을 "생합성"[7]할 수 있다. 비타민C를 생합성할 능력이 없다는 것이 수 세기 동안 인간에게 거대한 문제를 일으키는 원인이 되었다. 이런 사실은 오늘날에도 그대로 적용된다. 음식으로부터 비타민C를 충분히 섭취하지 못하거나, 그럴 여유가 없다거나 또는 비타민제에 대해서 모르는 사람들은 괴혈병에 걸릴 것이다.

인간은 약 4백만 년 전 혈통에서 발생한 무작위적인 돌연변이 때문에 스스로는 비타민C를 생성할 수 없게 되었다. 이러한 변화로부터 우리가 얻을 수 있는 이득이 전혀 없다는 사실은 거의 분명하다. 이러한 변화를 유전공학이 교정할 수 있을 거라고 가정해보자. 이러한 변화가 인간이 아닌 동물에게서 어떻게 교정될 수 있는지 설명하고 있는 논문 한 편이 이미 발행되었다. 만약 이것이 유일하게 성사된 변화라면, 이것이 인간 생물학이 변해왔다는 사실을 설명해주는 데 유용할 것인가? 한편으로는 그럴 수 있을지 모르지만, 다른 한편으로 이것은 과장된 것일지도 모른다. 왜냐하면 그 외에는 다른 모든 것이 동일하게 남아 있을 것이기 때문이다. 정당한 질문은 그것이 우리의 생물학을 변화시킬 것인지의 여부를 묻는 질문이 아니라, 그것이 좋은 것일 수 있는지의 여부를 묻는 질문이다.

구식 인지 증강이기는 하지만 글을 읽고 쓰는 능력도 뇌의 구조를 변화시킨다. 이상하게 들리겠지만 그 증거로 글을 읽고 쓴다는 것이 실제로 뇌의 시각중추를 변화시켜서 글을 읽고 쓰기 이전의 우리 선조들이 인간의 얼굴을 인지한 것과는 다르게 우리가 인간의 얼굴을 인지한다는 점을 들 수 있다. 실제로 어떤 방식으로든 무언가를 배우는 것은 뇌세포들을 새롭게 연결함으로써 뇌를 변화시킨다. 이에 반해 인지 증강 약물은 약물 복용을 멈추면 바로 사라지는 일시적인 변화만을 야기한다. 이와 유사하게 사

---

[7] 생물체 안에서 세포의 작용으로 유기물질을 합성하는 물질대사.

고를 증강하는 뇌-컴퓨터 인터페이스 기술도 그것을 사용할 때만 생물학적 변화를 야기할 것이다.

사소한 유전자 변이를 위해 증강 약물을 복용하는 것으로부터 컴퓨터-인간 인터페이스 기술을 위한 세포조직 이식에 이르기까지 수많은 잠재적 생명의료 증강은 어떤 중대한 의미에서도 우리의 생물학을 변화시키지 않을 것이다. 설령 이러한 증강이 우리의 생물학을 변화시킨다고 하더라도, 그러한 변화가 항상 나쁜 발상이라고 생각할 충분한 이유가 없는 한 그것은 실제로 문제가 되지 않을 것이다. 우리의 생물학은 진화의 산물이다. 이것을 근거로 해보면 생명의료 증강의 시행 여부와는 상관없이 우리의 생물학은 과거부터 변해왔고, 미래에도 변할 것이다. 문제는 우리가 몇 가지 관점에서 우리의 생물학을 의도적으로 변화시킬 만한 충분한 이유를 가질 수 있을지, 없을지의 여부이다.

그런데 우리 생물학의 변화에 대한 바로 이런 생각이 일부 몇몇 사람에게는 불쾌할지도 모른다. 왜냐하면 그들은 우리의 생물학이 자연스러운 것이고, 자연스러운 것은 좋은 것이라고 가정하기 때문이다. 다윈의 인용구는 이미 그러한 가정에 의문을 제기한다. 자연스러운 것이 좋다는 가정은 2장과 3장에서 더 엄밀하고 냉철하게 고찰될 것이다. 그에 앞서 이 장에서는 관련 질문을 살펴보기로 하자. 이 질문은 생명의료 증강이 인간 본성을 변화시킬 것(또는 심지어 파괴할 것)인지의 여부, 그리고 만약 그렇다면, 그것이 나쁜 것일지의 여부이다. 이 질문에 답하기 위해서 한 장을 할애해야 할 수도 있겠지만, 적어도 우선은 몇몇 사람이 그것을 생명의료 증강에 대한 정당한 질문이었다고 생각해온 이유를 이해해보기로 하자.

인간 본성의 변형 또는 파괴

자신의 초기 저작 『역사의 종말(The End of History)』로 한동안 상당한 논란을 불러일으켰던 저자 프랜시스 후쿠야마(Francis Fukuyama)는 유전자 증강이 법적으로 금지되기를 바란다. 왜냐하면 유전자 증강이 인간을 인간답게 하는 신비로운 무언가를 무심코 파괴할지도 모르기 때문이다. 후쿠야마의 예측에 대해 회의적일 수밖에 없다고 말하고 싶지만, 그의 업적을 존중하는 의미에서 그러한 유혹을 뿌리칠 것이다. 하지만 그럼에도 불구하고 그가 첫 번째 저작에서 냉전의 종말은 이데올로기의 종말을 초래할 것이고, 따라서 이데올로기에 의해서 주도된 역사의 종말을 초래할 것이라고 잘못 예견했다는 사실을 언급하는 건 아마도 가치가 있을 것이다. 그렇게 함으로써 후쿠야마가 다음과 같이 새롭게 전개된 몇 가지 사소한 국면들을 간과했다는 사실을 알 수도 있다. 그는 구소련 붕괴 이후 러시아에서의 군사적 사회주의의 부활은 언급할 필요도 없이, 이슬람 근본주의와 일부 남미 국가에서의 사회주의 부활을 포함하여 사람들이 부시 행정부 기간 동안 미 제국주의로 여겼던 것과 국제법을 따르겠다는 약속의 충돌 등을 간과했다. 이제 이 모든 걸 잠시 미뤄두고, 유전자 증강의 장점을 바탕으로 유전자 증강에 대한 그의 예측을 고려해보기로 하자.

사람들이 인간 본성이나 인간을 인간답게 하는 것에 대해서 이야기할 때, 그리고 그렇게 이야기하는 과정에서 그것이 우리가 위태롭게 해서는 안 되는 소중한 어떤 것이라고 가정할 때, 사람들은 다뤄지고 있는 사안에 대해 대단히 선별적인 관점을 취한다. 실제로 사람들은 엄청나게 충격적인 규모의 눈 가리고 아웅 식 캠페인에 열중하고 있다. 결국 상식과 대부분의 주요 종교는 인간 본성을 긍정적으로 감탄할 만한 특성뿐만 아니라 부정적으로 끔찍한 특성도 포함하는 반은 좋고 반은 나쁜 것으로 간주한다. 기독교의 예를 들어보면, 비록 우리가 신의 형상을 본떠 만들어졌다고 해도 우리에게는 원죄가 있다. 사도 바울의 표현을 빌리자면, 우리는 "더러운 누더기"와 같다. 이 그리스어 구문의 어떤 현대 영어 번역은 이것을 더 구체적으로 "사용한 화장실 휴지"라고까지 표현한다. 확실히 후쿠야마는 인간 본성이 악뿐만 아니라 선까지도 포함한다는 사실을 인정해야만 할 것 같다. 따라서 만약 우리가 유전자 증강을 시행한다면 무심코 인간 본성의 선한 부분을 파괴할 것이라는 예측이 본래 그가 우려한 바라는 걸 확신할 수 있다.

극단적인 연관성: 빈대 잡으려다 초가삼간 태우기

만약 다윈이 옳다면, 다시 말해 만약 자연, 더 정확하게는 진화가 우리를 포함해서 모든 일을 엉망으로 만든다면, 그리고 만약 우리가 이 가운데 몇 가지를 생명의료 개입으로 바로잡을 수 있다면, 그렇다면 아마도 우리는 인간 본성을 개선할 수 있을 것이다. 유전자 증강을 금지하려는 후쿠야마를 비롯한 다른 이론가들은 우리가 인간 본성의 나쁜 점을 개선하려고 하면, 뜻하지 않게 좋은 점을 파괴할 것이라고 생각하고 있음이 분명하다. 이것을 극단적인 연관성 가정(Extreme Connectedness Assumption)이라고 부르기로 하자. 극단적인 연관성 가정의 본질이 몇몇 사람에게서 발견되는 유전자 증강에 대한 두려움과 혐오에 놓여 있는 것처럼 보임에도 불구하고, 무척이나 흥미로운 사실은 아무도 그것에 대해 생각해볼 만한 가치가 있는 것처럼 행동하지도 않을뿐더러, 하물며 증거로 뒷받침할 만한 가치가 있는 것처럼은 더더군다나 행동하지 않는다는 것이다.

어떤 종류의 증거가 중요할까? 대답은 명확하다. 즉, 우리 같은 생물체를 진화시킨 것에 대한 과학적인 증거가 중요하다. 다시 말해, 우리는 생물학을 고려해야만 한다. 위대한 유전공학자인 테오도시우스 도브잔스키(Theodosius Dobzhansky)는 "진화의 관점을 통하지 않고서는 생물학의 어떤 것도 의미가 없다"는 유명한 말을 남겼다. 저명한 과학철학자 필립 키처(Philip Kitcher)는 이 표현이 약간은 과장일지도 모른다고 언급했다. 그럼에도 불구하고 진화에 대한 이해가 극단적인 연관성 가정을 평가하는 데 매우 중요하다는 사실만큼은 분명하다. 그리고 극단적인 연관성 가정을 평가하는 것은 우리가 생명의료 증강의 전망에 대응해야 할 방법을 아는 데 매우 중요하다.

몇몇 예에서 유전자 증강이 좋은 발상인지 아닌지 알기 위해서 우리가 진화에 대해 무언가 알 필요가 있다는 것은 놀랄 일이 아니다. 하지만 인간의 모든 유전자 변형의 전면적인 금지를 옹호하는 후쿠야마나 아나스 같은 사람들은 여전히 이에 동의하지 않는 것처럼 보인다. 그들은 철학적 탁상공론의 의기양양한 안락함으로부터 인간 본성의 모든 특성이 서로 아주 밀접하게 연결되어 있기 때문에 유전자 변형을 통해서 몇몇 최악의 특성을 개선하려는 시도는 전혀 타당하지 않다고 간단히 말할 수 있을 거라고 생각하는 것 같다. 2장에서는 극단적인 연관성 가정을 약화시키는 진화의 몇 가지 특성을 전문적이지는 않지만 정확하게 설명할 것이고, 초가삼간을 다 태우지 않고서도 빈대를 잡을 수 있다는 것을 논증할 것이다.

지금까지의 논의

내가 볼 때 많은 사람이, 아마도 대다수가, 생명의료 증강의 전망에 대해 깊이 우려하고 있는 것 같다. 그 가운데 유전자를 변형함으로써, 즉 유전자 증강을 통해 인간을 증강하려는 발상은 다른 어떤 것보다 더 우려해야 할 것처럼 보인다. 실제로 유전자 증강의 시행 여부를 고려해보자는 제안만으로도 히스테리와 혐오라는 반응을 불러일으키는 것 같다.

이 장에서 나는 생명의료 증강 일반이나 특정한 유전자 증강을 옹호하려는 주장을 시도하지 않았다. 나는 생명의료 증강에 대한 무조건적이고, 전면적인 거부만큼이나 "차세대 인간의 미래"에 대한 몽상적이고, 지나치게 낙천적인 낙관을 미심쩍어한다. 내 판단에 따르면 생명의료 증강이 혐오스럽다고 하거나 훌륭하다고 하는 것은 기술에 대한 옹호나 반대 또는 세계화에 대한 옹호나 반대와 대략 같은 의미이다. 이러한 일반화는 너무 거대해서 쓸모가 없다. 심지어 결국 우리가 유전자 증강을 수용할 수 없다는 결론을 내리더라도 모든 증강이 똑같이 나쁘다고 해서는 안 된다. 생명의료 증강의 상이한 유형과 양상은 각자가 지니고 있는 가치에 따라 평가되어야 마땅하다. 우리는 병적 혐오와 엄청난 낙천주의 사이에서 안정된 항로를 조정해야 할 필요가 있다.

이 장에서 생명의료 증강에 대한 대중의 인식, 일종의 무분별하고 기본적으로 부정적인 태도에서 내가 불균형하다고 여기는 것을 바로잡으려 한다. 이러한 불균형을 바로잡기 위해서 다음 두 가지를 지적하고자 한다. 첫째, 증강이 새로운 것이 아니며, 오히려 인간의 진보가 증강에 의존해 왔다는 점, 둘째, 우리는 생명의료 증강 예외론을 경계해야 한다는 점, 즉 어떤 증강은 생명의료 수단을 수반하기 때문에 어쨌거나 틀림없이 증강의 효과라는 측면에서 특별히 심오하거나, 특히 도덕적으로 문제가 될 거라는 경솔한 가정을 경계해야 한다는 점을 지적했다. 농업혁명, 제도, 글을 읽고 쓰는 능력, 계산 능력 그리고 컴퓨터와 같은 위대한 역사적인 증강은 우리에게 심오한 영향을 끼쳤다. 그러한 증강이 우리 삶을 급진적으로 바꿔놓았고, 현재의 우리를 만들었다. (실제로 생명의료 증강이 그렇게 위대한 영향력을 가질 거라는 가정은 전혀 명료하지 않다. 분명히 거의 대부분이 그런 영향력을 가지지 않을 것이다.) 또한 모든 비생명의료 증강인 역사적 증강은 많은 경우에서 생명의료 증강이 동일하게 야기했을지 모를 도덕적 도전을 불러일으켰다. 의도하지 않은 나쁜 결과에 대한 문제나, 점차 악화되고 있는 기존의 부정의에 대한 우려도 생명의료 증강에서만 드러나는 독특한 문제가 아니다. 실제로 이런 문제들은 단지 증강 기술에서만 드러나는 게 아니라 기술 일반에서도 발생한다.

지금까지는 모든 것을 수박 겉핥기식으로 살펴보았다. 하지만 나머지 장들에서는 더욱 깊게 파고들 것이다. 2장은 진화를 진지하게 받아들일 때 생명의료 증강에 대한 윤리적 논의가 어떤 모습일지 보여준다. 3장에서는 생명의료 증강의 윤리적 도전에 고심할 때, 인간 본성에 대한 숙고가 지침을 제공해줄 수 있을 거라고 널리 신봉되는 가정에 대해서 살펴본다. 4장은 생명의료 증강에 대한 가장 심각한 우려, 즉 의도하지 않은 나쁜 결과에 대한 문제들에 할당된다. 5장에서는 생명의료 증강이 불공평함이나 분배의 부정의를 더 악화시킬 거라고 널리 신봉되는 확신에 대해서 살펴본다. 6장에서는 마이클 샌델(Michael Sandel)의 작업과 가장 밀접하게 관련된 생명의료 증강에 대한 일련의 반대 입장, 즉 증강의 추구는 악, 다시 말해서 나쁜 특성을 드러내고 악에 기여한다는 생각을 검토한다. 결론을 내리는 마지막 장에서는 소위 증강 기획이라고 불리는 기획에 조심스럽게 잠정적으로 참여하는 것, 즉 현실을 외면한 채 마치 그냥 아니라고 말해야 할 것처럼 행동하기보다는 오히려 생명의료 증강의 도전에 정면으로 맞서는 것이 옳다는 것을 증명한다.

2장

진화로는 충분하지 않은 이유

무자비한 자연

_앨프리드 로드 테니슨(Alfred Lord Tennyson)

    테니슨은 자신의 시에서 자연은 잔인하다고 말한다. 1장에서 인용한 후커에게 보낸 편지에서 다윈은 자연은 잔인하며 그리고 서툴다("굼뜨며," 그리고 "서툴다")고 말한다. 의심할 여지없이 테니슨은 목가적인 겉모습을 띤 영국의 전원생활 이면에서 들끓는 대혼란, 즉 온갖 종류의 생명체가 끊임없이 서로를 갈기갈기 찢어발기고, 걸신들린 듯이 산 채로 서로를 잡아먹는 대혼란의 (또는 영국 이외의 다른 어떤 곳에서도, 이러한 문제에 대해서는) 영리한 관찰자였다. 그와 달리 다윈은 과학자였지 시인은 아니었다. 그래서 자연에 대한 다윈의 평가는 더 체계적이고, 더 견고한 근거에 기반해 있었다. 다윈은 최고의 이론으로 밝혀진 자신의 이론에서 자연이 잔인하면서 동시에 서툰 이유를 밝혔다.

    자연에 대해 어떻게 생각하느냐에 따라 생명의료 증강 일반에 대한 입장이, 특히 유전자 증강에 대한 입장이 상당히 다르게 형성될 것이다. 조지 W. 부시(George W. Bush) 대통령 산하 생명윤리위원회를 포함하여, 유전자 증강에 대해 냉혹하게 비판하는 몇몇 자연에 대한 관점에 따르면 유전자 증강의 시도는 허무맹랑하고, 극도로 위험한 것처럼 보인다. 그들은 유전자 증강이 자연의 지혜를 거스르는 거라고 생각한다.

조지 부시 대통령 산하 생명윤리위원회는 자연에 대한 그들의 관점이 과학적이라고, 즉 진화의 이해에 근거한다고 말한다. 그래서 그들은 진화론의 용어로 자연의 지혜를 극찬한다. 이 위원회에서 발간한 『치료를 넘어서(Beyond Therapy)』라는 책에서 증강에 관해 다룬 다음 구절을 숙고해 보자.

억겁의 고된 진화의 결과로 매우 복합적이고 정교하게 균형 잡힌 인간의 몸과 마음은 "개선"에 대한 무분별한 시도로 인해 거의 틀림없이 위험에 처할 것이다. (……) 변화에 대한 그러한 추구가 개입된 사람들에게 아무리 바람직하게 보일지라도, 우리의 정교하게 통합된 자연적인 체력이 그러한 부담을 기꺼이 받아들일지는 아주 불분명하다.

"부담"에 대한 편파적인 미사여구는 옆으로 제쳐놓기로 하자. (부담이라는 말 자체가 곤란하거나 부적절한 개입을 암시한다. 우리는 유전자 증강이 부적절한 개입인지 여부를 결정해야만 하는 것이지, 유전자 증강이 단순히 어떠한지 가정해서는 안 되기 때문에 부담이라는 말은 편견을 갖게 한다.) 우선 인용된 구절이 진화론을 빙자하여 생명의료 증강에 대한 일반적인 반대, 즉 자연의 지혜를 거스르는 것은 어리석은 짓이라는 생각을 표명하고 있다는 사실에 주목해보자. 조지 부시 위원회만이 이와 같은 입장을 표명하는 것은 아니다. 진화론의 입장에서 유전자 증강에 접근하는 닉 보스트롬(Nick Bostrom)이나 앤더스 샌드버그(Anders Sandberg) 같은 매우 존경받는 철학자 역시 "하고 있는 일(만들고 있는 것)에 대해 한낱 얄팍한 이해만을 가진 욕심이 과한 땜장이가 장인 기술자의 설계를 바꿀 때, 폐해가 발생할 가능성은 클 것이고, 모든 것이 고려된 개선을 성취할 기회는 적을 것"이라고 경고한다. 보스트롬과 샌드버그의 인용구는 "억겁의 고된 진화"를 거치고, "섬세하게 균형이 잡혔으며", "정교하게 통합된" 생명체에 대한 조지 부시 위원회의 언급이 암시하고 있는 무언가를 다음과 같이 명백하게 밝히고 있다. 즉, 그것은 *진화가 장인 기술자와 같다는* 발상이다.

만약 진화가 장인 기술자와 같은 것이라면 생명체는 기술의 걸작, 즉 (만약 우리가 생명체를 그냥 내버려둔다면) 안정적이고 오래가며, 아름답게 설계되고, 조화롭게 마감된 생산물과 같을 것이다. 만약 기술의 걸작이 현재 우리와 같은 모습이라면, 생명의료 증강은 정말로 무모한 것이다. 주요 설계 자체를 변경하려는 시도로 간주된 유전자 증강은 아주 잘못된 것처럼 보인다. 만약 장인 기술자 비유가 정확하다면, 이 비유는 유전자 증강에 반대할 만한 그리고 아마도 생명의료 증강 일반에 반대할 만한 강력한 논거를 제공하게 될 것이다.

하지만 장인 기술자 비유에는 석연치 않은 점이 있다. 여기선 창조된 세계에 대한 전(前) 다윈주의적인 종교 사상의 낌새, 즉 이전에 죽어서 매장되었지만 최근에 부활한 지적 설계 논증이 엿보인다. 지적 설계 논증과 유일한 차이점이라고는 장인 기술자 비유의 진화론적 견해가 신의 창조적인 특별한 재능을 자연선택으로 대체한다는 것뿐이다.

종교적인 지적 설계 논증과 장인 기술자로서 진화에 호소하는 것 사이에 유사점이 있다는 사실은 아주 충격적이다. 왜냐하면 다윈 혁명이 이미 지적 설계 논증을 무너뜨렸어야만 했기 때문이다. 어쨌든 다윈의 핵심은 자연이 지적 설계를 특징으로 하지 않는다는 것이었다. 다윈 이론에 따르면 자연선택은 생명체가 직면하는 문제를 생명체를 다시 설계함으로써 해결하는 것이지, 장인 기술자의 방식처럼 해결하는 것이 아니다. 진화가 자연선택을 통해 수행하는 설계가 그저 비(非)의식적인 것만은 아니지만, 그럼에도 전혀 지적이지 않다. 진화가 만들어내는 것은 우리가 간섭하지 않는 한 지속될, 아름답게 설계되고, 조화롭고, 완벽한 걸작이 아니다. 그 대신 진화는 진행 중에 조잡하게 대충 꿰맞춰서 불안정한 작품을 만들어 내고, 그러고 나서 그 작품을 폐기한다.

생명체는 두 가지 근본적인 측면에서 장인 기술자의 작품과는 현저하게 다르다. 첫째, 장인 기술자와 달리 자연선택은 결코 일을 마무리 짓는 법이 없다. 다시 말해 인간을 포함해서 현존하는 생명체는 환경에 완벽하게 적응하기 위해 애쓰는 과정의 종착점이 아니다. 환경은 항상 변화하고 있고, 이것은 생명체가 다른 생명체와 상호 적응과 대항 적응의 끊임없는 순환 속에서 경쟁한다는 사실에 부분적으로 기인한다. 일례로 독감 바이러스 같은 병원균을 들 수 있다. 병원균에 대항해서 변화하는 인간의 방어를 극복하기 위해서 병원균도 끊임없이 변화하고 있다. 이것은 가차 없는 군비 확장 경쟁에 비유할 수 있다. 즉, 우리가 한 가지 동종 바이러스에 대한 저항력을 발달시키고 나면, 자연선택은 곧 우리가 저항할 수 없는 또 다른 바이러스를 생산해내며, 이 과정은 반복된다. 인간 종이 점점 더 잘 적응할 수 있는 고정된 환경이란 존재하지 않는다. 인간의 경우에는 변화의 또 다른 근원이 존재한다. 즉, 인간은 환경을 계속 변화시킬 만큼 그리고 때때로 우리가 적응해야만 하는 (지구온난화와 같은) 새로운 문제를 계속 만들어낼 만큼 강력해졌다. 진화된 생명체가 "섬세하게 균형 잡혀" 있다는 발상은 전혀 존재하지 않는 안정성을 암시한다.

둘째, 장인 기술자와는 달리 진화는 미리 작성된 계획에 따라 만들어질 무언가를 설계하지 않는다. 그 대신 진화는 장기적 효과에 대한 아무런 고려 없이 단기적 문제에 대처하여 생명체를 개선한다. 진화는 어떤 종과 관련해서도 전면적인 게임 전략 따위는 가지고 있지 않으며, 그 결과가 그 사실을 입증한다. 현재 당면한 문제를 해결하는 데 유용한 것이 미래에는 새로운 문제, 심지어는 멸종까지도 야기할 수 있다.

요약해보면, 장인 기술자의 비유는 다윈의 진화를 받아들이라고 진지하게 주장하는 듯 보이지만, 이것은 단지 속이 훤히 들여다보이는 자연의 지혜에 대한 전 다윈주의적인 낡은 관점일 뿐이다. 이것은 그야말로 다윈이 생물학에서 이룬 혁명의 요점을 파악하지 못한 것이다.

이 장에서 나는 독자들이 장인 기술자의 비유를 거부하고, 훨씬 덜 위안이 되는 비유를 수용하도록 설득하기 위해 진화가 어떤 것인지에 대해 충분히 설명할 것이다. 또한 진화가 장인 기술자보다는 오히려 도덕이라고는 안중에도 없고, 변덕스러우며, 철저히 제한된 땜장이에 더 부합한다는 것을 보여줄 것이다. 이러한 비유의 정당성을 입증하는 데에는 어느 정도의 참을성이 요구된다. 그러기 위해 우리는 진화의 몇몇 중요한 특성에 완전히 숙달해야만 할 것이다. 하지만 그것을 해결할 방법이 전혀 없다. 그래서 오히려 우리가 진화에 대해서 어떻게 생각하는가가 또는 만약 진화보다 자연을 선호한다면 자연에 대해서 어떻게 생각하는가가 증강에 대해 어떻게 생각해야만 하는가의 문제에 중요한 영향을 미친다. 장인 기술자의 작품을 간섭하는 것과 도덕이라고는 안중에도 없고, 변덕스러우며, 철저히 제한된 땜장이의 작품에 선별적으로 개입하는 것은 별개의 일이다.

어디에나 존재하는 차선의 설계

장인 기술자 비유를 지지하는 사람들이 자연선택을 근거로 들먹이는 것은 어불성설이다. 왜냐하면 애초에 다윈을 자연선택 이론으로 이끈 것이 생물학적 설계의 불완전성이기 때문이다. 다윈은 "굼뜨고, 헤프고, 서툰" 자연의 작품 목록을 통해서 전통적인 신 존재 증명 가운데 하나인, *지적 설계 논증*이 틀렸음을 드러냈다. 다윈이 자연선택 이론을 발전시키기 위한 원동력이 된 불완전한 설계에 대한 몇 가지 표본은 다음과 같다.

1. 포유류 수컷의 요로는 전립선을 (우회하지 않고) 바로 통과하는데, 이 전립선은 비대해져서 요로 기능을 방해할 수 있다.
2. 영장류 부비동 내의 분비물 배설 불량은 심각한 고통과 감염을 초래할 수 있다.
3. (인간을 포함한) 인간과 비슷한 영장류는 비타민 C 생합성을 할 수 없는데, 이러한 무능력으로 인해 수많은 사람이 괴혈병으로 목숨을 잃었다.
4. 척추동물의 눈에서 "맹점"은 발생학상의 발달에서 기이하게 초래된 결과이며, 이로 인해 척추동물은 지각을 교정하는 정교하고 대가가 큰 작동 원리를 발전시켜야만 했다.
5. 인간의 인두는 공기 흡입과 음식 섭취라는 두 가지 기능을 함께 가지고 있는데, 이로 인해 인간이 질식사할 확률이 다른 동물과 비교해서 확연히 증가한다.
6. 네 발 동물에서 두 발 동물로의 성급한 전환은 척추와 무릎에 문제를 야기했고, 골반을 지나가는 산도는 출산 과정에서 아이와 산모 모두가 위험에 빠질 확률을 크게 증가시켰다.

설계의 결점은 모든 종에서 발견된다. 예를 들면, 박쥐는 자신의 배설물이 몸통을 지나 머리로 흐르는데도 서로 빽빽하게 군집을 이루어 상당한 시간을 거꾸로 매달려서 보낸다. (치약 튜브를 똑바로 세워 잡고, 그 내용물이 손을 덮을 때까지 짠다고 상상해보자. 그것이 박쥐 같은 모습이다.) 그 결과는 단순히 역겨운 것으로 끝나지 않는다. 그것은 전염병을 조장하기 때문에 위험하기조차 하다.

진화의 작동 원리

일단 우리가 어떻게 진화가 작동하는지 숙고해보기만 한다면, 설계의 결점들이 만연해 있다는 사실은 전혀 놀라운 일이 아닐 것이다. 이러한 결점들은 대자연에서 일진이 사나울 때나 가끔 생기는 결과들, 즉 예외가 아니다. 이 결점들은 완벽하게 예견될 수 있는 결과들이다.

젊고 훌륭한 생물철학자 러셀 파월(Russell Powell)과 나는 최근 논문에서 진화가 장인 기술자와 같지 않은 이유를 설명하는 데 도움이 되는 의도하지 않은 유전자 변이(UGM: Unintentional Genetic Modification)와 의도한 유전자 변이(IGM: Intentional Genetic Modification) 사이의 비교를 사용했다.

의도하지 않은 유전자 변이는 그 변이의 추진력이 자연선택인 곳에서는 다윈이 "변이를 수반한 유전"이라고 부른 보통의 진화를 의미한다. 다시 말해 인간에 의한 인간 유전자의 의도적인 변이가 없는 진화라고도 할 수 있다. 이와 달리 의도한 유전자 변이는 의도적인 유전자 변이이다.

파월과 나는 인간의 삶을 개선하거나 심지어 지속하기 위한 각자의 잠재력과 관련하여 의도하지 않은 유전자 변이와 의도한 유전자 변이를 비교했다. 이러한 비교를 위해서 우리는 우선 의도하지 않은 유전자 변이에 대한 상당히 심각한 한계를 인간의 삶을 개선하거나 지속하기 위한 작동 원리로 기술하고 나서, 의도한 유전자 변이가 어떻게 이러한 한계를 극복할 수 있는지를 보여주었다. 실제로 우리는 다음과 같이 물을 것이다. 만약 우리가 선택할 수 있다면 (그리고 만약이 아니라 우리가 실제로 선택할 수 있다면), 우리는 인간의 행복을 의도하지 않은 유전자 변이 또는 의도한 유전자 변이를 선택적으로 보충하는 의도하지 않은 유전자 변이 둘 중 어디에 맡길 것인가? 여기서 나는 최대한 기술적인 전문용어를 피해서 우리의 논증을 요약할 것이다.

번식 후 삶의 질에 대한 의도하지 않은 유전자 변이의 둔감함

대자연은 자신의 연로한 자식들을 홀대한다. 자연선택은 유전자를 여과하는 기능을 한다. 즉, 이것은 다른 유전자보다 번식 적응도에 훨씬 더 부정적인 영향을 끼치는 유전자가 다음 세대로 전해지는 것을 방지하는 경향이 있다. 어떤 유전자가 번식 적응도를 증가시킨다는 말은 생명체가 번식 적응도를 증가시키는 유전자를 가졌을 때 성공적으로 번식할 기회가 증가한다는 의미이다. 일단 생명체가 번식할 시기를 지나면 여과는 미미한 정도로만 작동한다. 즉, 연로한 이들의 삶의 질을 떨어뜨리는 특성은 걸러지지 않는다. (몇몇 진화생물학자는 여기에 약간의 예외가 있다고 생각하지만, 대부분은 자연선택이 나이가 들수록 악화되는 문제들의 대다수를 걸러낼 희망이 거의 없다는 데 동의한다.)

이러한 사실은 많은 것을 설명한다. 나이 많은 사람들은 전형적으로 젊은 사람들의 경우에는 번식 적응도를 심각하게 손상시킬지도 모르는 많은 문제들에 시달린다. 이러한 문제로는 성욕 감퇴, 퇴행성관절염, 더 높은 비율의 암과 심혈관 질환, 그리고 손상된 인지능력과 경우에 따라서는 치매(85세 이상의 사람들 가운데 30퍼센트가, 또 90세 이상의 사람들 가운데 50퍼센트가 알츠하이머병에 걸리고, 더욱이 뇌졸중으로 인해 발생하는 치매는 셀 수 없을 정도이다)로 인한 신경 퇴화를 들 수 있다. 자연선택이 우리 삶의 번식 후 시기에 작동하지 않는다는 사실은 장인 기술자 비유에는 큰 타격이다. 어떤 장인 기술자가 번식할 시기를 지나자마자 붕괴되기 시작할 존재를 창조하겠으며, 그런 것을 고치기 위한 아무런 준비도 하지 않겠는가?

많은 사람이, 아니 아마도 대부분의 사람들이, 다윈의 진화론에 근거해서 모든 생물학적 특성이 자연선택의 직접적인 결과이든지 또는 그것의 부작용이라고 추정한다. 하지만 이것은 옳지 않다. 왜냐하면 번식 후 특성의 대다수는 그 어느 쪽에도 속하지 않기 때문이다. 우리의 번식 시기가 끝나자마자 연로한 사람들을 괴롭히는 손상을 바로잡을 작동 원리 안에 "투자"란 전혀 존재하지 않는다. 진화가 작동하는 방식이 이렇게 불행하다는 사실은 우리처럼 오래 사는 생명체에게는 특히 대단히 심각한 결과를 초래한다.

만약 "그냥 나이가 들면 원래 그런 거야"라는 생각에 안심하지 못한다면, 우리는 이러한 증상을 보인 사람이 어떤 끔찍한 병에 걸렸을 거라고 생각할 것이다! 그러나 이것이 언제나 원래 그랬던 방식으로 계속될 필요는 없을 것이다. 의도한 유전자 변이의 주된 이점 가운데 하나는 의도한 유전자 변이가 번식 후 삶의 질에 대한 의도하지 않은 유전자 변이의 둔감함으로 인해 야기되어 우리가 시달리게 될 손상을 피하거나 개선하는 데 도움을 줄 수 있다는 것이다. 예를 들어, 종양을 야기하는 유전자의 (암을 유발하는 유전자를 완전히 차단하거나, 적어도 암을 덜 유발하는) 변이와 종양을 억제하는 유전자의 (종양을 억제하는 유전자의 방어력을 강화하는) 변이는 노년기에 암을 야기하는 축적된 돌연변이의 경향성을 해소할 수 있을 것이다. 또한 호르몬을 조절하는 유전자 망에 개입함으로써 연로한 사람들의 근육 손실과 심신을 약화하는 노쇠를 막을 수 있거나 지체시킬 수 있다. 이 두 가지 예는 의도하지 않은 유전자 변이의 가장 큰 결점 가운데 하나를 바로잡기 위한 의도한 유전자 변이의 가능성에 대한 단순한 예에 불과하다.

우리가 이전보다 더 오래 살게 되었기 때문에 (1900년대 미국의 남성 평균 수명은 47세에 불과했다) 번식 후 삶의 질은 더욱더 중요해지고 있다. 우리는 역사적으로 위대한 비생물학적 증강이 누적된 영향으로 인해 더 오래 살게 되었다. 우리는 이러한 이전의 증강의 결과에 대처하기 위해 생명의료 증강을 포함한 그 이상의 증강이 필요할 수도 있다.

우리가 어떤 사람이 훌륭한 삶을 살았다고 판단할 때, 우리는 전체 삶의 전반적인 질을 고려하는 경향이 있다. 사람들이 일상적으로 110세까지 살 수 있다고 하더라도 노년의 25년 동안 삶의 질이 아주 열악하다면, 이것은 우리가 그 사람들의 삶의 질을 판단할 때 영향을 미칠 것이다. 사람들이 그렇게 오래 살지는 못해도 삶의 질이 악화되는 기간이 더 짧아질 때, 아마도 우리는 이런 사람들의 대부분이 더 나은 삶을 살았다는 결론을 내리게 될 것이다. 만약 그렇다면 결국 최악의 질병을 아주 짧은 시기로 압축해서 아주 긴 삶을 살 수 있게 해주는 생명의료 증강은 우리 삶에서 행복에 대한 현재의 평균적인 수준을 유지하기 위해서 필요할 수도 있다. 역설적으로 달리 말해보면, 우리는 단지 상황이 더 악화되는 것을 막기 위해서 증강할 필요가 있을 것이다. 이것은 상당히 중요한 것으로 밝혀질 것이다. 즉, 이러한 사실은 증강이 완벽함에 대한 추구라고 말하는 마이클 샌델과 같은 사람들 또는 증강은 건강한 상태보다 더 나아지려는 시도라고 말하는 칼 엘리엇(Carl Elliot)과 같은 사람들이 틀렸다는 것을 보여준다. 다음 장에서도 살펴보겠지만 상황이 더 악화되는 것을 방지하기 위해 증강이 필요할지도 모른다는 사실은 증강에 대한 사고방식을 천양지차로 만든다.

홍적세의 잔재

생명체가 가진 모든 특성이 적응이라고 생각한다면 장인 기술자 비유는 적절한 것처럼 보인다. 하지만 우리는 그것이 사실이 아니라는 것을 이미 살펴보았다. 즉, 노년기의 삶의 질을 떨어뜨리는 특성에 적응할 수 있는 것은 아무것도 없다. 또한 그러한 특성은 자연선택의 산물이 아니다. 그리고 어떤 특성이 심지어 적응이라고 할 수 있다고 하더라도 그러한 적응은 모든 가능한 적응 가운데 최상은 아닐 것이다.

적응이 무엇인지에 대해 더 자세히 살펴보는 것은 의미가 있다. "T라는 특성이 적응이다"라는 진술은 현재 시제로 구성되어 있지만, 실제로 이 진술은 과거에 대한 진술이다. 이것은 종의 발달의 어느 정도 앞선 단계에서 생명체가 그러한 특성을 가짐으로써 자신의 유전자가 다음 세대로 전해질 기회를 늘렸다는 것을 의미한다. 요컨대 어떤 것을 적응이라고 규정하는 것은 그 어떤 것의 유래에 대해 무언가 언급하는 것이지, 지금 현재에 관한 것을 언급하고 있는 것이 절대 아니다! 과거의 이점이 현재의 골칫거리가 될 수도 있기 때문에 특성이 적응이라고 하더라도 그러한 특성이 저절로 좋은 것을 의미하지는 않는다.

진화생물학자는 우리가 갖고 있는 대부분의 생물학적 특성이 10만 년 또는 15만 년 전 후기 홍적세의 선택압[8]에 따른 결과라고 생각한다. 그 이후로도 변화는 계속되어왔다. 예를 들어, 전염병이 인구를 휩쓸면서 몇몇 유전자가 없어지는 결과를 초래했지만, 다른 (저항력을 강화하는) 유전자가 더욱 넓게 퍼지는 결과를 가져오기도 했다. 그럼에도 불구하고 기본적인 생물학적 특징은 상당히 똑같이 남아 있다.

우리의 기본적인 생물학이 형성되었을 시기의 환경은 오늘날과는 현격히 달랐다. 당시 인간은 정보기술을 사용해서 앉아서 일하는 사람들로 바글거리는 도시가 아니라 수렵채집을 하는 소규모의 무리로 살았다. 현재 우리가 살고 있는 환경이 당시와는 아주 다르기 때문에 우리가 갖고 있는 몇몇 특성이 적응이라기보다는 현재는 오히려 해가 되는 잘못된 적응일 수 있다(이것이 퇴영적인 진술임을 기억하자!). 여기 몇몇 그럴듯한 예가 있다. (1) 달고 짜고 기름진 음식을 매우 좋아하는 것. 만약 스스로 먹고사는

---

[8] 자연돌연변이체를 포함하는 개체군에 작용하여 경합에 유리한 형질을 갖는 개체군의 선택적 증식을 재촉하는 생물적, 화학적 또는 물리적 요인. 세균 집단은 일반적으로 $10^{-8} \sim 10^{-7}$의 비율(돌연변이율)로 자연돌연변이주가 생겨 여러 가지 비율(돌연변이 빈도)로 개체군 내에 혼재한다. 이들은 정상 환경조건에서는 분열 속도가 변화하지 않는 한, 이 집단에 있어서는 변화하는 일은 없다. 이러한 집단에 대해 변이주에 있어 유리한 환경요인이 작용하면 변이주의 급속한 선택적 증식이 일어나 집단 변이로 이어진다. 이것을 도태라고 하고 그 요인을 도태압이라고 하기도 한다.

데 많은 시간과 공을 쏟아야만 하는 수렵채집을 하는 사람이라면, 이러한 특성을 갖는다는 것은 정말 좋은 일이다. 그러나 만약 하루 종일 책상에서만 일을 하고, 입맛이 당길 때마다 언제든지 바로 만족시킬 수 있다면, 그러한 특성을 갖는다는 것이 그렇게 좋은 것은 아니다. 왜냐하면 이것이 비만, 당뇨 그리고 관상동맥 질환을 야기할 것이기 때문이다. (2) 의붓아버지가 의붓자식을 (친자식보다 더) 학대하는 경향성. 리처드 도킨스(Richard Dawkins)가 "이기적 유전자"라고 부르는 입장에서 보면 이러한 수치스러운 행동은 완벽하게 이해된다. 즉, 수십만 년 전 최저 생계의 벼랑 끝을 맴돌던 생명체가 어떤 다른 사내의 유전자 계통을 지속하는 데 왜 자원을 낭비할 것이라고 기대하는가? 만약 종 안에 생존을 위한 경쟁이 존재한다면, 방치뿐만 아니라 학대가 예상되고, 불행하게도 우리가 가끔 목격하는 것이 바로 그것이다. (3) "외국인"을 향한 증오, 이방인을 두려워하거나 아니면 적어도 개탄스럽게도 널리 퍼진 그들의 복지에 무관심한 경향성(외국인 혐오). 이러한 특성이 홍적세의 생존과 번식에 도움이 되었을지는 모르지만, 인간이 이방인과 상호작용해야만 하는 세상에서는, 그리고 국가뿐만 아니라 소규모 집단 또는 심지어 한 개인마저도 대량 파괴 무기를 사용할 수 있는 갈수록 세계화되는 세상에서는 그것이 형편없는 것으로 드러날 수도 있다. (4) 남성에게서 더 흔하게 발생하는 주의력 결핍 장애가 또 다른 예라는 생각이 여전히 유행한다. 만약 대부분의 사냥을 남성이 했다면 자신의 주변 시야에서 무슨 일이 벌어지고 있는지 알아차리려는 목적으로 눈의 초점을 이리저리 끊임없이 전환하기 위해서라면 그것은 홍적세 남성에게 좋은 것이었을 수도 있다. 그러나 하루의 대부분을 책상에 앉아서 보내거나, 교과서, 칠판 또는 컴퓨터 화면을 봐야 한다면 이것은 문제를 일으킬 것이다.

진화의 잔재는 현생 인류인 호모 *사피엔스*에게만 국한되지 않는다. 카니스 파밀리아리스[9](라는 학명을 가진 당신의 개) 역시 진화의 잔재로 인해 고생할 수 있다. 사람들이 키우는 골든레트리버가 대부분의 시간을 실내에서 보내게 되면서 그 개의 먼 조상에게는 가치가 있었을 몇몇 특성이 오히려 무리의 유대감을 상실시키는 문제를 일으킨다는 것은 전혀 놀라운 일이 아니다.

진화가 그러한 잔재를 결국에는 제거할 거라고 가정하는 것은 잘못일 것이다. 그러한 잔재는 우리 가운데 번식 적응도를 참담하리만치 감소시키지 않고도 걸러질 만큼 충분한 잔재를 가지고 있는 사람들에게 심각한 문제를 야기할 수도 있다. 요컨대 문제의 원인인 유전자가 계속해서 전해지는 것을 멈출 만큼 여과망이 충분히 촘촘하지 않을 수도 있다는 말이다. 그리고 심지어 그러한 잔재가 번식 적응도에 부정적인 영향을 미칠 때조차도 진화의 치유는 수천 년이 걸릴 정도로 엄청나게 오래 걸릴 수도 있다. 대체적으로 의도한 유전자 변이는 고대 과거로부터 유래한 원하지 않는 잔여물을 아주 빠르게 그리고 효과적으로 제거할 수 있을 것이다. 약간 덜 급진적으로 말하자면, 홍적세 잔재 유전자의 효과를 억제하기 위해 일부 약물은 사용될 수 있을 것이다. 아마도 이것이 리탈린이 하는 일일 것이다.

이로운 돌연변이의 확산 방식: 끔찍하고 잔인하며 오랜 과정

지금까지 우리는 나쁜 특성을 제거하려는 입장에서 의도하지 않은 유전자 변이가 얼마나 결함이 있는지 숙고해왔다. 의도하지 않은 유전자 변이가 좋은 특성을 창조하는 방식에도 역시 큰 문제가 있다. 이러한 유전자

---

9 Canis familiaris: 개과 동물에게는 모두 라틴어의 '개'라는 의미의 카니스(Canis)라는 용어를 사용하고, 집에서 키우는 개의 경우 라틴어로 '가족'이라는 의미를 포함한 파밀리아리스(Familiaris)를 사용한다.

변이는 수천 년이 걸릴 수도 있고, 새롭고 이로운 특성이 인구 전체에 퍼질 때까지 인간에게 엄청난 고통을 안겨줄 수도 있다. 예를 들어 천연두와 흑사병 같은 질병에 대한 저항력을 부여하는 유전자가 비교적 널리 확산되기 전에 우리 조상들은 이러한 질병들로 인해 엄청나게 높은 사망률에 시달려야만 했다. 게다가 이로운 변화는 종종 몇몇 사람에게 엄청난 대가를 치르게 한다. 겸상 적혈구 특성과 관련된 돌연변이의 경우가 바로 그렇다. 만약 이 돌연변이 유전자의 복제된 유전자를 하나만 갖는다면, 말라리아에 대한 저항력을 얻을 것이다. 하지만 만약 복제된 유전자 두 개를 갖는다면, 겸상 적혈구 빈혈증에 걸릴 가능성이 높아질 뿐만 아니라 심신을 쇠약하게 만드는 질병에 걸릴 확률 또한 높아질 것이다.

다윈이 종교에 준 거대한 충격은 그의 자연선택설이 우리가 자연에서 이해하는 지적 설계가 신적인 창조자를 상정하는 논증을 깨뜨린 것이라고 종종 생각했다. 그러나 일단 이로운 유전자를 인구 전체에 퍼뜨리는 끔찍하고 잔인하며 오랜 과정을 심사숙고해보기만 한다면, 그의 이론이 지적 설계 논증을 깨뜨린 것만큼이나 종교에 엄청난 손상을 가하는 또 다른 충격을 준다고 우리는 결론지을 수 있을 것이다. 즉, 이것은 악의 문제가 우리가 생각하는 것보다 훨씬 심각하다는 것을 보여준다.

악의 문제란 다음과 같다. 세상에 고통받고 있는 인간이, 그것도 대부분이 완전히 부당한 고통으로 고통받고 있는 인간이 얼마나 많은지 감안해본다면, 그런 세상이 어떻게 전능하며 지극히 선한 존재의 창조물일 수 있겠는가? 인간 게놈 프로젝트의 전 책임자이자, 미국 국립보건원의 현 책임자인 프랜시스 콜린스(Francis Collins)는 자신과 같은 과학자가 어떻게 일관되게 신을 믿을 수 있는지 보여주려고 할 때 악의 문제에 대한 다윈 이론의 영향을 간과하고 있는 것처럼 보인다. 진화론이 놀랍도록 우아한 단순함을 가지고 있기 때문에 콜린스는 신이 살아 있는 세계를 창조하기 위해서 진화를 사용하기로 결정한 것은 유쾌하게 놀라운 일이라고 생각한다. 콜린스는 그저 신이 손가락 한 번 까딱해서 세상을 나타나게 하는 것보다는 진화를 사용하는 편이 더 창조적이라고 또는 최소한 과학자의 마음에는 심미적으로 더 만족스럽다고 생각하는 듯하다.

분명하게 물어볼 질문은 다음과 같다. 만약 신이 더할 나위 없이 선하다면, 그런 신이 어째서 피비린내 나는 창조 방식을 선택하겠는가? 이 장이 어떻게 시작했었는지 상기해보자. 그 시작은 무자비한 자연이라는 테니슨의 시 인용구와 자연을 지독하게 잔혹한 것으로 기술한 다윈의 편지로 시작되었다. 신은 전지전능하다. 만약 전지전능한 신이 진화가 끔찍하게 잔인하다는 사실에도 불구하고 가장 우아하기 때문에 진화를 삶의 작동 원리로 선택했다면, 어떻게 그런 신이 지극히 선할 수 있겠는가? 단순히 바람직한 유전자의 전파가 일반적으로 잔인한 과정일 뿐만 아니라, 적자생존도 엄청나게 끔찍한 것이다. 콜린스는 진화의 우아한 단순함에만 초점을 맞추고 낭자하는 선혈은 경시하기 때문에 그의 "신을 옹호한 과학자의 주장"[10]은 신빙성이 떨어진다.

하지만 콜린스 역시 악의 문제를 잘 알고 있다. 콜린스는 고통이 우리의 삶을 풍요롭게 하고, 덕성을 함양하는 등의 이점을 갖기 때문에 그러한 고통이 신의 선의와 양립할 수 있다고 생각한다. 이런 진부한 이야기는 두 가지 이유에서 아주 만족스럽지 못하다. 첫째, 많은 인간이, 특히 폭력이나 질병으로 죽은 아이들이나 전쟁에서 죽은 수백만의 젊은이들이 고통을 통해 얻을 수 있다는 수많은 기회를 얻지 못한 채 고통을 경험한다. 신이 그들을 고통스럽게 해서 여러분과 내가 존재에 대해 더 깊이 감사할 수 있게 된다는 것은 터무니없이 불공평해 보인다. 둘째, 잉여의 고통이 존재하는 것처럼 보인다. 다시 말해 신은 자신이 옳다는 것을 관철하기 위해서 충분한 고통의 양보다 더 많은 고통을 우리에게 주는 것 같다.

---

10 콜린스의 저서 『신의 언어(The Language of God)』에서 인용된 표현.

이러한 명백한 난점에도 불구하고 우리의 삶이 고통으로 인해 풍요로워진다는, 그 고통이 우리에게 소중해질 만큼 놀랍도록 풍요로워진다는 생각을 잠시만 받아들여보자. 이것은 인류를 제외한 나머지 생명체의 엄청나게 심각한 고통과는 전혀 상관이 없다. 늑대가 집어삼킨 큰 사슴이 목숨이 붙어 있는 동안 자신의 삶이 덕성을 함양하는 고통에 의해서 풍요로워진다는 생각으로 스스로를 위로할 수는 없다. 인간인 우리가 고통으로 얻은 선이 너무 훌륭해서 인간을 제외한 모든 다른 생명체의 고통을 보고도 너무나 쉽게 못 본 척할 수 있다는 생각은 내게는 왠지 인간 중심적인 것처럼 들린다. 이런 느낌은 부처도 똑같이 가졌다. 요컨대 부처는 모든 살아 있는 것들이 고통받고 있다는 것을 제대로 인식하고 있었다. 바로 이것이 불교에서 가장 감탄할 만한 측면 가운데 하나이자, 다른 종교가 불교에서 배울 수 있는 많은 것 가운데 하나이다. 진화가 어떻게 작동하는지 이해하고자 하는 사람들에게 특별히 불교가 매력적일지 어떨지 모르겠지만 아마도 충분히 매력적일 것이라고 추측해볼 수는 있겠다.

어쨌든 논의의 핵심은 의도한 유전자 변이가 커다란 재앙 없이 의도하지 않은 유전자 변이의 훌륭한 결과를 달성할 만한 가능성을 가지고 있다는 것이다. 예를 들어 몇몇 바람직한 유전자나 유전자 집합이 이미 존재하기는 하지만, 단지 소규모의 인간에게서만 존재한다는 사실을 우리가 알게 된다고 가정해보자. 이것은 후천성 면역결핍 증후군(HIV-AIDS)의 특정 계통에 대한 저항력을 주는 유전자 문제를 해결하려는 상황과 딱 맞아떨어진다. 만약 우리가 "자연의 지혜"나 "자연의 순리"에 의존한다면 이러한 이로운 유전자형은 인구에 확산될 수도 그렇지 않을 수도 있다. 이러한 이로운 유전자형이 존재하는 소규모 집단의 인간은 자연재해나 전쟁으로 죽을 수도 있고, 또한 이러한 유전자를 보유한 인간은 자신의 번식 적응도를 감소시키는 덜 이로운 약간 다른 유전자를 갖게 될 수도 있다. 비록 바람직한 유전자가 확산된다고 하더라도 아주 오랜 시간이 — 아마도 수천 년 — 걸릴 것이다. 그동안 수많은 사람이 고통받고 죽게 될 것이다. 이런 일들을 바로잡기 위해서는 철저한 정밀함이 필요할 것이다.

이번에는 의도한 유전자 변이가 그런 이로운 유전자의 훨씬 더 빠른 확산을 보장할 수 있다고 가정해보자. 이것은 유전자를 고환에 주입함으로써 일어날 수도 있고, 더 급진적으로는 유전자를 수많은 인간 배아에 주입함으로써 또는 체외수정(in vitro fertilization)을 활용함으로써 일어날 수도 있다. 우리는 의도한 유전자 변이가 대참사 없이 최적으로 작동할 때 의도한 유전자 변이의 이득을 취하게 될 것이다.

요약해보면 진화는 개선의 대가에 개의치 않으며, 대가가 어떻게 분배되든 신경 쓰지 않는다. 그래서 진화는 도덕과는 전혀 상관이 없다. 만약 의도하지 않은 유전자 변이가 성취하는 선을 의도한 유전자 변이가 성취할 수 있다면 그래서 더욱 빠를 뿐만 아니라 도덕적인 대가 없이도 그렇게 할 수 있다면, 그것은 의도한 유전자 변이를 지지하는 데 엄청나게 중요한 논거가 될 것이다.

"수평적" 유전자 전이의 불가능성

여러분과 나 그리고 다른 동물들은 세균이 할 수 없는 많은 것을 할 수 있다. 그러나 세균은 진화의 갖은 수단 가운데 우리가 가지고 있지 않은 몇 가지 비결을 가지고 있다. 이런 세균의 가장 눈부신 비결 가운데 하나는 새로운 유전자를 물려받지 않고도 그러한 새로운 유전자를 주기적으로 받아들인다는 것이다. 즉, 세균은 수평적 유전자 전이를 한다. 유전자는 유성생식을 통해 한 세대에서 다음 세대로 전해질 때 수직적으로 전이된다. 만약 우리가 동물이라면 보통 접근할 수 있는 유일한 유전자는 부모가 가지고 있던 유전자이다. 때때로 바이러스가 인간 게놈의 일부가 되어서 인간적인 평범한 번식을 통해서는 물려받을 수 없는 새로운 유전자를 수반한다는 것이 사실이기는 하지만 이러한 경우는 극히 드물다.

반면에 우리가 세균이고 근처에 이로운 유전자가 있다면 그 이로운 유전자를 취할 수 있을 것이다. 수평적 유전자 전이는 유전자 자원을 크게 증가시킨다.

세균은 이와는 또 다른 큰 장점을 가지고 있다. 세균이 번식하는 속도는 우리가 번식하는 속도와 비교했을 때 믿을 수 없을 만큼 빠르다. 이러한 두 가지 특징, 즉 수평적 유전자 전이와 짧은 번식 주기는 세균에게 인간-병원체와의 군비 확장 경쟁에서 엄청난 이득을 가져다준다. 우리가 이런 생물의 신속하고 유연한 돌연변이를 따라잡기란 아주 힘들다. 이것이 바로 우리가 거의 매년 새로운 독감 백신을 만들어내지만 예측하기 힘든 새로운 계통의 독감에 여전히 취약할 수밖에 없는 이유이다.

동물의 의도하지 않은 유전자 변이와는 달리 의도한 유전자 변이는 수직적 유전자 전이에 제한받지 않는다. 과학자들은 한 혈통의 쥐에서 유전자를 추출해서 그 쥐와는 전혀 관계가 없는 다른 쥐에게 그것을 주입하는 방법을 이미 알고 있으며, 쥐 말고도 다양한 동물에게 이와 동일한 방법을 사용할 수 있다. 의도한 유전자 변이는 심지어 동종, 생명체에서 빌려온 유전자에도 제한되지 않는다. 과학자들은 인간이 걸리는 질병을 연구하기 위해서 인간의 유전자를 아무렇지도 않게 쥐에게 주입한다.

다음의 두 가지 이유로 인해 한 생명체에서 다른 생명체로 유전자가 전환된다. 첫째, 모든 생명체는 데옥시리보핵산(DNA)의 사다리 모양 구조의 발판을 형성하는 똑같은 네 개의 핵산염기쌍을 사용하는 동일한 생화학적 기반을 가지고 있다. 둘째, 현재 살아 있는 모든 생명체는 공통된 조상에서 유래하고, 선구 유전자 대다수는 어마어마하게 오랜 시간이 지나도 보존된다. 예를 들어 인간과 쥐는 80퍼센트의 동일한 유전자를 가지고 있고, 인간 유전자의 99퍼센트가 쥐의 유전자와 긴밀하게 대응한다.

유전공학이 처음 발견되었을 때 몇몇 사람은 다른 종의 유전자를 사용하는 것이 "종의 장벽 붕괴"를 야기할 것이라고 경고하면서 은연중에 이것이 매우 위험할 것이라는 인상을 풍겼다.

종의 장벽에 대한 이야기는 주의를 환기하기는 하지만 그것이 얼마나 적절한지는 분명하지 않다. 우리가 다른 종과 공통적으로 가지고 있는 유전자가 얼마나 많은지 그리고 종들이 융통성 없이 고정된 게 아니라 끊임없이 진화한다는 사실을 고려해보면 종의 장벽이라는 발상이 도대체 의미가 있을지 의심스럽다. (도움이 될지는 모르겠지만, 나의 종조부는 생계를 위해 실제로 아무런 부작용 없이 "종의 장벽"을 허물었다. 요컨대 노새[11]를 사육했다.)

어떤 도움도 받지 않는 진화, 의도하지 않은 유전자 변이는 수직적 유전자 전이에만 의존할 수 있기 때문에 의도하지 않은 유전자 변이는 값비싼 자재들로 가득 찬 거대한 창고 한 구석 긴 의자에 족쇄가 채워진 노동자 같다. 하지만 이 노동자는 의도한 유전자 변이를 동원해 족쇄를 풀어 내던지고 자신에게 필요한 것을 마음대로 고를 수 있다.

영원히 사라져버릴 위험에 처해 있는 가치 있는 유전자

노르웨이 산속에 깊은 굴을 파서 완공한 국제 종자 저장고가 몇 년 전 사업상 문을 열었다. 이 저장고의 목적은 가능한 한 많은 다양한 종류의 식물 종자를 안전하게 보관할 수 있는 저장고를 제공하는 것이다. 이것은 유전자은행으로 가장 잘 설명할 수 있다. 왜냐하면 각각의 종자는 식물이 되기 위해 필요한 모든 유전자가 완벽하게 갖춰진 금상첨화인 요소를 포함하고 있기 때문이다. 이러한 시설은 식물의 유전적 다양성의 손실을 막기 위한 신중한 대비책이다. 이러한 손실은 현재도 급속도로 진행 중이고,

---

[11] 말과 당나귀 사이에서 이루어진 종간잡종의 대표적인 사례.

"핵겨울"이나 몇몇 심각한 자연재해가 닥친다면 엄청나게 가속화될 수도 있다.

종이 멸종할 때 일반적으로 그 종만의 고유한 유전자도 영원히 사라진다. 실제로 우리가 이미 앞에서 살펴보았듯이 자연선택이 멸종을 야기하지는 않더라도 유전자 여과기 역할을 함으로써 유전자 변이를 감소시킨다. 이러한 사실은 의도하지 않은 유전자 변이에게 불행한 일이다. 왜냐하면 돌이킬 수 없이 완전히 사라진 어떤 유전자가 인간의 삶을 증강하기 위한 것이었을 수도 있고, 또는 자연적이든 인간이 만든 것이든 새로운 위협에도 불구하고 인간의 삶을 보전하기 위한 위대한 가치를 가졌을 수도 있기 때문이다.

신중한 보전과 결합할 때 의도한 유전자 변이는 가치 있는 유전자의 돌이킬 수 없는 손실을 막을 수 있다. 이러한 사실은 의도한 유전자 변이에 대한 흔한 불평, 즉 의도한 유전자 변이가 유전적 다양성을 감소할 거라는 불평을 고려해본다면 중요하기도 하고, 역설적이기도 하다. 이런 불평을 하는 사람들은 우리가 특정한 유전자형을 지닌 새로운 인간의 표준형을 창조해서 그 유전자형과 다른 모든 인간 유전자형을 멸종할 "단일 재배"라는 어리석음에 빠지게 하는 의도한 유전자 변이를 사용할 것이라고 우려한다. 이러한 단일 재배의 문제는 원예가들에게 잘 알려져 있다. 특히 1890년대 미국 미니애폴리스 세인트폴(Minneapolis-St. Paul) 전역에 느릅나무를 심었는데, 50년 후 그 나무 대부분이 네덜란드 느릅나무 병으로 죽은 예는 단일 재배의 문제를 단적으로 보여준다.

이러한 단일 재배의 위험성은 사라지지 않을 테지만 그렇더라도 그것을 바라보는 균형 있는 시선을 잃어서는 안 된다. 첫째, 우리는 의도하지 않은 유전자 변이가 자연선택이라는 유전자 여과기에 의존하기 때문에 의도하지 않은 유전자 변이가 과정상의 문제로 유전적 다양성을 감소시킨다는 사실과 더불어 위험성을 동반한다는 사실을 인정할 필요가 있다.

둘째, 의도한 유전자 변이가 유전적 다양성 감소의 위험성에 *대처하기 위한* 유일하게 효과적인 방법일 수 있다고 이해할 필요가 있다. 미국에만 이미 수억 개의 인체 조직 표본이 저장되어 있다. (하나의 온전한 핵을 지닌 하나의 세포가 있는 한) 각각의 표본은 완벽한 인간 유전자형을 가진다. 모두가 유전자형 표본인 더 많은 조직 표본이 주로 약물 연구와 관련해서 매일같이 수집되고 있다. 의도한 유전자 변이는 이러한 거대한 유전적 풍부함에 의존할 수 있게 해주고, 의도하지 않은 유전자 변이의 일반적인 과정에서 멸종될 위험에 처해 있는 가치 있는 유전자를 재도입할 수 있게 해주며, 또한 우리가 이전에 살펴보았듯이 가치 있는 유전자의 확산 속도를 높여줄 수 있다.

유전학에서의 윤리 문제라는 내 수업 시간에 두 학생의 대화를 목격했을 때, 인류가 호모 *사피엔스*라는 표준형에 어느 정도 동의하고, 그렇게 함으로써 호모 사피엔스만의 단일 재배 문제를 만들어낼 것이라는 데에 나는 훨씬 덜 걱정했다. 북유럽인의 외모에 상당히 가까워 보이는 한 학생이 말하기를, "음, 난 그게 문제가 될 수도 있을 것 같아. 그러니까 부모는 키가 크고, 파란 눈을 가진 금발의 아이처럼 그들이 원하는 모든 걸 결정할 것 같아." 이 학생 옆에 앉아 있던 나이지리아에서 온 한 학생이 재빨리 대답하기를, "그렇지는 않을 거 같은데." 이 나이지리아 청년의 말에는 일리가 있었다. 즉, 인간 단일 재배를 예견하는 사람들이 추정하는 것만큼이나 최고의 인간 종이 무엇인지에 대한 합의는 존재하기 힘들 것이다. 그러므로 여기서 무엇보다 중요한 점은 만약 우리가 유전적 다양성을 중요하게 생각한다면 의도하지 않은 유전자 변이에 대해서는 더 걱정해야 하고, 의도한 유전자 변이에 대해서는 덜 걱정해야 한다는 것이다.

부분 최적화의 함정 또는 간단히 해결하기 힘든 문제

진화의 관점에서 어떤 특성이 최적이라고 말하는 것은 생명체의 유전자에서 점진적인 변화가 번식 적응도에 기여하는 특성을 더 이상 개선할 수 없다는 것을 의미한다. 최적이라고 해서 개선 불가능한 것은 아니다. 최적이라는 것은 단지 "현재 우리 상태와 우리가 점진적으로 나아가야만 한다는 것을 감안했을 때, 번식 적응도의 관점에서 행해질 수 있는 최상의 것"을 의미할 뿐이다. 특성이 시력처럼 복합적인 것이라고 가정해보자. 인간은 특별한 종류의 시각기관을 가지고 있다. 즉, 카메라 같은 눈은 맹점을 가지고 있고, 자신이 만들어낸 거꾸로 된 상을 뇌에게 처리하라고 요구한다. 다른 종에는 다른 형태의 눈이 있으며 전혀 진화하지 않은 몇몇 가능한 형태의 눈도 있다. 우리가 특정 종류의 눈을 가지고 있다는 사실이 인간이 가져야 하는 최상의 눈이라는 의미에서 우리가 가진 눈이 최적이라는 것을 의미하지도 않고, 눈의 최전성기를 의미하지도 않는다.

인간의 눈은 인간과 전혀 달랐던 생물의 표면에 빛에 민감한 부분을 만들어낸 일시적인 돌연변이 또는 일련의 돌연변이와 함께 아주 오래전부터 시작된 점진적인 변화의 오랜 과정을 통해 발전되었다. 빛에 민감한 부분은 생물이 생존하는 데 있어 우위를 점할 수 있게 해주었다. 왜냐하면 빛에 민감한 부분으로 인해 생물은 자신 주위에서 움직이는 물체를 감지할 수 있게 되었기 때문이다. 이와 마찬가지로 현재 인간이 가진 눈에서 시각기관으로서 보다 나은 다른 형태의 눈으로 이끌어줄 일련의 생물학적 변화가 있을 수도 있다.

자연선택의 작동 원리에만 의존한다면 기존의 우리 눈이 우수한 형태로 변형되기까지는 어마어마하게 많은 변화가 있어야만 할 것이고, 그렇게 되기까지 가늠하기 어려울 만큼 긴 시간이 걸릴 것이다. 하지만 이러한 변형은 결코 일어나지 않을 것이다. 왜냐하면 우리가 진화생물학자들이 부분 최적화라고 부르는 함정에 빠질 수 있기 때문이다.

    부분 최적화의 함정이라는 발상은 다음과 같은 비유로 가장 잘 설명할 수 있다. 3차원으로 묘사할 수 있는 "적응도 지형"을 숙고해보기로 하자. 자연선택에 몰려 좋은 적응도 봉우리를 올라간다. 적응도 봉우리는 다양한 높이로 이루어져 있고, 이러한 적응도 봉우리의 다양한 높이는 번식 적응도를 나타낸다. 요컨대 봉우리가 높으면 높을수록 일련의 특정한 특성은 번식 적응도에 더욱더 도움이 된다. 우리를 포함한 모든 인간이 해발 2천 미터의 적응도 봉우리에 올랐다고 상상해보자. 그렇다면 우리는 1천 미터 봉우리 꼭대기에만 있었을 때보다 번식 적응도 측면에서 형편이 훨씬 더 나아졌음을 알 수 있게 된다. 또한 우리는 골짜기 너머를 살펴볼 수 있게 되어서 훨씬 더 높은 봉우리를 볼 수 있다. 문제는 우리가 더 높은 봉우리에 도달하기 위해서 한 발자국, 한 발자국 깊은 골짜기를 지나 더 높은 봉우리의 경사면을 밟을 수 있도록 해주는 긴 여행을 떠나야만 한다는 것이다. 다시 말해 우리가 훨씬 더 나은 적응도에 도달하기 위해서는 적응도의 관점에서 현재 우리 상태에 비해 더 약해져야만 할 것이다. 우리는 부분 최적화라는 함정에 빠져 있다. 즉, 우리의 번식 적응도를 개선할 생물학적으로 가능한 변화가 전혀 없기 때문이 아니라, 우리가 거기에 도달할 수 없기 때문에 우리는 우리의 번식 적응도를 증가시킬 수 없다. 자연선택은 점진적이기 때문에 더 높은 봉우리에 도달하기 위해서 계곡을 단숨에 뛰어넘을 수는 없다.

    의도한 유전자 변이는 이러한 문제를 해결할 수 있을 것이다. 왜냐하면 의도한 유전자 변이가 배아 유전자를 변형함으로써 인간의 배발생 초기에 비점진적인 변화를 야기할 수 있기 때문이다. 적어도 세균과는 대조적으로 동물에 관해서 말하자면 진화는 *철저히 한계를 가진 땜장이* 같다고 나는 앞에서 언급했었다. 왜냐하면 진화는 보통 특정한 생명체의 혈통에 존재하게 되는 유전자만을 활용할 수 있기 때문이다. 이것은 글자 그대로 유전자를 거의 차용할 수 없다는 이야기다. 부분 최적화의 함정이라는 현상은 땜장이가 또 다른 방식으로 철저히 제한되어 있다는 사실을 보여준다. 즉, 땜장이는 단지 점진적으로만 작업을 진행하기 때문에 거대한 잠재적인 가치를 가진 몇몇 개선에는 영원히 도달할 수 없다.

최대의 제한: 인간의 선을 위해서가 아닌 번식 적응도를 위한 의도하지 않은 유전자 변이 선택

"최적화"라는 용어는 진화를 논의할 때 상당한 혼란을 불러일으킨다. 진화론에서 최적은 최고를 의미하지 않는다. 즉, 최적이라는 말은 단지 번식 적응도에 가장 도움이 된다는 뜻이다. 특성이 번식 적응도를 증가시킨다는 말은 그러한 특성을 갖게 됨으로써 한 생명체가 자신의 유전자를 후손에게 전해줄 기회가 그저 증가된다는 말이다.

이미 살펴본 것처럼 우리가 우선 주목해야 할 점은 어떤 특성이 존재한다는 사실이 그 특성이 번식 적응도에 기여한다는 것을 의미하지 않는다는 것이다. 이러한 특성은 번식 적응도에 기여하는 어떤 특성을 따라다니기 때문에 존재할는지도 모르고, 또는 번식 이후에 발생해서 자연선택의 여과에 영향을 받지 않기 때문에 존재할는지도 모른다. 또는 이러한 특성이 이전 세대에서는 번식 적응도에 기여했을는지 모르겠지만 지금은 번식 적응도에 중립이거나 오히려 손상을 초래하는 것일 수도 있다. 그래서 우리는 단지 우리가 어떤 특성을 가지고 있다는 사실에만 근거해서 그 특성이 번식 적응도의 관점에서 틀림없이 좋은 일을 하고 있다고 생각하는 실수를 저질러서는 안 된다. 나아가 증강 논쟁을 훨씬 더 혼란스럽게 만들지도 모를 더 큰 실수가 있다. 즉, "번식 적응도에 도움이 되는 것"을 "선한 것"과 동일시하는 오류이다.

만약 우리가 전념하는 일이 미래 세대에게 전해줄 인간 유전자의 수를 최대화하는 것이라면 이것을 위한 유일한 방법은 인구수를 맬서스(Malthus)의 한계점까지 증가시키는 것일 것이다. 다시 말해, 이러한 증가로 인해 모두가 지독한 가난 속에 근근이 목숨만을 연명하면서 인간의 훌륭한 삶에 기여하는 것의 대부분을 빼앗긴다고 할지라도 모두가 최대한 많은 아이를 낳아야만 한다는 것이다.

여기서 중요한 점은 번식 적응도가 질에 관한 것이 아니라 양에 관한 것이라는 점이다. 바로 이 점 때문에 어떤 특성이 번식 적응도에 기여할 때 그것이 선한 것이고 그것을 변화시키는 것은 개선이 아니라고 생각하게 하는 큰 실수를 저지르게 한다. 만약 우리가 스스로를 대체할 만큼 충분히 잘 번식하고 있다면, 또는 적어도 스스로를 증강함으로써 수 세기를 지나는 동안 이미 달성한 진보를 지속하는 데 필요한 최소한의 인구를 유지할 만큼 충분히 잘 번식하고 있다면, 중요한 것은 미래의 인간 유전자 양이 아니라, 우리가 어떤 삶을 살아가느냐 하는 것이다.

번식 적응도와 인간의 선 사이의 이러한 결정적인 차이를 염두에 두고 이제 우리는 다음과 같은 중요한 질문을 할 수 있을 것이다. 즉, 만약에 현존하는 인간형이라는 게 있다고 한다면, 어떤 의미에서 현존하는 인간형이 *최적*인가? 만약 우리가 진화에 대한 정확한 이해를 기반으로 이 물음에 대답한다면 *해서는 안 될* 말이 있다. 만약 현존하는 인간이 최고라는 의미가 우리가 제대로 가치를 평가한다는 관점에서 최고를 의미한다면 현존하는 인간이 최고라고 말해서는 안 된다. 진화는 가치 있는 것을 생산하는 것과는 상관이 없기 때문에 우리가 지금까지의 진화의 산물이라는 사실은 정작 우리가 선하다는 것이 중요한 문제로 대두될 때 우리가 얼마나 선한지에 대해 아무것도 알려주지 않는다.

실제로 번식 적응도의 측면에서조차 우리가 최고라고 말해서는 안 된다. 그래서 우리는 단지 인구가 줄어들지 않고 늘어나도록 우리가 충분히 잘하고 있다는 말 말고는 달리 할 말이 없다. 또한 우리는 번식 적응도의 관점에서 최적이라고도 말해서는 안 된다. 왜냐하면 자연선택은 일반적으로 번식 적응도를 최적화하지 않고, 단지 그 근사치에만 접근했다가 순간적으로 다시 후퇴하기 때문이다. 또한 마찬가지로 초기 인간형이나 인류 출현 이전의 조상보다 환경에 더 잘 적응했다는 의미에서 우리가 최고라고 말해서도 안 된다. 이렇게 말하는 것은 더 이상 의미가 없다. 왜냐하면 적응은 항상 환경과 관련이 있고, 우리의 환경은 우리 조상의 환경과는 철저하게 다르기 때문이다. 충격적으로 들릴지도 모르겠지만 우리가 네안데르탈인이나 공룡 또는 지구상에서 우리보다 앞선 어떤 다른 종보다 더 오래된 종으로서 좀 더 생존할 가능성이 많다고 말해서도 안 된다. 실제로 인간이 이전에 살았던 가장 오래된 종보다 이미 더 오래 존재해왔음에도 불구하고 그렇게 오래 존재해왔다는 사실이 우리가 지속적인 생존에 대한 더 나은 전망을 가지고 있다는 의미에서 우리가 더 잘 적응해왔다는 것을 증명해주지는 않을 것이다. 더 기술적인 진화론의 용어로 말하자면 생물학적 계통의 수명은 생물학적 계통의 현재 생존 전망과는 상관관계가 전혀 없다. 이것은 일단 성공적인 적응은 항상 특정한 환경과 관계가 있고, "그" 환경은 항상 변화하고 있다는 것을 이해하자마자 완벽하게 잘 이해된다. 이러한 모든 이유 때문에 우리는 진화 과정의 가장 최근 산물이 생물학적으로나 인간 가치의 측면에서나 최고라고 생각하는 일반적인 경향에 단호하게 저항해야만 한다. 우리는 어떤 의미에서도 우리가 최고라고 말해서는 안 되고, 이것이 바로 우리가 생명의료 증강의 가능성을 심각하게 고려해야만 하는 이유이다.

내가 어렸을 적 세계사 교과서에는 "인간의 진화 과정(The Ascent of Man)"이 그려진 그림과 함께 한두 쪽 분량의 진화에 대한 내용이 실려 있었다. 그 그림은 왼쪽부터 오른쪽까지 일련의 모습들로 구성되어 있다. 그림은 맨 왼쪽에서 물고기 같은 생물이 원초적 점액질로부터 자신을 끌어내면서 시작한다. 그 오른쪽으로는 괴상해 보이는 네 발 달린 포유동물이

나타나며, 그다음으로는 손가락 관절로 걷는 원숭이가 나타나고, 그 뒤로는 짐승 가죽을 걸친 구부정한 네안데르탈인이 나타난다. 마지막으로 맨 오른쪽에는 완벽하게 똑바로 서서 정장을 갖춰 입은 백인 남자가 등장한다. 이러한 발상은 가장 최근 것이 가장 최고이고, 지금까지 우리가 도달한 진화가 그 마지막이라는 것이었다. 나는 그 그림을 보면서 지금 웃고 있는 많은 사람이 그 그림이 표현하는 철저하게 반(反)다윈주의적인 가정에 여전히 집착하고 있다는 의심이 든다.

비유 논쟁

진화나 자연에 대한 사고방식이 생명의료 증강에 대한 사고방식을 크게 바꿔놓을 수 있다. 진화가 만약 장인 기술자 같다면 생명의료 수단으로 현재의 능력을 개선하려고 하는 시도는 오만하고 위험할 것이고, 그렇다면 우리는 "자연의 지혜"를 고수하는 편이 나을 것이다. 하지만 만약 진화가 도덕이라고는 안중에도 없고, 변덕스러우며, 철저히 제한된 땜장이에 더 가깝다면 자연은 그렇게 현명하지 않을 것이고, 개선의 여지는 많아질 것이다.

이 비유는 저명한 진화생물학자 리처드 도킨스가 고안해낸 유명한 비유보다 덜 돋보인다. 도킨스는 진화, 더 구체적으로는 자연선택을 눈먼 시계공에 비유한다. 하지만 도킨스의 비유는 지나치게 너그러운 감이 있다. 왜냐하면 눈먼 시계공은 계획을 가지고 시작하고, 인간의 필요를 충족하는 것을 목적으로 하기 때문이다. 그러나 진화는 이 둘 중 어디에도 해당하지 않는다.

땜장이에 대한 나의 복잡한 묘사는 단순한 미사여구가 아니다. 내가 이 장에서 윤곽을 그려온 진화의 한계를 고려해보면 모든 형용사는 적절하게 사용되었다. 진화는 두 가지 의미에서 도덕에 개의치 않는다. 요컨대 진화는 인간을 개선하려 하거나, 인간을 행복하게 하려고 하지 않는다. 또한 우리에게 좋은 것이 성취되는 과정에서 진화가 사용하는 수단은 보통 섬뜩하다. 진화는 종을 만들고 나서 다시 그 종을 폐기한다. 이런 점에서 진화는 아주 변덕스럽다. 우리가 유일하게 할 수 있는 진화에 대한 믿을 만한 예측이라고는 모든 종은 결국 멸종한다는 것뿐이다. 진화는 두 가지 의미에서 철저하게 제한되었다. 즉, 우선 세균을 제외하고는 수평적 유전자 전이가 극도로 드물기 때문에 어떤 도움도 받지 않는 진화는 수많은 바람직한 유전자를 이용할 수 없다. 그리고 자연선택은 점진적으로 변화를 야기하고, 기껏해야 "지엽적인" 최적화만을 성취할 수 있기 때문에 "적응도의 정점"보다 더 높이 도달할 수많은 개선 가능성이 있음에도 불구하고 더 높은 곳에 도달할 수 없다.

만약 우리가 장인 기술자의 비유를 사실로 받아들인다면 생명의료 증강은 아주 미심쩍어 보일 것이고, 특히 유전자 증강은 오도된 것처럼 보일 것이다. 지금까지 나는 장인 기술자의 비유에 대한 결점을 폭로했고, 인간의 행복을 개선하거나 보전하려는 관점에서 의도한 유전자 변이가 일반적으로 의도하지 않은 유전자 변이, 즉 진화에 비해 커다란 이점을 갖는다는 것을 증명했다.

사상누각?

그렇다. 그러므로 진화는 장인 기술자가 아니고, 생명체는 기술자의 솜씨로 빚어진 걸작도 아니다. 어쩌면 진화는 생명의료 증강을 훨씬 더 위험한 것으로 만들 것이다! 만약 우리가 장인 기술자의 산물이라면 우리는 합리적이고 지적인 방식으로 구성되어 있을 것이기 때문에 우리가 어떻게 작동하고, 심지어 우리가 어떻게 개선될 수 있을지 알아낼 수 있을 것이다. 반면에 우리가 날림으로 제작된 루브 골드버그 장치[12]라면, 그것도 도덕이라고는 안중에도 없고, 변덕스럽고, 무감각한 땜장이에 의해서 날림으로 만들어졌다면, 우리는 우리가 어떻게 작동하고, 심지어 우리가 어떻게 개선될 수 있을지 알아내기가 훨씬 더 힘들어질 것이다. 그렇다면 아마도 사상누각의 비유가 정답일지도 모른다. 즉, 우리가 얼마나 형편없이 설계되었는지 고려해보면 우리가 얼마나 부서지기 쉬운 존재인지 알 수 있다. 하지만 만약 우리가 부서지기 쉬운 존재라면 더욱이 우리의 생물학에 개입하려고 시도해서는 안 될 것이다.

이런 식으로 증강에 반대하는 논증은 독창적으로 보이기는 하지만, 그게 전부이다. 만약 우리가 극도로 부서지기 쉬울 정도로 형편없이 설계되었다면 생존을 위해 개선될 필요가 있을지 모른다. 더 구체적으로, 우리는 그렇게 쉽게 부서지지 않도록 변형될 필요가 있다. 환경이 항상 변하고 있기 때문에 만약 우리가 사상누각과 같다면 우리는 오래 생존할 수 없을 것이라는 점을 기억해두자. 만약 우리가 안정적이고 세심하게 고안된 방식이 아니라 사상누각이 지어진 방식으로 "정교하게 균형 잡혀" 있다면, 이것은 견디기 힘든 상황이 된 것처럼 보인다. 왜 생명의료 증강에 대한 우리의 노력만이 사상누각을 붕괴시키는 유일한 원인일 것이라고 생각하는가? 사상누각은 환경의 작은 변화에도 붕괴될 수 있다. 우리는 이미 사상누각의 붕괴를 야기할 정도로 환경을 변화시켰을지도 모른다. 만약 우리가 무언가 하지 않는다면 그것이 사상누각의 붕괴를 야기할 것이다. 그렇기 때문에 사상누각의 비유가 적절하다면 이 비유는 증강에 대한 반대

---

12   Rube Goldberg machine: '가장 단순한 과제를 해결하기 위해 만든 가장 복잡한 기계'라는 의미로 미국의 만화가 루브 골드버그가 신문에 연재되는 만화를 위해 고안된 장치이다.

가 아니라 찬성을 의미할 것이다.

하지만 유감스럽게도 사상누각의 비유는 적절하지 않다. 이 비유는 우리가 진화에 대해 알고 있는 것과 아귀가 맞지 않는다. 사상누각이 지어진 방식으로 "세심하게 균형 잡힌" 생명체는 오래 살지도 못할 것이고, 그런 생명체로 구성된 계통도 지속되지 못할 것이다. 3장에서 우리가 다루게 될 극단적인 연관성 가정, 즉 초가삼간을 다 태우지 않고서는 빈대를 잡을 수 없다는 신념을 검토할 때 우리는 우리가 다른 생명체와 마찬가지로 인간을 사상누각과 전혀 다르게 만드는 다수의 특징을 가지고 있다는 사실을 알게 될 것이다.

비유로는 단지 여기까지만 도달할 수 있다. 나는 생명의료 증강의 도전에 대한 나의 평가를 형편없는 땜장이 비유에 의존하고 싶지 않다. 나는 장인 기술자 비유의 심각한 결함을 드러내기 위해서 이 비유를 소개했었다. 왜냐하면 생명의료 증강에 대한 우리의 반응을 장인 기술자 비유가 왜곡한다고 생각했기 때문이다. 요점은 생명의료 증강의 도전을 제대로 이해하기 위해서 우리는 진화생물학의 관점에서 그것을 숙고해볼 필요가 있다는 것이다. 진화론 이전의 사고방식을 가진 사람들의 자연에 대한 낡고 낙관적인 관점에 빠져 옴짝달싹 못하는 것은 생명의료 증강을 매우 불리한 입장으로 몰아넣는다. 우리가 다음 장에서 보게 되겠지만 생명의료 증강에 대해 우려할 만한 이유는 많다. 하지만 진화라는 장인 기술자의 작품을 손상할 위험은 그 이유 가운데 하나가 아니다.

다음 장은 자연스러운 것이 더 낫다는, 열렬하게 지지받는 애매한 가정에 더 세차게 찬물을 끼얹는다. 다음 장이 보여줄 방향의 예고편으로서 샤론 모알렘 박사(Dr. Sharon Moalem)가 『아파야 산다(Survival of the Sickest)』라는 아주 유익한 자신의 저서에서 언급한 한 가지 예를 숙고해보기로 하자. 그녀는 암과 관련된 죽음 가운데 15퍼센트 정도가 우리 밥상의 자연적인 독소 때문이고, 이 수치는 농약 때문에 발생한 암과 관련된 죽음의 추정치보다 다소 높은 것이라고 전하고 있다. 셀러리를 예로 들어보기로 하자. 셀러리는 동물이나 곤충이 자신을 먹는 것을 막기 위해서 강한 독소를 만들어낸다. 유기농으로 생산된 셀러리는 농약 처리된 셀러리에 비해 더 많은 자연적인 독소를 포함하고 있다. 왜 그런 것일까? 셀러리는 포식자와 군비 확장 경쟁을 하고 있다. 즉, 셀러리는 살아남기 위해서 더욱 강한 독소를 생산해야만 한다. 왜냐하면 자연선택은 셀러리의 독소에 저항력을 가진 포식자를 계속해서 생산하고 있기 때문이다. 농약 처리된 셀러리는 낮은 수준의 자연적인 독소로 살아남을 수 있다. 요컨대 농약은 셀러리가 자연적인 독소를 만들어내는 원인인 자연선택의 압박을 줄여준다. 그래서 유기농으로 재배한 셀러리가 농약을 사용해 재배한 셀러리보다 실제로는 더 위험할 수도 있다. 이 이야기는 자연적인 것이 항상 더 나은 것은 아니라는 교훈을 준다. 어떤 경우에는 자연적인 것이 더 나은 경우도 있고, 어떤 경우에는 그렇지 않기도 하다. "자연"이 작동하는 방식에 대한 증가하는 지식을 활용해서 지나치게 포괄적인 일반화를 받아들이고 싶은 유혹에 저항할 필요가 있고, 사례별로 차근차근 위험성을 자세히 검토해볼 필요가 있다. 자연적인 것이 더 낫다고 가정하는 것은 매우 위험하다. 자연에서 우리를 위해 작동하는 것이 무엇이고, 그렇지 않은 것이 무엇인지에 대해 우리가 알면 알수록 그러한 가정은 더욱더 위험해질 것이다.

3장

인간 본성의 변화?
(또는 복제양 돌리뿐만 아닌 비자연적인 행위)

"남녀가 결혼한 상태로 살아가는 것은 전혀 자연적이지 않고, 그 상태를 유지하기 위해 그들이 갖는 모든 동기나, 문명화된 사회가 그들의 결별을 막기 위해 시행하는 규제가 그들이 함께 하도록 유지하는 데 아주 불충분하다고 생각하는 것도 전혀 자연적이지 않다." 이것은 제임스 보즈웰(James Boswell)이 자신의 저서 『새뮤얼 존슨의 일생(Life of Samuel Johnson)』(1791)에서 인간 본성과 결혼 사이의 관계에 대해 표명한 것이다. 보즈웰은 결혼이라는 발상 자체가 나쁘다고 하는 것이 아니다. 그는 단지 결혼이 인간 본성에 상치된다고, 즉 결혼이 자연적이지 않고, 우리의 자연적 성향을 거스른다고 말할 뿐이다. 이는 결혼이 좋은 것이라고 말하는 것과 아무런 모순도 일으키지 않는다.

보즈웰의 말은 우리가 이미 1장에서 알게 된 중요한 것을 뒷받침해준다. 즉, 어떤 것이 자연적이라는 사실이 그것을 좋은 것으로 만들지는 않는다. 어떤 것이 자연적이라고 말하는 것은 그것이 우리가 진화로 인해 생겨난 방식과 일치한다고 말하는 것일 뿐이다. 어떤 것이 자연적이라는 것은 우리의 "자연적" 성향을 수반한다. 만약 우리의 몇몇 자연적 성향이 결혼처럼 가치 있는 것의 가치를 축소한다면, 그러한 성향은 나쁜 것일지도 모른다. 또한 어떤 것이 인간 본성의 부분이라는 사실도 역시 그것을 좋은 것으로 만들지는 않는다. 결국 인간 본성은 단지 자연의 인간적인 부분일 뿐이고, 우리가 2장에서 살펴보았듯이 자연이 무조건 좋지만은 않다. 진화생물학은 인간 본성을 포함하여 자연이 왜 무조건 좋지만은 않은지 설명한다.

심지어 우리가 진화에 대해 무언가 알아채기도 전에 우리 대부분은 인간 본성이 무조건 좋지만은 않고, 우리의 자연적인 성향이 언제나 최선은 아니라는 사실을 인정하게 된다. 그러나 우리는 증강에 대해 숙고할 때 모든 걸 까마득히 잊고선 증강이 "자연에 개입하고 있기" 때문에 증강은 옳을 리가 없다고 생각하는 오류를 범한다. 실제로 우리가 상식을 망각한 채 생명의료 증강의 전망에 대해서 반성적으로 반응하기보다는 반사적으로 반응하는 경향이 있다고 말하는 것은 타당한 듯하다. 기술을 사용할 경우 감정이 고조되고, 추리력은 낮아질 정도로 친밀할 수 있는 기술에는 뭔가 특별한 점이 있다.

만약 인간 본성과 우리의 자연적인 성향이 진화의 산물이고, 두 가지 모두가 무조건 좋은 것이라면 이것은 기적에 가까울 것이다. 진화는 좋은 것에 관한 것이 아니라는 점을 상기하자. 만약 진화가 무언가와 관련이 있다면 그것은 번식 적응도에 관한 것이다. 여전히 몇몇 사람은 생명의료 증강이 잘못된 것이라고 주장한다. 왜냐하면 생명의료 증강이 인간 본성을 변화시키거나 파괴할는지도 모르고 또는 우리의 가장 친밀한 관계를 "비자연적인" 관계로 만들지도 모르기 때문이다. 생명의료 증강이 나쁘다고 말하는 사람들이 하고 싶은 말은 정확히 무엇인가? 존재하는 모든 것이 자연적이라는 사실, 즉 모든 것이 자연 세계의 일부라는 사실을 고려해본다면, 어떻게 증강이 비자연적인 것이 될 수 있고, 비자연적인 관계를 초래할 수 있겠는가?

좀 더 자세히 살펴보기 전에 우리는 인간 본성을 변화시키는 것과 인간성을 파괴하는 것 사이에 차이점이 있다는 데 주목할 필요가 있다. 때때로 우리는 인간만이 지닌 독특한 *가치*가 우리의 인간성이라고 말한다. 우리는 그 인간성을 파괴하려고 하는 것이 아니다. 하지만 인간 본성의 모든 부분이 가치 있는 것은 아니며, 하물며 인간에게만 독특한 가치가 있는 것도 아니다. 우리가 2장에서도 살펴보았듯이, 상식과 주류 종교 전통은 인간 본성에 좋은 부분과 나쁜 부분이 섞여 있다고 생각한다. 인간 종에 대해 비관론자인지 낙관론자인지의 여부는 좋은 부분과 나쁜 부분이 어떤 비율로 섞여 있는지 판단하는 데 달렸지만, 실제로 선천적으로 무조건 좋기만 하다고 생각하는 사람은 아무도 없을 것이다. 게다가 대부분의 사람은 나쁜 부분이 적지 않고, 오히려 심각하다는 데 동의할 것이다.

우리는 2장에서 유전자 증강은 부지불식간에 인간 본성을 파괴할 것이라는 보수적인 권위자 후쿠야마의 우려를 살펴봤다. 나는 그가 진심으로 걱정하는 것이 인간 본성의 변화 그 자체가 아니라, 빈대를 잡으려다 초가삼간을 태울지도 모른다는 걱정이라고 확신한다. 그는 단지 인간 본성에 좋은 부분과 나쁜 부분이 극단적으로 서로 연관되어 있다고 (논증하는 것이 아니라) 가정할 뿐이다. 다음 장은 다음과 같이 단순한 질문을 던짐으로써 극단적인 연관성 가정을 다룰 것이다. 우리가 진화에 대해서 알고 있는 지식이 극단적인 연관성 가정을 지지하는가? 그 대답은 "아니요"라고 밝혀질 것이다.

인간 본성의 경쟁 개념

인간 본성의 좋은 부분과 나쁜 부분이 인간 본성을 증강하려는 노력이 어리석을 정도로 극단적으로 연결되어 있는지 하는 문제를 다루기 전에 우선 인간 본성이 무엇을 의미하는지 명확히 해둘 필요가 있다. 또한 인간 본성이 우리가 해야만 하는 것과 해서는 안 되는 것에 대해 우리에게 무엇을 말해줄 수 있는지도 밝혀낼 필요가 있다. 이것이 이 장의 주제이다.

우리가 증강 또는 그 밖의 다른 문제에 대해서 숙고할 때 인간 본성이 무엇을 의미하는지 알아내기 위해 시간을 할애해야만 할 아주 훌륭한 두 가지 이유가 있다. 첫째는 역사를 통틀어 많은 지식인이 인간 본성이 무엇인지 그리고 인간 본성이 아닌 것은 무엇인지에 대해서 큰 실수를 저질러 왔다는 것이다. 그들은 자연과 양육을 혼동했고, 사람들이 그들의 사회에서 양육되는 방식 또는 요즘 쓰이는 말로 동화되는 방식은 사람들이 어디에나 존재하는 방식이라고 생각하는 실수를 저질렀다.

오늘날에도 여전히 인간 본성이라는 개념은 논란의 대상이다. 사실 이러한 논란은 예전 그 어느 때보다 더 많아졌다. 왜냐하면 과학이 무엇이 인간 본성인지 그리고 무엇이 인간 본성이 아닌지에 대한 우리의 상식에 점점 더 도전하고 있기 때문이다. 21세기에 이성적으로 교육받은 사람이 이렇게 문제의 소지가 있는 개념에 순진하게 의존한다는 건 어떤 변명의 여지도 없는 일이다. 앞으로 살펴보게 될 테지만, 생명의료 증강 논쟁에 참여하는 저명인사들도 우울하지만 어김없이 그렇게 한다.

인간 본성이 무엇을 의미하는지 명확히 해야 할 두 번째 이유는 다수자와 다른 소수자를 비하하고 억압하기 위해 인간 본성과 자연적인 것에 대한 논의를 부적절하게 이용한 많은 사람들의 길고도 부끄러운 기록이 있다는 것이다. 예를 들어 동성애자는 자연을 거스르는 범죄자로, 비자연적인 행동에 가담한 죄로 낙인찍혔다. 우리는 자연적인 것이 무엇인지 그리고 자연적이지 않은 것이 무엇인지에 대한 주관적인 진술을 그럴듯하게 객관적인 진술인 양 가장해서 자신의 주관적인 가치를 다른 사람에게 강요하는 사람들을 경계해야 한다.

이것이 바로 정확하게 몇몇 기독교 근본주의자들이 결혼은 그 본성상 남자와 여자 사이의 결합이라고 말할 때 일어나는 일이다. "결혼"이라는 단어가 사전에서와 같은 방식으로 정의되었고, 일반적인 용법에서와 같은 방식으로 기능한다는 것은 사실일지도 모른다. 이것은 전혀 놀랄 일이 아니다. 왜냐하면 최근까지 결혼은 사회적 관습으로서 이성 결혼에 제한되어왔다. 그러나 이러한 제한이 어떤 의미로도 동성 결혼이 비자연적이라는 것을 의미하지도 않을뿐더러, 하물며 동성 결혼이 비자연적이기 때문에 나쁘다는 것은 어불성설이다. 보즈웰의 다음과 같은 진술을 상기해보자. 그가 생각했던 남녀의 결혼이라는 것은 비자연적이다. 보즈웰은 자연과 양육 사이를 구별하는 자신의 능력에 대해 아마도 너무나 무비판적이었던 것 같지만, 적어도 그는 어떤 것에 비자연적이라는 낙인을 찍는 것이 그것이 나쁘다는 것을 증명하는 것이라고 생각하는 실수를 저지르지는 않았다.

어떤 것이 비자연적이거나 인간 본성에 반한다고 그것을 비판하는 것은 부정행위이다. 더 정확하게 말하자면 그것은 소매업에서 미끼 상술로 알려졌다. 그러니까 아마도 대상이 *어떠한지*(우리의 본성이 무엇인지, 자연적인 것이 무엇인지)에 대한 이야기로 시작해서, 잠시 후 그것이 *어떠해야만 한다*는 방식에 대한 자신의 가치로 슬그머니 넘어가는 것 같다. 이것은 일종의 교묘한 도덕 제국주의이다. 인간 본성과 자연적인 것에 대한 이야기가 이런 식으로 편입될 위험성을 고려해봤을 때 인간 본성에 대한 다양한 이해를 신속하게 살펴보는 것이 유용할 것이다.

아리스토텔레스에게 인간 본성은 모든 인간의 영구적이고 보편적인 것이다. 즉, 인간 본성은 우리 모두가 가지고 있으며 다른 동물과 구분할 수 있게 해주는 특성의 집합이다. 그에게 본성을 바꾸려는 발상은 전혀 말도 되지 않는 일이다. 만약 이러한 특성 가운데 몇몇 본질적인 특성을 잃어버린다면 더 이상 인간이 아닐 것이고, 사실상 우리는 더 이상 존재하지 않을 것이다. 이것이 바로 그러한 특성들이 본질적이라고 말하는 의미이다.

진화가 끊임없이 변한다는 것을 고려해보면 영원성을 상정하고 있는 인간 본성이라는 개념에 대해서 할 말이 별로 없다. 진화생물학의 관점에서 보면 인간 본성은 인간 종의 진화 단계에서 현 단계의 인간 종인 호모 사피엔스의 구성원이 가지고 있는 기본적인 생물학적 구성이다. 전통적으로 종은 상호 생식 가능의 경계에 의해서 구별된다. 다시 말해서 동일한 종의 구성원은 함께 후손을 생산할 수 있고, 다른 종의 구성원과는 후손을 생산할 수 없다. 여기서 "할 수 없다"는 의미는 "도움을 받지 않고는 번식할 수 없다"의 줄임말이라는 데 주목하자. 우리는 2장에서 이것이 새로운 유전자 조합에 장애물이 아니며, 이제 우리는 유전공학이나 체외수정과 같은 번식 기술을 사용할 수 있다는 사실을 살펴보았다.

우리가 (인간 본성, 침팬지 본성, 기타 등등의) 본성들을 다양한 종별로 독특한 특성과 동일시한다고 가정해보자. 진화론의 관점에서 종이 나타났다 사라지는 것이 핵심이다. 그래서 인간 본성은 그것이 무엇이든지 간에 만약 우리가 후세에 전하기 전에 멸종하지 않는다면 어떤 차기 인간(post-human) 본성에 의해서 대체될 것이다. 만약 우리가 의도한 유전자 변이에 가담한다면 인간 본성을 파괴할 위험에 봉착하게 될 것이라고 후쿠야마처럼 말하는 사람들의 말을 당신이 들었을 때 이것을 기억하는 것은 중요하다. 만약 우리가 의도한 유전자 변이를 사용하지 않는다면 결국에 인간 본성은 파괴될 것이다. 그리고 의도하지 않은 유전자 변이도 그것에 대해 알게 될 것이다. 반어적으로 들리겠지만 의도한 유전자 변이가 인간 본성을 보전할 유일한 방법일지도 모른다.

의도하지 않은 유전자 변이가 우리가 가장 가치 있게 여기는 인간 본성의 부분을 보전할 것이라는 보장은 전혀 없다는 점도 주목하자. 보전할 수 있을 것 같은 건 번식 적응도에 도움이 되며 우리가 자신에 대해서 가장 소중하게 여기는 것을 포함할 수도, 그렇지 않을 수도 있는 인간 본성의 부분이다.

때때로 인류학자와 사회심리학자는 문화적인 특성뿐만 아니라 생물학적인 특성도 포함하는 개념, 즉 다양한 인간 본성의 개념을 다룬다. 인간 본성에 대한 이러한 관점을 고수하는 사람들은 모든 인간 사이에 보편적이거나, (역사적인 단계에서) 적어도 아주 광범위하게 공유된 문화적으로 생산된 몇몇 특징이 있다고 생각한다. 엄격하게 생물학적 개념을 고수하는 사람들처럼 그들은 인간 본성이 인간 본성의 생물학적 또는 문화적 구성 요소로 또는 둘 다로 변할 수 있는 가능성에 대한 여지를 준다.

인간 본성이 (현재) 어느 정도는 문화적인가?

만약 무엇이 우리 본성의 부분인지 그리고 무엇이 우리 본성의 부분이 아닌지 사이의 구분이 오래된 자연/양육 구분에 정확히 일치한다는 가정 아래 인간 본성을 다룬다면 인간 본성의 문화적인 요소가 존재할 수 있다는 발상은 우리를 어리둥절하게 만들 것이다. 그러한 구분을 이해하는 한 가지 방식에 따르면 자연은 순수한 생물학이다. 문화를 포함하여 다른 모든 것은 양육이다. 그러나 이것이 유일한 방법은 아니다. 대신에 우리는 인간 본성을 네 가지 특성을 가지는 특성의 집합으로 생각할 수 있다. (1) 그 특성은 다른 동물과 우리를 구분하는 데 유용하다. (2) 그 특성은 성숙하고 완전한 호모 사피엔스 사이에 아주 광범위하게 퍼져 있다. (3) 그 특성은 인간 행위를 설명하는 데 있어서 중요한 역할을 한다. 마지막으로 (4) 그 특성은 일단 개인이 그 특성을 발전시키자마자 교육이나 세뇌에 의해서 그것을 근절하는 것이 불가능하지는 않더라도 매우 힘들다는 점에서 변경이 아주 어렵다. 이 마지막 특징이 인간 본성에 대해 이야기하는 방식을 숙고할 때 중요하다. 예를 들어 우리는 "사람들이 자기 이익에 관심이 있다는 것이 바로 인간 본성이기 때문에 그것을 인식하지 못하는 경제체제는 작동할 수 없는 것"처럼 말한다. 이것은 세뇌 계획이 아무리 강력하게 시행된다고 하더라도 새로운 "공산주의자 인간형"을 창조하려는 노력이 작동하지 않을 것이라는 걸 함축하고 있다. 만약 개인이 발전하는 과정에서 문화적으로 생성된 특성이 일찌감치 각인되었고, 동료 집단으로부터 받는 사회적 압박과 사회적 관습에 의해서 강력하게 지지를 받는다면 문화적으로 생산된 특성은 네 가지 기준 모두를 만족시킬 수 있을 것이다. 그래서 양육의 산물인 특성이 (1)에서 (4)까지를 모두 만족시킨다면 그것은 인간 본성의 부분으로 고려될 수 있다. 이것은 우리가 누구인지 그리고 우리가 다른 동물과 어떻게 구분되는지 정의하는 데 있어서 문화가 얼마나 중요한 비중을 차지하게 되었는지 고려해보면 매우 타당해 보인다.

문화적 특성에 여지를 남기는 인간 본성 개념을 사용하는 것은 생명의료 증강이 인간 본성을 변화시키거나 파괴할 것이라는 우려를 가늠하는 데 유용하다. 이런 우려를 하는 사람들은 때때로 생물학적 변화 그 자체에 대해서 걱정하지만, 생물학적 변화가 그들이 매우 가치 있다고 여기는 문화적인 특성을 파괴한다고 걱정하기도 한다. 예를 들어, 나중에 더 살펴보게 되겠지만, 부시 대통령 산하 생명윤리위원회와 이 위원회의 위원장이자 의사이면서 생명윤리학자인 레온 카스(Leon Kass)는 인간 본성이 남녀 사이의 그리고 부모 자식 사이의 매우 특별한 어떤 관계를 수반한다고 생각한다. 그들은 생명의료 증강이 광범위하게 확산된다면 이런 소중한 관계들이 손상될 것이라고 우려한다. 우리는 이러한 관계가 순전히 생물학적이라고 이해할 필요는 없다. 그렇다면 비록 이런 관계가 생물학에 기반을 두고 있기는 하지만 문화적으로 진화된 관계일지도 모른다. 부시 위원회는 분명히 이런 관계가 실제로 우리 본성의 일부이거나 우리에게 자연적인 것인 만큼 인간의 훌륭한 삶에 필수적이라고 생각하는 것 같다. 그들은 생명의료 증강, 특히 유전자 증강이 이런 관계를 파괴할 것이고, 그것을 정말 인간적이지 않은 비자연적인 관계로 대체할 것이라고 우려한다.

도덕 제국주의자의 미끼 상술

부시 위원회가 진행하는 방식에는 뭔가 미심쩍은 것이 있다. 그들은 왜 무언가 매우 가치 있다고 강조하는 방법이 그것이 인간 본성의 부분이거나, 자연적인 인간관계라고 말하는 것이라고 생각하는가? 이것은 오직 인간 본성이나 자연적인 인간관계가 언제나 선한 것일 때만 말이 된다. 만약 인간 본성과 자연적인 인간관계가 그저 우리 진화의 역사 때문에 우리가 어떤 사람인지 나타내는 것이라면 그것을 선하다고 믿을 이유가 전혀 없다. 실제로 우리가 2장에서 진화에 대해서 알게 된 것은 우리가 인간 본성이라고 부르는 자연의 일부를 포함하여, 적어도 몇몇 본성은 선하지 않다고 인정해야만 한다는 것이다.

우리는 왜 그것이 문화적인 특성과 완전히 다르다고 생각해야만 하는가? 인류학자들은 우리 사회에 뿌리 깊게 자리 잡은 몇몇 사회적 관습이 도덕적으로 역겨울 뿐만 아니라 순전히 파괴적이라는 많은 증거를 제시한다. 그 많은 증거 가운데 한 가지 예를 들어보기로 하자. 뉴기니(New Guinea)섬의 한 부족인 이라히타 아라페시(Ilahita Arapesh)에게는 남자들이 배불리 먹어야 한다는 뿌리 깊은 사회적 관습이 있다. 이 사회적 관습에 따르면 심지어 남자들이 배불리 먹는다는 것이 그들의 처자식이 만성적으로 굶주리고 영양실조에 시달린다는 것을 의미할 때조차도 남자들은 배불리 먹어야만 한다. 이런 행위의 결과 때문에 때때로 남자들은 육체적으로 병들고, 이렇게 병든 남자들에게는 다시 이런 행위가 부담으로 다가온다. 그러나 처자식과 음식을 공평하게 나누지 못하게 하는 사회적 금기가 너무 강해서 남자들은 실제로 자신을 병들게 하고, 자신의 가족을 비참하게 하는 방식으로 계속 행동한다. 이러한 관습이 예전에 가치가 있었는지의 여부는 애매하지만 지금은 분명히 아니다. 이것은 혐오스러운 것이다.

(여성 생식기 절단[Female genital cutting]에 대한 정치적으로 올바른 표현인) 여성 할례(Female genital mutilation)는 적응으로 설명하는 편이 더 쉬울지도 모르겠다. 아마도 이렇게 섬뜩한 절차를 겪었던 최초의 여자들이 성선택의 작동 원리를 통해 번식 적응도의 증가를 성취했을 것이다. 진화론의 용어로 음핵 절제술은 이 시술을 받은 여자가 (주로 음핵 절제술을 받은 여자는 다른 남자와 놀아날 만큼 충분히 섹스를 즐기지 않을 것이기 때문에) 배우자가 될 이성을 제외한 다른 남자의 유전자를 확산시키지 않을 것이라는 신호 역할을 했다. 그러나 이 관습은 보편적인 것이 되자마자 성선택에서 이러한 역할을 전혀 할 수 없었다. 즉, 만약 모든 여자가 이러한 시술을 받았다면, 이것은 어떤 특정한 여자가 특별하다는 신호일 수 없다. 계속 이 관습을 거부하는 여성은 아무도 그녀와 결혼하려고 하지 않을 것이기 때문에 번식하기 불리한 입장에 서게 될 것이다. 이것은 아무에게도 이득이 될 것 같지 않고, 엄청난 고통을 야기하는 관습이 지속되는 이유를 설명해 줄 것이다. 혹시 다른 상호 보완적인 해명이 있을지도 모르겠다. 예를 들어 사회가 남성 지배적이라는 사실은 아마도 어떤 관습이 지속되는 이유를 설명하는 데 도움이 될 것이다.

이런 끔찍한 이야기의 교훈은 생물학적 특성처럼 문화적 관습이 선택될 수 있고, 깊이 자리 잡게 되더라도 그것이 문화적인 관습이 좋다는 것을 의미하지는 않는다는 것이다. 심지어 이러한 문화적 관습은 사회의 생존에 도움이 된다는 것을 의미하지도 않는다. 재레드 다이아몬드가 보여주었듯이 문화적 관습은 때때로 사회가 의존하고 있는 환경을 파괴함으로써 사회의 종말을 야기할 수 있다. 어떤 것이 적응이라고 말하는 것은 그것이 어떻게 발생했는지에 대해서 말하는 것에 지나지 않을 뿐 그것의 현재 가치에 대해서 말하는 것이 전혀 아님을 기억하자. 그것은 문화적 적응뿐만 아니라 생물적인 적응에도 적용된다.

솔직히 부시 위원회는 증강에 반대하는 결론을 주장할 자격이 없다. 그들은 인간 본성과 자연적인 것에 대한 자신들의 주장을 객관적인 듯 가장하여 자신들의 가치판단으로 몰래 들여옴으로써 미끼 상술에 가담하고 있다. 만약 그들이 증강이 가치 있는 관계를 훼손할 것이라는 이유에서 증강해서는 안 된다는 것을 증명하려 한다면, 그들은 우선 관계들이 가치 있다는 것을 규명할 필요가 있다. 사실 그들은 그것 이상을 증명해 보여야만 한다. 바꿔 말해서, 그들은 그 관계들이 유일하게 가치 있다는 것을 증명해야만 하고, 결혼을 위한 유일하게 가치 있는 방법이나 부모 자식 관계의 유일하게 가치 있는 형태가 있다는 것을 증명해야만 한다. 더 나아가 그들은 증강이 이렇게 유일하게 가치 있는 특정한 관계의 형태를 심각한 위험에 빠뜨린다는 것을 증명할 필요가 있다. 그러나 그들은 이 가운데 어떤 것도 하지 않는다. 그들은 단순히 우리가 유전자 증강을 사용한다면, 유전자 증강은 남녀 간의 자연적인 관계를 약화할 것이고, 비자연적인 관계로 점철된 비인간적인 새로운 세계를 창조할 것이라고 주장할 뿐이다.

복제양 돌리를 생산했던 방식과 유사한 방식인 핵이식 복제로 인간을 생산하는 인간 복제의 예를 들어보기로 하자. 이 복제의 작동 방식은 다음과 같다. 우선 난자를 추출해서 난자의 핵을 제거한다. 그러고 나서 다른 동물의 체세포에서 핵을 추출한다. 돌리의 경우에는 젖샘 세포(이것이 바로 돌리라는 이름을 풍만한 가슴을 가진 미국의 팝 가수 돌리 파튼[Dolly Parton]의 이름을 따서 지은 이유이다)를 추출했었다. 그런 다음 핵이 제거된 난자와 체세포에서 추출한 핵을 함께 하나로 묶어서 전류를 가한다. 그 전류는 난자의 외벽을 부수고 체세포의 핵을 난자에 융합해서 세포분열 과정을 촉발한다. 만약 모든 것이 잘 진행된다면 유일무이한 특성을 갖춘 새로운 동물이 탄생하게 될 것이다. 즉, 나머지 우리와는 달리 그 새로운 동물은 한 개체로부터 절반뿐인 DNA가 아니라 그 개체의 모든 DNA를 물려받는다.

복제는 무성생식이다. 유성생식은 이성 부모의 DNA를 사용해서 개인을 창조하는 것을 수반한다. 하지만 유전학적으로 말해서 복제는 부모 가운데 한쪽만을 사용한다.

부시 위원회는 인간 복제가 유성생식이 아니고, 인간 생식은 성적인 것이기 때문에 인간 복제는 인간 생식이 아니라고 한다. 이것은 얼핏 봐도 황당한 말이다. 만약 생산되는 것이 인간이라면 인간을 생식하는 것 말고 다른 무엇이 되겠는가? 이런 일이 일어나게 된 이유는 그들이 "인간"이라는 용어를 상이한 두 가지 의미로 교묘하게 번갈아 사용하기 때문이다. 즉, 하나는 (인간의 복제를 의미하는) "인간 복제"라는 어구에서 순수하게 기술적인 의미로 "인간"을 사용하는 것이고, 다른 하나는 (번식을 위해 인간에게 유일하게 올바른 방식을 의미하는) "인간 생식"이라는 어구에서 교묘하게 평가적인 또는 판단적인 의미로 사용한다는 것이다. 그들은 복제로 인간을 생산하는 것이 인간 생식이 아니라고 주장하면서 무성생식에 대한 부정적인 가치판단을 하고 있으면서도 그것을 실증적 주장으로 둔갑시키고 있다. 이것은 논란이 많은 가치판단이고, 그들은 그것을 지지하면서 논쟁하는 것이 아니라 그저 주장만 할 뿐이다. 이것은 단순한 도덕 제국주의가 아니라 교묘한 도덕 제국주의이다.

이것이 어떤 종류의 가치판단인지 주목하자. 그들은 단순히 무성생식이 유성생식보다 덜 좋은 것이고, 나아가 무성생식이 잘못된 것이라는 것만을 암시하고 있는 것이 아니다. 그들은 훨씬 더 강한 무언가를 시사하고 있다. 부연하자면, 무성생식은 특히 *심각한 방식*으로 잘못된 것, 즉 무성생식은 절대 인간적이지 않으며, 인간의 존엄성을 침해한다는 것을 시사하고 있다. 그들은 우리가 동물과 성관계를 맺는 것이 우리의 품위를 떨어뜨리는 것이라고 생각하는 방식과 유사하게 무성생식이 우리의 품위를 떨어뜨린다는 것을 암시하고 있다. 무성생식으로 태어난 사람에 대한 암시는 결코 유쾌하지 않다. 왜냐하면 그런 사람은 태생부터 더럽혀져 있을 것이고, 아마도 완전한 인간이 아닐 것이라는 사실을 암시하고 있기 때문이다.

또한 카스와 그의 동료들도 또 다른 방식의 수상한 논증에 빠져 있다. 그들은 대부분의 사람들이 복제를 통해 인간을 생산하려는 유일한 이유가 부적절하다고 넌지시 내비친다. 예를 들어 그 이유라는 것들이 머리카락 한 올에서 추출한 DNA로 자신의 죽은 자식을 되살리려는 미친 공상을 실현하기 위해서라거나, 자기도취에 빠져 자신을 탐닉하기 위해서라는 것이다. 하지만 누군가는 복제를 통한 번식을 원할 수도 있고, 이에 대해 위와는 다른 꽤 괜찮은 이유들도 있다. 예를 들어, 한 여자 대학원생이 나에게 이렇게 말한 적이 있다. "만약 이러한 복제가 완벽히 안전하다면 (아니면 적어도 일반적인 인간 생식만큼이라도 안전하다면) 또 내가 아이를 갖고 싶은데 배우자가 없는 삶을 살고 있다면 분명히 복제를 고려해볼 거예요." 이런 가정하에 그녀는 "체외수정보다는 복제가 나을 거 같다"고 말했다. 그녀가 체외수정을 꺼려하는 다음과 같은 몇 가지 이유가 있다. 높은 실패율, 신체적 침입성[13], 배란을 유도하기 위한 호르몬 칵테일로 인한 암 발병 위험성의 증가 가능성 그리고 남는 배아로 무엇을 할 것인지의 문제가 바로 그것이다. 덧붙여 그녀는 정자 기증에 대해서도 우려를 표명했다. 그녀는 자신이 부모 가운데 단 한 사람만의 DNA를 가진 아이를 낳는 것이 배우자가 아닌 다른 누군가로부터 정자를 "빌리는" 것보다 더 나을 거라고 말했다.

그녀는 제록스 복사의 오류, 즉 유전적으로 당신과 동일한 어떤 개체는 당신과 동일하다는 생각을 피할 수 있을 만큼 유전학에 대해서 충분히 알고 있었기 때문에 "자신을 꼭 빼닮은" 아이를 갖는 것에 대해 별로 걱정하지 않았다. 제록스 복사의 오류가 오류인 이유는 한 인격체가 그녀의 유전

---

[13] 어떤 병원균이 생체 내로 침입하여 친화성 장기에 정착, 증식하여 병을 일으키는 능력.

자로만 대변될 수 없기 때문이다. 게다가 그녀는 자신의 유전자와 환경이 상호작용하여 이루어낸 복합적이며 예측할 수 없는 결과물이자, 다른 측면에서 부분적으로는 그녀 자신이 선택한 선택의 산물이기 때문이다. 사람들이 이 젊은 여성의 복제에 대한 생각에 동의하지 않을 수도 있다. 하지만 그렇더라도 그녀가 비자연적인 행동을 고려했다고 해서 그녀를 비난할 만한 이유는 전혀 없다.

무성생식이 전혀 인간적이지 않다고 말하는 것도 모자라 카스와 그의 동료들은 보수적인 유성생식의 경우에서조차 만일 아기가 "사랑"의 산물이 아니라 "의지적 행위"의 산물이라면 이것은 인간 생식이 아니라고 주장하기까지 한다. 이렇게 기이한 주장은 만약 한 남자와 한 여자가 대를 잇기 위해서 또는 복지 체계가 전혀 없는 아주 가난한 나라에서 노년에 자신들을 돌봐줄 누군가가 필요해서 아이를 낳는다면, 그들은 인간 생식에 관여하고 있는 것이 아니라, 인간 이하로 품위를 떨어뜨리는 방식으로 행동하고 있다는 것을 함축하고 있다. 이것은 미끼 상술의 낡은 수법과 똑같다. 요컨대 사랑으로 잉태되는 것이 아이에게 *최상*이라는 카스와 그의 동료들의 (그럴듯한 주장처럼 보이는) 가치판단은 기술적인 것처럼 보이지만 실제로는 사랑으로 아기가 잉태되는 방식이 올바른 방식이 아니라면 우리는 전혀 인간적이지 않은 영역이자 타락의 영역에서 양이나 시체(또는 양 시체)와 성관계를 갖는 사람들과 같이 살아가게 될 것이라는 가치진술로 슬그머니 바뀐다.

나는 이런 종류의 도덕 제국주의자들의 모욕적인 언사를 예전에도 들은 적이 있다. 1950년대 아칸소 주에서 어린 시절을 보낼 때 이런 모욕적인 언사를 엄청나게 많이 들었다. 당시 사회에는 인종차별이 뿌리 깊게 자리하고 있었다. 짐 크로법[14]이라는 이름으로 더 잘 알려진 남부식의 인종

---

[14] Jim Crow Laws: 1876-1965년까지 미국 남부 주에서 시행되었던 흑백 차별법.

차별 정책이 제도화되어 있었다. 그곳에서 백인은 흑인이 선천적으로 열등해서 하류층에 속한다고 생각했기 때문에 백인과 흑인의 결혼은 (백인의) 품위를 떨어뜨린다는 점에서 비자연적인 것이라고 생각했다. 이와 비슷하게 오늘날에도 몇몇 사람은 동성 결혼이 비자연적인 것이라고 생각하는데, 실제로 그들이 하고 싶은 말은 동성 결혼이 열등하고 전혀 인간적이지 않다는 것이다. 게이와 레즈비언에 대한 이러한 암시는 인종차별만큼이나 모욕적이다.

도덕 제국주의자들의 미끼 상술을 피하기 위해서는 우직함이 필요하다. 카스와 그의 동료들이 특정한 방식의 생식이나 결혼이 유일하게 가치 있는 것이라고 생각할지라도, 그러한 방식의 생식이나 결혼이 자연적인 것이라고 말할 필요는 전혀 없다. 단지 그러한 것들이 유일하게 가치 있는 것이라는 데까지만 주장하라고 요구하자. 그러고 나서 그런 주장을 뒷받침할 만한 진지한 무언가를 제시하라고 요구하자. 그러나 이것은 그들이 당면한 과제의 시작에 불과하다. 그들은 사람들이 합법적으로 최상의 결혼 형태에 참여하거나 또는 전혀 결혼하지 못하도록 요구할 만한 이유를 증명해야만 한다. 이성 결혼이 이상적인 결혼 형태라는 것을 증명하는 것은 동성 결혼이 법적으로 인정되어서는 안 된다는 것을 증명하는 것과는 판이하게 다른 문제이다.

생명의료 증강에 대한 숙고의 교훈은 명확하다. 인간의 능력을 증강하는 유전공학을 인간 배아에 적용하는 데 우려하고 있다고 가정해보자. 단순히 이것이 인간 생식이 아니라거나 그것이 비자연적인 것이라고 말하지 말자. 여기에 어떤 오류가 있는지 설명하려고 노력하자. 이것이 아무리 힘들더라도 최소한 정직한 작업이다. 다음 장들에서 이러한 작업들을 다룰 것이다. 다음 장에서는 내가 생명의료 증강에 대한 가장 심각한 우려일 것이라 생각하는 과제인 의도하지 않은 나쁜 생물학적 결과의 위험성을 해결하려고 노력할 것이다.

도덕을 제한하는 인간 본성

카스와 그의 동료들이 인간 본성에 호소해서 무엇이 옳고 그른지 정하려고 했던 시도가 처음은 아니다. 하지만 이와 유사한 시도들은 실패했고, 그 실패의 잔해들은 도덕철학사에 널려 있다. 윤리학에 대해 체계적으로 숙고하는 사람들 사이에 요즘 인간 본성이라는 개념이 생명의료 증강의 사용에 대한 당위성 여부 또는 복제를 통한 생식이 도덕적으로 허용 가능한 경우의 유무 여부와 같은 실제적인 도덕 문제에 대한 해답을 줄 거라고 기대해서는 안 된다는 일반적인 합의가 있다고 정당하게 말할 수 있을 것 같다. 신중한 사상가들은 윤리학에서 본성과 자연적인 것에 호소하는 역할이 훨씬 한정되어 있다는 데 동의하는 편이다. 많은 사람이 도덕성 또는 적어도 어느 정도 성숙한 도덕성은 인간 본성에 의해 가능하다고 생각한다. 또한 그들은 인간 본성이 도덕성의 일반적인 윤곽을 형성한다고 생각한다. 그러나 그들은 인간 본성이 우리에게 상세한 도덕적 진격 명령을 제시한다고 생각하지는 않는다.

도덕적으로 말해서, 인간 본성이 도덕성의 일반적인 윤곽을 형성할 수 있는 유일한 방법은 우리가 자신에게 요구하는 것을 합리적인 것으로 한계 지우는 것이다. 이것을 쉽게 말해보자면, "해야만 하기 때문에 할 수 있다"는 낡은 구호로 대신할 수 있을 것이다. (최근에 작고하신 나의 오랜 스승 시드니 모젠베서[Sidney Morgenbesser]가 유대 윤리학의 첫 번째 원칙인 "할 수 있기 때문에 해서는 안 된다!"라고 말한 것과 혼동해서는 안 된다.)

"해야만 하기 때문에 할 수 있다"는 것은 할 수 없는 것에 대해서는 해야 할 의무를 지지 않는다는 것을 의미한다. 이 구호가 몇몇 흥미로운 예외를 가지기는 하지만 인간 본성과 도덕성의 관계에 적용해보면 이것이 직관적으로 그럴듯하다는 것을 알 수 있다. 예를 들어, 몇몇 심리학자들이 말하는 것처럼, 사람들이 어떤 도덕 문제에 직면했을 때 무엇을 해야 할지를 결정해야 하는 인간의 결정에 중요한 감정적인 요소가 있다는 것이 사실이라고 가정해보자. 예를 들어, 우리가 노골적인 인종차별을 목격했을 때 우리의 격분은 벌어지는 일을 그저 수수방관하기보다는 적극적인 행동을 촉발할 수 있을지도 모른다.

진화된 본성 때문에 우리는 감정적 반응에 기대지 않고는 그러한 결정을 내릴 수 없다. 바로 이것이 인간이 도덕적인 의사결정을 하는 방식이다. 감정이 아무런 역할도 하지 않는 순수하게 계산적이고, 인지적인 방식으로 우리가 결정하기를 요구하는 도덕성은 현실적이지 않을 것이다. 인간에게 적절하려면 도덕성은 인간 본성을 고려해야만 한다. 나의 동료이자 매우 독창적인 철학자 오언 플래너건(Owen Flanagan)은 15년 전 더 구체적으로 도덕성이 인간의 심리를 고려해야 한다는 유명한 주장을 했다.

철학적 윤리학에서 흥미로운 작업 가운데 몇몇은 이러한 통찰이 암시하는 바를 알아내려고 시도하고 있다. 그런 작업 가운데 몇몇은 상식 도덕이나 전통적인 도덕 이론이 우리에게 너무 많은 것을 기대한다고 성급하게 결론 내린다. 이러한 결론이 성급한 이유는 이렇게 결론 내린 사람들이 도덕성에 대한 진화된 제한이 "하드웨어에 내장되어" 있다는 발상을 너무 글자 그대로 받아들였기 때문이다. 이러한 사실은 그들을 전혀 설득할 수 없다는 것을 암시한다. 진화된 심리학적 경향성이 그럴 필요가 없는 이유를 간단한 일례로 증명해줄 것이다.

심리학자들은 확률 논리에 오류가 만연해 있다는 사실을 알아냈다. 유명한 예로 도박사의 오류를 들 수 있다. 즉, 도박판에서 몇 번을 연속해서 돈을 잃게 되면, 곧 딸 때가 되었다고 생각하는 오류이다. 왜 인간이 이런 실수를 저지르는 경향이 있는지에 대한 훌륭한 진화론적 해명이 있다고 가정해보자. 만약 이러한 경향성이 진화된 인지적 오류라면, 이 오류를 피할 수 없다는 점에서 이러한 경향성이 "하드웨어에 내장되어" 있다는 결론은 잘못된 것이다. 우리는 오류를 범하기 쉽다는 것을 경계함으로써, 그리고 그러고 나서 우리의 잘못된 본능을 따르기보다는 단순한 확률 이론을 사용해서 확률을 계산함으로써 그러한 오류를 피할 수 있다.

여기 또 다른 예가 있다. 요컨대 기억 훈련의 전통적인 방식들, 쓰기 그리고 더 최근에는 녹음테이프와 비디오테이프 그리고 컴퓨터 디스크와 같은 전자기록 기술들이 바로 그런 예들이다. 이 모든 것이 인간 기억의 진화된 결함을 상쇄하기 위해서 사용된다. 아니면 도의(道義)나 사리를 분별하는 단순한 규칙 또는 합리적인 자기 이익 관심을 따르는 단순한 규칙에 대해서 생각해보자. 이러한 것들은 파괴적인 충동을 따르는 우리의 "자연적" 경향성에 대처하기 위해 발달시킨 기술로 볼 수 있으며, 우리 행위의 먼 결과에 대해 또는 우리 행위의 희생자가 어떻게 될 것인지에 대해 숙고하는 데 실패할 것에 대처하기 위해 발달시킨 기술로 볼 수 있다.

계속해서 다음의 두 가지 예, 즉 우리 자신의 최선의 이익 관심에 놓여 있는 것과 관련된 분별에 대한 예와 우리가 다른 사람을 대하는 도덕성과 관련된 예에 대해서 살펴보기로 하자. 조나 레러(Jonah Lehrer)는 자신의 흥미로운 저서 『탁월한 결정의 비밀(How We Decide)』에서 심리학자들이 우리가 미래의 대가를 제대로 알아보지 못하는 반면에 즉각적인 보상을 선호하는 진화된 경향성을 가지고 있다고 믿고 있다는 데 주목한다. 이러한 특성은 신용카드를 발급받기가 너무나도 쉬운 세상에서 비참한 것일 수도 있다. 서점에 자기 계발서가 놓여 있는 서가는 이러한 경향성에 대처하는 방법에 대한 기술들로 가득 차 있고, 그중 몇몇은 실제로 작동하기조차 한다. 이러한 기술들은 현명한 결정을 내리는 데 불행하게도 제한적으로 진화된 능력의 증강으로 여겨질 수 있다. 아니면 황금률에 대해서 생각해보자. 황금률은 도덕적으로 훌륭한 결정을 내리는 우리의 능력을 증강하기 위한 기술이다. 우리가 황금률을 사용함으로써 우리는 단지 우리 자신의 행복만이 아니라 다른 사람의 행복도 고려하게 된다. 이것은 영향을 받게 될 모든 사람에 제시된 행동의 영향을 고려하는 공정한 관찰자의 관점을 수용하는 칸트(Kant)의 정언명령과 애덤 스미스(Adam Smith)의 사고 실험에도 동일하게 적용된다.

몇몇 철학자가 우리의 진화된 본성이 감정적으로, 인지적으로 어떤 한계를 포함한다는 사실로부터 성급한 결론을 내렸다고 한 나의 말을 떠올려보자. 그들은 대부분의 도덕 이론이, 그리고 아마도 상식 도덕도 마찬가지로, 지나치게 많은 것을 요구하고 있다는 결론을 내린다. 왜냐하면 그러한 도덕 이론이나 상식 도덕이 그러한 한계를 외면하기 때문이다. 그들의 주장이 옳을 수도 있다. 하지만 우리가 그러한 한계를 극복하기 위한 다양한 증강 기술을 사용할 수 있다는 사실을 알게 되자마자 그들의 주장이 옳다는 것을 증명하는 일은 더욱 복잡해진다.

지금까지는 증강 기술이 생명의료적이지 않았다. 하지만 미래에는 틀림없이 그럴 것이다. 예를 들어, 철학자이자 의사인 토머스 더글러스(Thomas Douglas)는 우리가 생명의료적인 도덕 증강의 가능성을 심각하게 고려해야만 한다고 주장한다. 일례로 다른 사람들과 공감하는 능력을 증가시키는 약물을 개발할 수도 있을 것이다. 만약 사람들의 뇌에 옥시토신이라는 호르몬의 양을 증가시킨다면 그들은 서로 더 신뢰하고 협력하려 한다는 증거가 이미 있다.

이와는 다르게 만약 우리가 범하는 몇몇 도덕적 오류가 잘못된 추론 과정을 통해 생겨난 신념의 결과라는 것이 밝혀진다면, 인지 증강은 우리가 옳은 일을 더 많이 하게 할 수 있는 환영할 만한 부작용일 것이다. 요컨대 우리가 진화된 한계의 작동 방식을 보다 더 이해하면 할수록, 그 한계는 생명의료적인 개입을 더욱 흔쾌히 받아들일 것이다. 생명의료 증강은 우리의 도덕 원칙(또는 사려 분별에 대한 우리의 책무)에 부응하기 어렵게 만드는 진화된 특성을 극복하는 데 특히 강력한 도구가 될 수도 있다. 다시 내장할 수 있는 하드웨어 내장은 흥미로운 모든 관점에서 어렵지 않다.

진화된 제한의 관점에서 결혼에 대해 언급한 보즈웰의 입장을 다른 말로 바꾸어 살펴보기로 하자. 아마도 인간은 결혼 생활을 아주 힘들어 할 몇몇 특성을 갖도록 진화한 것 같다. 예를 들어 남성은 자신의 유전자를 널리 확산시키기 위한 부정의 경향성이 "하드웨어에 내장되어" 있기 때문에 배우자를 두고 부정을 저지를 위험이 증가한다는 것이 사실이라고 가정해보자. ("여보, 날 비난하지 마. 이건 내 이기적인 유전자 때문이었으니까······.") 6장에서 정절에 대한 우리의 능력을 생명의료적으로 증강하는 매력적인 전망, 즉 "사랑의 묘약," 더 명확하게 말하자면 "남녀 한 쌍의 결합"을 증강할 약물의 경우에 대해서 검토해볼 것이다.

남성의 부정을 부추기는 "하드웨어에 내장된" 경향성이 존재한다고 해서 거기에 맞춰 우리의 도덕성을 조정해서 남성의 그러한 사정을 봐줘야만 한다는 결론이 도출되지는 않는다. 아마도 이러한 경향성에 대처하려고 노력하는 것이 더 도덕적일 것이다. 첫 번째 단계는 조악한 유전자 결정론의 낌새가 보이는 "하드웨어 내장"이라는 말을 제거해서 우리가 다루고 있는 것이 필연성이 아닌 경향성이라는 것을 인지하는 것이다. 위에서 언급한 예들처럼 우리는 우리가 대처할 수 있거나 피할 수 있는 많은 경향성을 가지고 있다. 진화된 제한을 피하기 위한 최선의 방법이 항상 생명의료적인 개입을 활용하는 것이라고 상정할 필요도 없지만, 그것을 전혀 활용하지 않는 것이라고 상정할 필요도 없다.

윤리학을 수행하는 인간의 인지적, 감정적 능력에 대한 진화된 제한이 암시하는 바가 단순하다고 생각하는 현대 철학자들은 잘못 생각하고 있는 것이다. 윤리 이론(또는 상식 도덕)이 이러한 제한을 정확하게 인지하지 못한다고 하더라도 그러한 제한이 비현실적이라고 할 수는 없다. 이것은 도덕성이 요구하는 것과 우리가 할 수 있는 것 사이의 격차를 줄이기 위해서 생명의료적이든, 비생명의료적이든 증강을 활용할 수 있을지의 여부에 달려 있다. 몇몇 도덕 이론, 예를 들어 황금률이나 칸트의 정언명령과 같은 결정 기술을 활용하는 도덕 이론은 이미 그러한 격차를 줄이고 있다.

앞으로 생명의료 기술은 훨씬 더 강력한 도구를 제공할지도 모른다. 아마도 우리의 먼 후손들은 우리의 도덕성이 당황스러울 만큼 요구하는 것이 적었다고 말할 것이다. 만약 우리가 진화된 제한을 피하기 위해 생명의료 증강을 활용하지 못한다면, 후손들은 우리가 우리의 한계를 묵인한 것에 대해 도덕적으로 책임이 있다고 말할지도 모른다.

앞에서 윤리학의 역사가 인간 본성이라는 개념으로부터 실제적인 도덕 지침을 도출해내는 데 실패한 시도들로 점철되어 있다고 지적한 바 있다. 내가 기술한 부류의 현대 철학자들도 소극적인 방식인 것을 제외하고서는 유사한 것을 시도하고 있다. 그들은 우리의 진화된 본성의 감정적이고 인지적인 한계를 숙고함으로써 도덕성이 우리에게 요구할 수 없는 것에 대한 결론을 내릴 수 있다고 주장한다. 그러나 우리의 진화된 한계 때문에 도덕성이 X라는 것을 하지 말 것을 우리에게 요구할 수 없다면, 실제적인 것, 즉 X를 하는 것이 도덕적으로 허용 가능하다는 것이 도출된다. 이것은 과거 철학자들이 실패했던 것, 즉 인간 본성의 이해로부터 실제적인 도덕적 결론을 내리는 데 성공한 것처럼 보인다. 하지만 앞서 나는 우리의 진화된 제한에 대한 서술로부터 도덕성이 합리적으로 우리에게 요구할 수 있는 것을 얻는다는 것이 간단하지 않다고 주장했다. 그러나 누락된 과정들이 보완될 수 있다고 하더라도 우리의 "자연적인" 제한과 도덕성의 가능한 내용 사이의 관계에 대한 그런 일반적인 관점은 이러저러한 생명의료 증강의 수용 여부에 대한 질문에 답할 수 있을 만큼 충분히 촘촘한 것 같아 보이지 않는다.

보수 생명윤리학자들은 생명의료 증강을 비난하기 위해서 진화로 충분히 이해되지 않는 인간본성이라는 모호하고, 은연중에 가치 평가하는 개념에 헛되이 호소한다. 인간 본성은 증강에 대한 논의에서 중요하다. 하지만 그들이 생각하는 방식으로 중요한 것은 아니다. 우리는 인간 본성에 대한 과학적인 이해로부터 증강에 반대하는 결론을 이끌어낼 수 없다.

하지만 만약 우리의 본성이 진화의 산물이라는 것을 인정하고, 그것이 어떤 제한 아래서 작동한다는 것을 알게 된다면, 생명의료 증강을 이용해야*만* 한다는 결론에 이르게 될지도 모른다. 우리의 현재 진화된 본성의 몇몇 측면이 우리가 잘 살거나 또는 우리의 도덕 원칙에 부응하는 것을 더욱 어렵게 만든다고 가정해보자. 우리는 이러한 제한을 단순히 수용해서, 이러한 제한에 적합하도록 우리의 도덕성을 축소할 것이 아니라, 생명의료 기술이나 그 밖에 작동하는 어떤 것이든지 이용해서 이러한 제한을 분명히 극복하려고 해야만 한다.

도덕이론에서 우리의 진화된 특성의 영향을 탐구하는 몇몇 철학자는 인간본성이라는 용어를 사용하지만, 많은 철학자들이 그런 것은 아니다. 많은 철학자들은 이 용어의 형편없는 공적을 고려해보면 이 용어는 당연히 의심스러울 수밖에 없다고 생각하며 또한 인간 본성에 대해서는 언급할 필요가 없다고 믿고 있는 것 같다. 이것은 옳다. 왜냐하면 우리는 인간 본성에 대해서 논란이 되고 있는 주제에 대한 어떤 입장도 고수하지 않고 우리의 감정적이고 인지적인 반응에 대한 진화된 (현재) 제한이 있다고 주장할 수 있기 때문이다. 정말로 중요한 것은 제한이 우리 본질의 일부인지, 우리 종에게 결정적인 것인지의 여부가 아니라, 제한이 존재하는지의 여부와 우리가 그것을 변경할 수 있는지의 여부이다.

선과 인간 본성

인간 본성에 대해 고려할 만한 가치가 있는 우려가 한 가지 더 있다. 우리가 인간 본성에 대해 숙고함으로써 실제적인 도덕 결정을 이끌어낼 수는 없다고 하더라도, 아마도 인간 본성과 철학자들이 "선"이라고 부르는 가치 사이에 중요한 연결고리가 있을 것 같다. 아리스토텔레스는 그러한 고리가 있다고 생각했다. 그는 인간 본성의 중요한 부분이 합리성이라고 생각했다. 그는 인간의 선한 삶이 어떻든지 간에 그것은 합리성을 행사할 수 있는 많은 기회를 허용해야만 한다고 결론을 내렸다. 이와 유사하게 그는 인간이 선천적으로 사회적이기 때문에 인간의 선한 삶은 사회적 상호작용을 위한 충분한 기회를 포함해야만 한다고 생각했다.

아리스토텔레스의 생각을 쫓다보면 우리는 인간 본성과 인간의 선 사이에 결정적인 연결고리가 있다는 결론에 도달한다. 확실히 인간에게 선한 것이 개나 고양이에게 선한 것은 아니다. 아리스토텔레스의 영향을 받았다고 인정한 마사 누스바움(Martha Nussbaum)을 포함하여 몇몇 현대 철학자들은 인간 본성이 다양한 활동에 참여할 수 있는 잠재력을 포함하고 있으며, 훌륭한 인간의 삶이란 사람들이 선택한다면 그들이 이러한 활동에 효과적으로 참여할 수 있는 삶이라고 주장한다. 이 주장의 핵심은 무엇이 인간에게 선한지에 대해 판단하는 것이 인간의 본질이 무엇인지에 대해 추정하는 배경이 뚜렷이 드러났을 때만 의미가 있다는 것이다.

만약 이것이 옳다면 불안한 전망이 즉시 드러날 것이다. 우리가 인간 본성을 변화시킨다면(또는 파괴한다면), 우리는 무엇이 선한지 알 수 있는 능력을 잃어버리지 않을까? 만약 우리가 인간과 다른 것이 된다면, 우리는 무엇이 가치 있는지 결정하기 위한 어떤 기준이나 척도를 갖지 못할 것이라고 걱정한다. 달리 비유해보자면, 우리는 우리를 평가하는 정신적 지주를 잃게 될 것이고, 혼란에 빠져서 선한 것과 악한 것을 판단할 수 없게 될 것이다.

만약 생명의료 증강을 통해서 현존하는 인간 본성이 차기 인간 본성으로 충분히 점진적으로 변한다면, 이것은 문제가 되지 않을 것이다. 만약 우리가 인간이 초래한 재해나 "자연적인" 재해에 굴복하지 않고, 너무 빨리 멸종하지만 않는다면, 평범하고 어떤 도움도 받지 않는 진화는 현존하는 인간 본성을 차기 인간 본성으로 대체할 것이다. 아리스토텔레스의 요점은 차기 인간을 유보해두는 것이다. 즉, 차기 인간에게 선한 것은 차기 인간 본성에 달려 있을 것이다. 인간적이지 않은 본성을 가진 어떤 존재들도 없다는 사실은 선을 판단할 수 있는 그들의 능력에 개입하지 않을 것이다. 그래서 진화가 일반적으로 할 수 있는 유일한 점진적인 진보는 선에 관심을 가지는 존재들이 그것이 무엇인지에 대한 실마리를 잡지 못하는 상황을 피하게 될 것이다. 왜냐하면 선을 판단하는 존재들의 척도가 바로 사라졌기 때문이다. 우리가 이것을 인간 본성의 언어에 끼워 맞출 필요가 없다는 데 다시 한번 주목하자. 정말로 중요한 것은 우리가 가치를 판단하는 데 있어서 일종의 기준점을 제시하는, 매우 광범위하고 깊숙이 자리 잡은 현재 인간의 특징이 있는지의 여부이다. 그럼에도 불구하고 나는 이러한 언어를 계속해서 사용할 것이다. 왜냐하면 내가 증강에 대한 반대와 그러한 반대에 의존하려는 증강에 대한 비판을 숙고하고 있기 때문이다.

광범위해진 생명의료 증강의 결과로 현존하는 인간 본성이 차기 인간 본성으로 훨씬 더 빠르게 변화하는 것은 어떠한가? 이것이 더 많은 문제를 야기할 것 같지만, 현존하는 인간 본성과 차기 인간 본성 사이에 중요한 연속성이 없을 때만 그러하다. 우리가 현재 존재하는 방식과 우리가 생명의료 증강을 통해 되고자 하는 방식 사이에 중요한 연속성이 없을 것이라고는 상상하기 힘들다. 만약 우리가 더 오래 살 수 있고, 더 똑똑해질 수 있고, 더 건강해질 수 있고, 다른 사람들과 더 공감할 수 있더라도 우리가 외계인일 리는 없다. 우리는 여전히 증강된 인간일 뿐이다. 만약 증강의 결과가 우리가 지금 가치 있게 여기는 능력의 수준을 증강한다면, 왜 우리는 그것을 가치 있게 하는 방법을 알려고 *하지 않는 것인가*?

이것이 우리가 선한 삶으로 여기는 것에 대한 이해에 아무런 변화도 없을 것이라고 말하는 것은 아니다. 짐작컨대, 생명의료 증강이 일반적인 세상에서 우리는 더 높은 기준을 가지게 될 것이다. 그러나 이것은 그리 멀지 않은 우리 선조들의 세상과 비교해보면 현재 세상에도 그대로 적용된다. 절반 정도의 아이들이 일찍 죽었고, 대부분의 사람들이 기생충에 의한 만성질환으로 고통을 받았고, 요즘보다 훨씬 높은 비명횡사 가능성에 시달리면서 그저 목숨을 부지하는 데 급급했을 때, 훌륭한 삶의 기준은 아마도 지금보다 훨씬 더 낮았을 것이다. 아직까지 진보는 우리가 "선"이 무엇을 의미하는지 파악하지 못하게 하는 원인이 아니었다.

  여기에 깊은 의미가 있다. 가치 있는 것에 대한 우리의 현재 이해가 우리의 현재 본성과 연결되어 있다는 것은 사실일 수도 있다. 왜냐하면 어떻게 그러지 않을 수 있는지 알기 힘들기 때문이다. 그러나 우리가 본성을 변형함으로써 선함을 판단할 수 있는 우리의 능력이 약화될 것이라고 걱정할 때 이러한 관련성은 우리가 가정하는 것만큼 그렇게 견고하지는 않을 것이다. 우리가 인간 본성이 몇몇 심각한 결점을 가지고 있다는 것을 알았기 때문에 증강에 다가간다는 것을 기억해두자. 우리는 인간 본성에 문제가 없지 않다고 판단하고 있다. 이것은 우리가 우리의 본성과는 어느 정도 독립된 선함의 개념을 이미 가지고 있다는 것을 의미한다. 더 역설적으로 우리가 본성의 선함에 대해 판단할 수 있다는 것이 우리의 본성 가운데 하나의 특징이다. 그러나 만약 그렇다 해도 가치를 판단할 수 있는 우리의 능력이 현재 우리가 존재하는 방식과 그렇게 긴밀하게 연결되어 있지 않다는 것은 일리가 있다. 우리의 현재 본성을 부분적으로 넘어서는 입장을 채택할 수 있게 해주는 가치에 대한 감을 우리는 이미 가지고 있다. 만약 우리가 본성의 올바른 부분을 변화시킨다면, 이것이 선한 것을 판단하는 우리의 능력에 부정적인 영향을 미쳐서는 안 된다. 심지어 우리 자신을 급진적으로 변화시켜서 우리가 차기 인간이 된다 하더라도 선을 판단할 수 있는 능력을 우리에게서 빼앗을 수는 없을 것이다. 그러므로 이것은 차기 인간에게 선한 것을 판단하기 위한 근거를 우리에게 제공해줄 것이다.

요약

나는 생명의료 증강에 대한 이 장의 논의에서 인간 본성과 자연적인 것에 호소하는 시도들에 대해서 살펴보았다. 인간 본성이라는 개념은 항상 논란거리였지만 과학적 지식이 증가함에 따라 점점 더 논쟁이 가속화되고 있다. 사람들이 우리가 인간 본성을 변경해서는 안 된다고 말하거나, 생명의료 증강이 자연적인 관계를 약화할 것이라고 말할 때, 그들이 표명하고자 하는 몇몇 우려들은 타당할지도 모른다. 하지만 그런 식으로 본성과 자연적인 것을 주창함으로써 얻을 수 있는 것은 아무것도 없으며 많은 것을 잃게 될 것이다. 증강 논의에 대해 가치 있는 어떤 것도 본성과 자연적인 것을 들먹이지 않고 말할 수 있다. 무엇이 인간 본성의 일부인지 그리고 무엇이 인간의 본성이 아닌지에 대한 진술이 얼마나 논란의 소지가 있는가를 고려해보면, 인간 본성을 들먹이며 증강에 대한 곤란한 논란을 해결하려고 노력하는 것은 마치 모래로 탑을 쌓고 나서 넘어지지 않도록 떠받치려고 노력하는 것과 같다. 더 심각하게는 마치 인간 본성에 대해 호소하는 것이 객관적인 가치인 양 잘못된 사실에 입각한 주장을 위장하고, 인간 본성에 호소하여 몇몇 사람의 선호를 교묘하게 표명한 오래되고 암울한 역사가 존재한다. 마지막으로 비자연적인 것이 무엇인지 또는 인간 본성에 반하는 것이 무엇인지에 대한 수식어가 일반적으로 다른 사람들을 비하하고 가치를 폄하하는 데 사용되곤 했음을 기억해야 한다. 이러한 모든 이유를 고려해볼 때 증강 논의에서 인간 본성과 자연적인 것에 호소하는 것을 피하는 편이 훨씬 낫고, 오히려 인간의 본질이 무엇인지에 대해서 현재 우리가 가지고 있는 가장 잘 이용할 수 있는 과학적 지식에 의존하는 편이 낫다.

인간 본성의 관점에서 때때로 (불필요하게) 끼워 맞춰지는 한 가지 타당한 걱정은 극단적인 연결성, 즉 빈대를 잡으려다가 초가삼간을 태울 수도 있다는 위험성에 대한 걱정이다. 우리는 자신을 증강하려고 시도하는 데 있어서 우리가 부지불식간에 손해를 입을 가능성에 대해서 걱정해야만 한다. 내 판단에 따르면, 우리가 생명의료 증강 시대의 문턱에 서서 직면한 가장 심각한 문제는 의도하지 않은 나쁜 결과의 문제이다. 인간 본성에 대한 혼란스러운 수식어들을 제거함으로써 우리는 다음과 같은 방식으로 그 문제를 표현할 수 있게 되었다. 즉, 우리의 생물학에 대해 이미 알고 있는 바에 기반해서 우리의 선한 특징을 파괴하는 수용 불가능한 위험성을 야기하지 않고도 몇몇 나쁜 특징을 개선할 수 있는가? 이 문제는 다음 장의 중요한 주제이다. 다음 장에서는 증강의 의도하지 않은 나쁜 결과의 문제에 대해 검토할 것이다.

4장

책임감 있게 신처럼 굴기

현상 유지를 원한다면 변해야 한다

안전을 위한 변화, 보전을 위한 증강

위의 역설적인 인용구는 주세페 디 람페두사(Giuseppe di Lampedusa)의 유명한 소설 『표범(The Leopard)』에 나오는 가장 유명한 문구이다. 1950년대에 쓰여졌지만 1860년을 배경으로 한 이 작품은 보수주의의 의미를 탐구한다. (영화에서는 버트 랭카스터[Burt Lancaster]가 연기한) 주인공 돈 파브리지오(Don Fabrizio)는 전통적인 귀족적 삶과 가족의 사회적 특권을 지키고 싶어 하는 시칠리아의 귀족이다. 그러나 그는 이탈리아를 통일하기 위한 폭력적이고 무질서한 투쟁 운동인 리소르지멘토[15]가 한창이던 혁명의 시대에 살았다. 그의 조카 탄크레디(Tancredi)는 보수주의의 복잡함에 대한 자신의 생각을 다음과 같이 간단하게 밝히고 있다. 보수주의란 이전 세대에서 우리에게 전해진 선한 것을 소중히 여기고 유지하는 것이지만, 때

---

[15] Risorgimento: 19세기에 일어난 이탈리아의 국가 통일과 독립 운동을 가리키는 말이다. 리소르지멘토는 '부흥'이란 뜻의 이탈리아어로 통일 운동의 핵심 세력인 카보우르가 1847년에 발간한 신문 《일 리소르지멘토(Il Risorgimento)》에서 유래했다.

때로 그러기 위해서 우리는 변해야만 한다. 돈 파브리지오의 주장은 어떤 변화가 소중한 세계를 보전할 것인지 그리고 어떤 변화가 그러한 세계를 파괴할 것인지 그가 확신할 수 없다는 점에서 곤경에 처한다.

우리의 상황은 훨씬 더 복잡하다. 돈 파브리지오처럼 우리도 선한 것을 보전하고 싶어한다. 하지만 다른 한편으로 우리는 생명의료 수단으로 인간의 삶을 향상시킬 놀랄 만한 새로운 기회를 가지고 있다는 것을 알고 있기도 하다. 단세포적인 보수주의자들은 우리가 쉽게 거부할 수 있는 변화를, 즉 변하지 않는 것을, 선택할 수 있다고 생각한다. 하지만 탄크레디는 그렇지 않다는 것을 알고 있었다. 그는 변화가 불가피할 뿐만 아니라 때때로 보전하기 위해서 변해야만 한다는 사실을 이해하고 있었다. 마이클 샌델과 같이 어리숙한 (아니면 인정머리 없는) 보수주의자들은 증강을 추구한다는 것이 현 상태에 대한 탐욕스러운 불만족이나 완벽에 대한 채워지지 않는 욕구를 암시한다고 가정하고 있다. 탄크레디는 이것 역시 틀렸다는 것을 알고 있었다. 그는 우리가 현 상태에 만족하지 못해서가 아니라 그 상태를 지키고 싶기 때문에 때때로 세계의 양상을 개선하려고 노력한다는 사실을 알고 있었다.

증강은 능력과 연관되어 있다는 점을 유념해두자. 즉, 증강은 어떤 특정한 능력을 개선한다는 것이다. 우리는 소중한 것을 보전하기 위해서 어떤 특정한 능력을 개선할 필요가 있을지도 모른다. 그렇다면 증강이 현 상태를 개선하기보다는 유지하는 것을 목표로 할 수 있다는 발상은 전혀 모순적이지 않다. 만약 우리가 탄크레디의 이해를 명심한다면 생명의료 증강에 대한 논의는 완전히 다른 양상을 띨 것이다.

1장에서 우리는 한 예와 맞닥뜨렸었다. 그 예에서 평균적인 삶의 질이 감소하는 것을 경험하지 않도록 하는 데 생명의료 증강이 필요할 수도 있다는 사실을 살펴보았다. 의학의 발전을 종합해보았을 때 1장에서 기술한 역사적인 증강의 누적된 효과로 인해 더 많은 사람이 더 오래 살게 되었다. 그러나 자연선택은 번식 후의 바람직하지 않은 특성을 걸러내지 않기 때문에 예전보다 더 오래 살게 된 상황은 오히려 수십 년 이상의 정신과 신체 건강의 쇠퇴를 더 겪어야 한다는 것을 의미한다. 훌륭한 삶을 살았는지의 여부는 전 생애에 걸친 삶의 질에 달려 있다. 통상적으로 110세까지 살 수 있더라도 생애 마지막 20년을 고통과 신체적 장애 내지 정신적 장애를 안고 살아가야 한다면 현재보다 전혀 더 나아 보이지 않는다. 이러한 시나리오의 개인적이고 경제적인 결과는 생각만 해도 너무 끔찍하다.

이에 대해 어떤 조치를 취해야만 할 것이다. 다각적이고 효과적인 대응을 할 테지만 그러한 대응을 구성하는 한 요소로서 생명의료 증강이 포함될 공산은 압도적으로 충분하다. 세포를 재생하기 위해서 세포의 일반적인 능력을 신장하는 것과 노화하는 세포가 암으로 발전할 경향성에 저항하기 위해서 종양 억제 유전자를 늘리는 것은 단지 두 가지 가능성에 지나지 않는다. 이미 성취한 의학 발전의 의도하지 않은 부정적인 결과에 대처하기 위해 생명의료 증강은 필요할 것이다.

현재 즐기고 있는 좋은 것을 유지할 수 있도록 도와줄 수 있는 생명의료 증강 또는 소극적으로는 상황이 더 악화되는 것을 막아줄 수 있는 생명의료 증강의 다음과 같은 몇몇 예들이 있다.

1. 약학적 개입이나 다른 생명의료적인 개입을 통한 충동 조절, 감정이입, 이타주의 또는 도덕적 상상력에 대해 현존하는 능력의 증강. 대량살상무기의 유용성과 결부된 폭력과 외국인 혐오에 대한 경향은 우리를 아주 취약하게 만든다. 생명의료 증강은 이런 취약함으로 인해 발생할 수 있는 비극적인 폭력을 막기 위한 전략의 한 요소일 수도 있다. 하지만 이것이 경직된 기계론적인 방식으로 폭력이 "생물학적으로 결정되어" 있다는 것을 상정하지는 않는다. 단지 생명의료적인 개입이 다른 개입과 결합된다면 긍정적인 영향을 가질 수도 있을 것이라는 것만을 가정

한다. "살찌는 유전자"나 "동성애자 유전자"가 없는 것처럼 "이타적인 유전자"도 없다. 이런 것들은 수반하는 복잡한 관계를 무시하고 끔찍하게 단순화한 것일 뿐이다. 그러나 유전자 변형이 있을 수도 있고 또는 이타심이나 적어도 신뢰에 대한 능력을 강화하는 데 도움이 될 수 있는 약물이 더 가능성이 높을 수도 있다. 내가 이미 언급했듯이 실제로 우리 뇌에 옥시토신의 양을 증가시키면 신뢰가 증진된다는 증거가 있다.

2. 현존하는 음식에서 영양소를 추출하는 능력의 증강. 더 급진적으로 말해보자면, 전에 인간이 전혀 섭취할 수 없었던 품목을 섭취할 수 있도록 하는 소화 능력과 신진대사 능력의 증강. (우리는 이것을 이미 예전에 구식 기술로 성취했었다는 데 주목하자. 즉, 요리는 음식을 훨씬 더 소화하기 쉽게 만들어주고, 음식량에 대비해서 더 많은 열량을 섭취할 수 있도록 해준다. 또한 독소를 중화해서 치명적일 수도 있는 성분들을 우리가 안전하게 섭취할 수 있도록 해준다. 반복하자면, 생명의료 증강은 우리가 이미 성취한 여타 증강의 연속선상에 놓여 있다고 볼 수 있다.)

3. 환경에서 축적된 독소가 원인인 치명적인 돌연변이 또는 생식력의 급격한 감소에 대처할 인간 생식세포(정자와 난자)나 배아의 생존력의 증강 또는 증강된 번식 기술의 발명. (여기서 짐작컨대 공해로 인해 불임이 일반적이게 된 세계를 묘사하는 영화 〈칠드런 오브 맨(Children of Men)〉을 떠올려보자.)

4. 세계화 시대에 발생하는 신종 유행병에 더 잘 저항하도록 도와주는 면역 체계의 증강.

5. 극심한 기후변화에 직면하여 체온을 조절하는 신체 능력을 개선하기 위한 증강.

6. 오존층이 위험할 정도로 격감했을 때 암에 저항하기 위한 피부 세포 능력의 증강.

나는 이러한 특정한 개입 가운데 어떤 것을 발전시켜야 할지 모른다. 이러한 개입은 단지 탄크레디의 이해가 생명의료 증강에 적용된다는 실례를 보여주기 위해 의도되었을 뿐이다.

어떤 사람들은 우리가 만들어내는 문제에 "기술적인 해결책"을 사용하는 것은 잘못이라고 반대할 수도 있다. 대신에 기술적인 해결책이 야기하는 보다 심각한 사회문제를 수정해야만 한다. 이것은 경우에 따라서 사실일 수도 있다. 예를 들어 인종에 대한 틀에 박힌 생각을 피하기 위해 모든 사람의 피부를 하얗게 물들이는 대신 편견을 극복하려고 노력해야만 한다. 그러나 때때로 문제를 해결하기 위해서 기술을 사용할 수 있어야 할 뿐만 아니라 사용해야만 하는데, 이것은 충분히 빠르게 성취될 수 있는 유일한 해결책으로서 기술이 요구될 때만 참이다. 아마도 전국적으로 긴급한 전염병이나 불임의 원인이 되는 독소 또는 오존층 파괴가 그러한 경우일 수 있을 것이다.

극단적인 연관성

생명의료 증강은 이미 우리 곁에 존재하고, 한층 더 발전 중이기 때문에 의도하지 않은 나쁜 결과의 위험성에 대해 신중하게 숙고해봐야 한다. 그러기 전에 우선 이 위험성에 대한 숙고 방법에 대해서 살펴봐야 한다. 증강이 우리 자신을 지키는 것에 대한 문제라기보다는 단지 개선 또는 완벽에 대한 문제일 뿐이라고 생각하는 어리숙한 보수주의자의 오류를 피하는 것은 적절한 조치이다. 그 밖에 우리가 할 일은 무엇인가?

다음과 같은 몇 가지가 있다. 첫째, 우리는 증강을 반대하는 대부분의 사람들이 주장하는 것처럼 보이지만, 전혀 방어하지 않는 다음의 가정을 검토해볼 필요가 있다. 즉, 인간의 다양한 양상은 다른 양상과 아주 밀접하게 연결되어 있기 때문에 만약 우리가 자신을 개선하기 위해 생명의료적인 개입을 사용한다면 상황을 더욱 악화시킬 것이라는 가정이다. 우리는 이러한 가정을 2장에서 처음 접했다. 우리는 거기서 후쿠야마가 인간 본성의 악한 부분을 제거한다면 선한 부분이 터무니없이 위험해질 것이라고 생각한다는 사실을 알게 되었다. 만약 우리가 극단적인 연관성을 가정한다면 우리는 생명의료 증강이 너무 위험하다는 성급한 결론을 내리게 될 것이다.

의도하지 않은 나쁜 결과에 대해 걱정하는 사람들은 그런 문제가 유전자 증강의 경우에 가장 심각하다고 생각하는 경향이 있다. 앞 장에서 인간의 삶이 개선되거나 심지어 지속될 때조차도 늘 그렇듯이 유전자 증강(의도한 유전자 변이)이 진화(의도하지 않은 유전자 변이)보다 두드러진 몇몇 장점을 가지고 있다고 주장했다. 그러나 만약 인간 생명체가 내적으로 매우 밀접하게, 즉 촘촘한 그물망처럼 연결되어 있다면 우리는 우리의 최상을 파괴하지 않고서는 우리의 최악을 개선할 수 없을 것이다. 우리가 정말로 촘촘한 그물망과 같은가? 한 가닥을 자른다고 해서 실제로 전체가 다 풀어져버릴까?

시대를 통틀어 보수주의 사상가들은 사회의 다양한 요소가 서로 밀접하게 연결되어 있다고 추정해왔다. 그들은 사회를 대규모로 개혁하려는 어떤 시도도 파국으로 치달을 수밖에 없다고 경고하면서 사회를 촘촘한 그물망으로 묘사해왔다. 예를 들어 50년 전 영국에서 공개적인 "동성애 행동"이 범죄라고 간주하는 법의 존폐 여부에 대한 공개 토론회가 있었다. 상원 의원인 패트릭 데블린 경(Sir Patrick Devlin)은 이러한 법이 사라지면 사회의 도덕적 토대가 붕괴될 것이라고 주장했다. 하지만 그 법은 폐지되었고, 데블린이 틀린 것으로 판명되었다. 데블린은 이 법을 바꾸면 피비린내 나게 전체가 풀어져버릴 만큼 그렇게 촘촘한 그물망이었다는 것을 증명할 만한 어떤 사회학적 증거도 제시하지 않았다. 그러한 증거는 과거에도 존재하지 않았고, 현재에도 여전히 존재하지 않기 때문에 그는 어쩔 도리가 없었을 것이다.

보수주의자들은 데블린과 똑같다. 그들은 생명의료 증강(또는 적어도 유전자 변이를 수반하는 증강)이 우리를 망가뜨릴 것이라고 주장하지만, 인간 생명체가 서로 밀접하게 연결되어 있다는 과학적 증거의 유무와 같은 결정적인 문제는 기피한다. 그래서 우리가 스스로를 개선하려고 노력해서는 안 된다는 그들의 핵심 논증은 실제로는 논증이 아니다. 그것은 단지 주장일 뿐이고, 결정적인 전제를 찾는 와중에서 얻어진 결론일 뿐이다.

지금까지 논의가 얼마나 진행되었는지 한번 살펴보기로 하자. 1장에서 생명의료 증강이 매우 이로울 수도 있다는 점을 입증하기 시작했다. 또한 증강이 새로운 것이 아니라는 것을 증명했고, 생명의료 증강이 과거에 진행된 증강과 다르지 않기 때문에 같은 도덕 범주에 속한다는 것을 증명했다. 2장에서는 진화가 자신의 임무를 훌륭하게 수행하지 못하기 때문에 의도한 유전자 변이가 그 임무에 더 적합할 수도 있다는 점을 지적했다. 지금까지 이 장에서 상황이 더 악화되지 않게 하기 위해서 생명의료 증강이 필요할 수도 있다는 것을 증명했다. 종합해서 고려해볼 때 이 모든 것이 생명의료 증강이라는 발상을 수용하기 위한 아주 강력하고 명쾌한 논거를 제공한다. 이것이 유일하게 명쾌한 논거이다. 왜냐하면 찬반양론을 주의 깊게 고려해서 제안된 생명의료 증강을 위험성뿐만 아니라 혜택에 대한 최적의 증거에 비추어 사례별로 여전히 살펴봐야 할 것이기 때문이다.

만약 극단적인 연관성 가정이 참이고 인간 생명체가 촘촘한 그물망 같다면 생명의료 증강에 대한 명쾌한 논거는 붕괴될 것이다. 그것으로 끝이다. 그렇기 때문에 많은 것이 그 가정의 진위 여부에 달려 있다. 하지만 그것의 진위 여부에 대해 확실히 알 수 없을 것이다. 그렇더라도 적어도 *정당화된* 가정인지의 여부에 대해서만은 밝혀내야 한다. 그러기 위해서는 한 가지 방법밖에 없다. 요컨대 생물학이 우리의 구성 방식에 대해서 우리에게 설명하는 바를 살펴봐야만 한다. 이것은 어떻게 진화가 우리와 같은 생물을 만들어내는지를 살펴보는 작업이다.

2장에서 우리가 진화에 대해 배운 것을 상기해보자. 환경이 변화무쌍하기 때문에 생명체는 끊임없이 새로운 도전에 적응하려고 "노력"하고 있다. (기타 연주의 대가 밴 헤일런[Van Halen]이 아닌) 진화생물학의 대가 밴 베일런(Van Valen)은 이러한 상황을 정확히 담아내기 위해 생생한 비유를 사용했다. 즉, 생명체는 『거울 나라의 앨리스』에서 단지 제자리에 머물기 위해서 그녀 발밑의 땅이 부스러질 정도로 더 빨리 달려야 하는 붉은 여왕 같다. 만약 우리의 상황이 그렇다면 우리는 허약해서는 안 될 것이고, 회복력이 좋아야 할 것이다.

한 가닥을 잘라낸다고 해서 우리가 완전히 망가질 수 있다면, 그 오랜 시간 동안 어떻게 우리가 살아남을 수 있었는지 알아내기란 아주 어렵다. 촘촘한 그물망의 생명체는 살아남을 가망성이 없었을 것이다. 우선 실제로 진화가 그와 같은 생명체를 만들어낼 가망성은 거의 없을뿐더러 사실상 거의 불가능하다. 요점은 *자연선택이 촘촘한 그물망에서는 작동할 수 없다는* 것이다. 자연선택은 점진적인 변화가 가능할 때만 작동한다. 즉, 한 생명체의 다른 특성들은 변하지 않은 채 그 생명체가 하나의 특성만 변화시킬 수 있을 때 바로 그때만 자연선택은 작동한다. 왜냐하면 특성들이 서로 매우 밀접하게 연관되어 있지 않아서 생명체들이 망가지지 않고도 예전의 특성을 새로운 특성으로 대체할 수 있기 때문이다.

자연선택이라는 개념을 생명체가 연약하고 촘촘한 그물망과 같다는 가정과 끼워 맞추려는 허접한 조합에 대해서는 이쯤 해두기로 하자. 이것과는 아주 별도로 촘촘한 그물망이라는 발상을 아주 수상쩍게 만드는 진화에 대한 보다 구체적인 세 가지 사실이 있다. 이 세 가지 사실을 언급하기 전에 생명의료 증강이 우리처럼 연약하고 촘촘한 그물망에게는 너무 위험하다고 말하는 보수주의자들을 겨냥해 "알았으니 그만해!"라고 말하고 싶어 못 견딜 지경이다. 만약 우리가 연약하다면 아마도 우리의 유일한 희망은 더 나은 회복력을 가질 수 있도록 우리 자신을 증강하는 것이다! 어쩌면 이것이 상황이 악화되거나 훨씬 더 악화되는 것을 막기 위해서 증강이 필요할지도 모르는 또 다른 예일 것이다.

극단적인 연관성 가정을 무력화하는 진화된 생명체의 기본적인 세 가지 특징이 있기 때문에 "알았으니 그만해!"라는 말에 큰 비중을 둘 필요는 없다. 이 세 가지 특징은 생명 보수주의자들에게 극단적인 연관성 가정이 버겁다는 것을 증명한다.

첫째, 진화된 생명체는 많은 단위성(modularity)을 보여준다. 정의에 따르면 단위란 자신의 주위에 있는 것들과 연관되어 있기보다는 자신의 일부와 보다 밀접한 연관성을 갖는 하부 체계이다. 진화의 작동 방식을 고려해보면 우리가 많은 단위성을 발견할 수 있다는 사실은 놀랄 만한 일이 아니다. 다음과 같은 예를 살펴보자. 배아가 성숙한 생명체로 발달하는 동안 그 과정은 상황이 순조롭게 잘 돌아가도록 "방화벽"을 만들어낸다. 그래서 만약 한 단위에서 무엇인가 잘못되더라도 그러한 손상이 전체를 망가뜨리지 않고 그 단위에 한정될 수 있다. 각각의 단위는 전체가 망가지는 것을 막도록 설계되어 있다. 단위는 생명체가 촘촘하지 않다는 확신 아래 작동한다. 단위의 경계가 바로 솔기다.

생명체가 직면해야 할 것을 고려해본다면(붉은 여왕을 떠올려보자), 단위화가 선택될 것이라는 사실을 이해하기란 어렵지 않다. 단위화는 연관성을 크게 제한한다. 그렇다고 그것이 우리의 다양한 체계들이 연관되어 있지 않다는 것을 의미하는 것은 아니다. 그것은 단지 극단적인 연관성 가정이 그러한 체계들에 대해 언급할 때처럼 그러한 체계들이 그렇게까지 밀접하게 서로 연관되어 있지 않다는 것을 의미할 뿐이다.

두 번째 지배적인 특징은 중복성(redundancy)이다. 다른 생명체와 마찬가지로 인간에게도 보통 예비용 체계가 있다. 생명체가 직면하는 도전을 고려해본다면, 단위성과 마찬가지로 중복성도 엄청난 장점, 아니 그보다는 필연적인 장점이다. 중복성은 우리가 무엇인가 개선하려고 노력하는 과정에서 부지불식간에 다른 어떤 것에 손상을 입힐지도 모른다는 우려를 완화한다. 우리가 어떤 것에 손상을 입히더라도 예비한 것이 있다면 그 결과는 그렇게 나쁘지 않을 수도 있다. 더욱이 유전자 기능에서 (동일한 유전자의 여분의 복제 유전자를 가지는) 중복성은 자연선택을 통해서 유전자 가운데 하나의 유전자가 새로운 기능을 받아들일 수 있도록 한다. 이것이 중복성을 보고 놀라서는 안 되는 또 다른 이유이다.

수로화(canalization)는 촘촘한 그물망에 대한 생각을 의심스럽게 만드는 세 번째 특징이다. 이것은 유전자 변이나 환경 요소의 변화에도 불구하고 특정한 특성을 창조해내는 생명체 발달 과정의 훌륭한 능력이다. 같은 요리, 다른 요리법. 달리 말해 우리는 서로 다른 유전적, 환경적 배경을 통해 동일한 표현형[16]을 얻는다. 이것은 어떤 특정한 특성의 성공적인 발달이 그러한 특성을 생산해내기 위한 단 하나의 요리법만이 존재할 때 그러한 특성이 위태로워지는 것만큼 그렇게 위태롭지는 않다는 것을 의미한다. 이러한 사실이 유전자 증강에 미치는 영향은 명확하다. 즉, 바람직한 결과를 얻기 위해 유전자 변화를 항상 정확하고 올바르게 이해할 필요는 없다. 재차 강조하지만 그물망이 그렇게 촘촘하지 않기 때문에 상호 연관성도 그렇게 밀접하지 않다.

이러한 사실 가운데 어떤 것도 우리가 생명의료 증강을 동원해서 개입하면 이로운 연관성을 부지불식간에 방해할 위험성이 없음을 증명하지는 않는다. 그러나 그것은 우리 몸의 각 부분이 매우 밀접하게 서로 연관되어 있어서 우리 자신을 개선하려는 노력은 언제나 어리석은 짓이라고 가정하는 것이 잘못되었음을 보여준다. 때때로 우리 자신을 개선하려는 노

---

[16] 유전자와 환경의 영향에 의해 형성된 생물의 형질.

력이 어리석을 수도 있지만, 이것은 세부적인 사항에 달려있다. 극단적인 연관성과 촘촘한 그물망을 엄청나게 일반화시킨다고 해서 생명의료 증강 전반이나 심지어 유전자 증강조차도 쉽게 배제할 수는 없다.

데블린 경과 같은 사회 보수주의자들 그리고 후쿠야마나 부시 위원회와 같은 생명 보수주의자들은 극단적인 연관성 가정을 뒷받침할 만한 어떤 증거도 제시하지 않는다. 그러면서도 인간의 상태를 개선하려는 시도에 반대하는 자신들의 주장을 극단적인 연관성 가정에 의존한다. 더 심각한 것은 그들이 증거가 있다는 사실을 무시하고 있다는 것이다. 개별적인 생명체와 사회 두 가지 모두 다 상당한 회복력을 보유하고 있으며, 그 회복력은 연관성을 느슨하게 하는 기능이라는 수많은 증거가 존재한다. 진화생물학은 생명체가 왜 회복력을 가질 수 없는지 그리고 어떻게 느슨한 연관성이 회복력에 기여하는지를 설명한다. 만약 생명체처럼 사회가 선택압에 직면해서 변화를 강제하는 도전에 대응해야만 한다면 사회도 역시 회복력을 가져야만 한다. 그리고 만약 사회가 회복력을 갖게 된다면 사회 각 부분은 서로 아주 밀접하게 연관될 수 없다. 이것이 바로 심지어 실제 사건들이 데블린의 재앙에 대한 예견이 잘못되었다는 것을 보여주기도 전에 데블린의 재앙에 대한 예견이 의심스러웠던 이유이다. 몇몇 환경주의자들도 유사한 실수를 저지른다. 즉, 그들은 사실에 대해 세심하게 검토하지 않고 "환경"은 촘촘한 그물망이고, 모든 종이 아치 꼭대기의 "쐐기돌"과 같은 핵심 종인데, 그러한 종의 손실은 결국 전체 환경의 붕괴를 초래한다고 단순하게 가정한다. 모든 종이 다른 종이 작동하는 데 있어서 매우 중요하다는 것은 재고의 여지없이 사실이 아니다. 이것은 과거에 셀 수 없이 많은 종이 그런 극단적인 결과 없이 멸종했다는 데서도 알 수 있다.

물론 우리는 마치 실제 아치 꼭대기의 쐐기돌 같은 환경의 특징을 파괴하지 않도록 주의해야만 하는 것처럼, 증강을 가지고 개입함으로써 지장을 줄지도 모르는 견고한 연관성이 존재하는지를 세심히 살펴보아야만 한다. 이것은 견고한 연관성이 어떤 개입이든 상관없이 개입이라면 모두 배제해야 할 정도로 엄청나게 만연해 있다고 가정하는 것과는 다르다. 우리가 밀접한 상호 연관성의 영역을 다루고 있을 때와 그렇지 않을 때를 알기 위해서 우리는 *생명체를 작동하게 하는 구체적인 인과관계에 대한 지식*에 의존해야만 한다. 뒤에서 특정한 인과관계에 초점을 맞추는 일련의 위험성-감소 원칙을 제안할 것이다. 이 원칙은 구조를 유지해주고 다른 실들이 끊어지는 것을 막아주는 주요한 실마리를 찾게 해줄 것이다.

연관성에 대한 마지막 견해에 대해서 살펴보기로 하자. 일반적으로 어떤 도움도 받지 않는 진화로 인해 발생하는 많은 피해 가운데 중요한 일례가 있다. 체력-감소 유전자는 종종 염색체 안에서 체력-증강 유전자 바로 옆에 위치한다. 이것은 DNA가 재래식 번식 방법으로 섞일 때 종종 좋은 DNA와 함께 나쁜 DNA도 함께 얻는다는 것을 의미한다. 달리 말해서 "자연"은 생명 보수주의자들이 우리가 유전자 증강으로 저지르게 될 일, 즉 개선을 추구하는 과정에서 나쁜 결과를 생산하게 될 것이라며 두려워하는 일을 아무렇지도 않게 저지른다. 이것이 3장에서는 언급하지 않았던 의도하지 않은 유전자 변이의 더 큰 한계이다. 의도한 유전자 변이는 좋은 유전자를 골라내고, 나쁜 유전자는 뒤에 남겨둠으로써 이러한 문제를 피할 수 있다. 이 이야기의 교훈은 우리가 연결을 끊을 수 있을 때 연관성이 진보의 장애물이 아니라는 것이다.

유전자 변형은 돌이킬 수 없는가?

생명의료 증강에 적대적이지 않은 사람들도 몇몇은 대개 유전자 증강을 거부한다. 그들은 유전자 증강이 돌이킬 수 없는 변화를 초래할 것이기 때문에 유전자 증강이 너무 위험하다고 생각한다. 만약 우리가 실수를 저지른다면 그 실수는 수정이 불가능하며 세대에서 세대로 전해질 것이다.

그렇다면 변경할 수 없고, 스스로 지속되는 해는 당연히 가장 무서운 유형일 것이다.

유전자 증강으로 저지른 실수는 돌이킬 수 없을 것이라고 말하는 의미는 무엇인가? 이 물음에 대답하기 위해서 우리는 유전자를 변화시키는 것과 그것을 변화시키는 것의 영향을 구분해야만 한다. 우리가 배아에 어떤 유전자를 주입한다고 가정해보자. 만약 우리가 어떤 유전자를 배아에 충분히 일찍 주입한다면 그 변화는 생명체 몸의 생식 세포(정자와 난자)를 포함한 모든 세포에 복제된다. 이것은 그 생명체가 번식한다면 그 유전자 변화가 그대로 다음 세대에 전해질 수도 있음을 의미한다. 이러한 변화가 엄청난 실수라고 가정해보자. 즉, 유전자는 우리가 전혀 예측하지 않았던 나쁜 결과와 결부될 것이라고 가정해보자. 우리가 돌이킬 수 없는 오류를 범했다는 결론이 도출되는가?

그렇지 않다. 특정 유전자 변화가 특정 표현형 (특성) 변화를 의미하지는 않기 때문이다. 그래서 전혀 그렇지 않다. 특정 유전자 변화가 표현형을 변화시키는지의 여부는 그 유전자가 발현되는지의 여부에 달려 있다. 유전자는 저절로 발현되지 않는다. 유전자는 전원을 넣어야만 한다. 우리는 유전자가 발현되는 것을 막는 방법을 이미 알고 있다. 과학자들은 유전자를 쥐의 배아에 주입할 수 있고, 그것이 발현되는 것을 막기 위한 약물을 투여할 수 있다. 또한 과학자들은 유전자의 발현을 촉발하기 위해서 약물이 투여되도록 주입한 유전자를 변형할 수도 있다. 이것은 유전자 변화가 영구적이고, 세대를 거쳐 자기 복제를 한다고 할지라도, 그 유전자가 본래의 모습을 유지할 것이라는 일반적인 결과가 도출되지 않는다는 것을 의미한다. 문제가 되는 것은 바로 그 결과이다. 그래서 유전자 증강을 돌이킬 수 없다고 말하는 것은 엄청난 오해의 소지가 있다. 우리가 유전형과 표현형 사이의 거대한 차이를 인정하기만 한다면 유전자 증강은 위험하기보다는 훌륭한 것처럼 보일 수도 있다.

숙고해볼 만한 가치가 있는 비가역성에 대한 또 다른 견해가 있다. 가장 심각한 우려는 우리의 통제를 벗어날 수도 있고, 짧은 세대로 마감하며, 수평적 유전자 전이를 할 수 있는 생명체의 경우에 발생한다. 이러한 진술은 유전적으로 조작된 인간이 아니라, 유전적으로 변형된 박테리아에 적용된다.

비가역성을 오도하는 말은 여전히 조금씩 진정한 우려를 부추긴다. 증강으로써든 질병을 막기 위해서든 어떤 식으로든 유전자 변형을 착수한다면 매우 조심스럽게 진행할 필요가 있다. 조심스럽다는 의미는 실수할 위험에 처했을 때 무엇보다도 그 실수를 제한하려고 노력하는 것이다. 이 장에서 나중에 이러한 제한에 대한 몇몇 구체적인 방법을 제안할 것이다.

위험 대처 전략

생명의료 증강은 다양한 종류의 위험성, 즉 생물학적, 사회적, 심리학적, 어쩌면 도덕적인 위험성까지도 제기한다. 이 장의 나머지 부분에서 생물학적 위험성에 중점을 둘 것이다. 더 정확하게는 우리가 유전자 증강의 생물학적 위험성을 어떻게 줄일 수 있는가에 대해 숙고하고자 한다. 이러한 숙고에서 출발하는 것은 의미가 있다. 왜냐하면 유전자 증강이 가장 위험한 유형이라고 생각하기 때문이다. 만약 우리가 유전자 증강의 위험성이 용인될 수 있을 만큼 최소한으로 유지되는 상황을 찾을 수만 있다면, 유전자 증강이 너무 위험하다는 근거에 입각한 생명의료 증강의 전면적인 거부는 실수라는 것을 증명하는 데 큰 도움이 될 것이다. 내가 유전자 증강에 대해 언급하는 것 중 몇 가지는 다른 종류의 위험성이나 다른 유형의 증강에도 적용될 것이다.

용인할 수 있을 만한 수준으로 위험성을 줄이는 것이 목적이지 위험성을 아예 없애버리는 것이 목적은 아니다. 위험성을 완전히 제거하는 것은 불가능하다. 이것은 삶에서도 마찬가지이다. 설령 위험성을 완전히 제거하는 것이 가능하다고 할지라도 거기에 드는 비용이 너무 클 것이기 때문에 위험성을 완전히 제거하는 일은 잘못일 것이다. 위험성을 완전히 제거하려는 우리의 노력 때문에 그 비용은 우리가 포기해야 할 이득과 우리가 감수해야 할 비용 둘 다를 포함하게 된다.

위험성에 대해 생각할 때 *위험성 감소의 한계비용*이라는 개념은 매우 중요하다. 일례로 우리가 차체에 매번 0.125인치의 강철을 추가할 때마다 자동차 충돌 사고에서 발생하는 중상을 10퍼센트 만큼 감소할 수 있다고 가정해보자. 만약 우리가 차문을 에이브러햄스 탱크의 외피만큼 충분히 두껍게 강화한다면 아무도 자동차 충돌 사고에서 죽지 않을 것이다(그들이 진짜 에이브러햄스 탱크와 충돌하지만 않는다면 말이다). 그러나 일단 어느 정도 선을 넘으면 위험성 감소의 부가적인 증가(이 경우에서는 강철의 부가적인 0.125인치)는 그럴 만한 가치가 없다. 그런 자동차는 구입이 불가능할 만큼 비싸질 것이고, 그렇게 무거운 차량에 대한 연료 비용도 엄두를 못 낼 정도로 비싸질 것이다.

삶의 모든 영역에서 우리는 이익을 취하고 피해를 막기 위해서 어느 정도의 위험은 감수한다. 유전자 증강만 왜 달라야 하는가? 다음에 주목해보자. 우리는 단지 피해를 막기 위해서뿐만 아니라 이익을 취하기 위해서도 위험을 감수한다. 6장에서 증강이나 유전자 증강 또는 그 밖의 다른 것을 비용과 효용의 측면에서 숙고하는 것은 잘못이라는 마이클 샌델의 주장을 살펴보게 될 것이다. 또한 그가 비용과 효용이라는 말을 지나치게 협소한 방식으로 이해하고 있다는 것도 살펴보게 될 것이다. 현재로서는 상식적인 것이 중요하다. 즉, 여타의 인간 활동과 마찬가지로 유전자 증강의 목적은 수용할 수 있을 만한 수준으로 위험성을 줄이는 것인데, 어느 정도를 수용할 수 있을 만한 수준으로 생각할 수 있을지는 위험성을 줄여서 얻을 수 있는 이득을 어느 정도 포기해야만 하는가에 달려 있다.

유전자 증강의 위험성에 접근하는 방식은 위한 기본적인 세 가지가 있다. 우리는 유전자 증강과 관련된 모든 것을 금지하려고 할 수 있다. 또는 어떤 하나의 일반적이고 주요한 위험성-감소 원칙을 따름으로써 위험성을 제한하려고 할 수도 있다. 또는 일련의 보다 특정적인 위험성-감소 원칙에 의존할 수도 있다. 나는 세 번째 방식이 최선이라고 설득하려고 하며, 실제로 그 일련의 위험성-감소 원칙을 제시하려고 한다. 그러기 위해서 우선 다른 두 가지 접근 방식이 유망하지 않다는 것을 증명해야만 한다.

금지가 회의적이라는 사실을 뒷받침해줄 많은 논거를 이미 언급했다. 1장에서는 질병을 치료하고 예방하려는 노력으로 인해 정당하지 못하게 증강을 계속해서 불가피하게 도입할 것이라고 언급했다. 우리가 황금 알을 낳는 거위의 몇몇 알을 좋아하지 않는다는 이유로 그 거위를 죽일 수는 있지만 의학 연구의 경우에는 어느 누구도 제정신에서 그렇게 하려고 하지 않을 것이다. 그러므로 증강 능력의 발달을 금지하는 것은 애시당초 성공할 가망성이 없어 보인다.

증강의 *사용*을 금지하려는 시도도 의학 연구가 증강의 실현 가능성을 증명한 이후에는 유망해 보이지 않는다. 우선 첫 번째 이유는 연구를 강하게 규제하는 미국이나 다른 나라에서 생명의료 증강을 금지한다면 그것은 틀림없이 다른 곳으로 옮겨갈 것이기 때문이다. 그 결과는 증강을 방지하는 것이 아닐 것이고, 단지 통제되지 않는 증강만이 만연하게 될 것이다. 또 다른 이유로는 자유와 개선을 소중히 생각하는 민주주의 국가에서 증강을 전면적으로 금지하는 것을 정당화하기가 매우 어려울 것이기 때문이다. 우리는 역사적 증강, 즉 우리에게 보다 더 나은 삶을 제공하는 글을 읽고 쓸 줄 아는 능력, 컴퓨터, 제도의 발전 등을 기린다. 새로운 증강이 생명의료적 수단을 사용한다는 이유만으로 어떻게 새로운 증강을 금지할 수 있겠는가?

제한적으로 유전자 증강을 금지하는 것이 영구적인 금지를 의미한다면, 유전자 증강을 제한적으로 금지하는 것조차도 자의적인 것처럼 보인다. 당분간 인간에 대한 어떤 유전자 증강도 허용해서는 안 된다고 말할 수 있을지 모르겠지만 그것을 영원히 배제할 수는 없을 것이다. 만약 우리가 실험동물의 유전자 조작에 계속해서 더욱더 능숙해진다면, 그리고 우리 자신의 유전자 변형이 생존을 위해 또는 큰 이득을 얻기 위해 필수적인 것이라면 영구적인 금지는 정당화하기 힘들 것이다. 이러한 상황에서 정부가 이러한 기술의 사용을 금지하는 것은 올바른 것인가? 왜 우리는 정부가 우리에게 그와 같이 요구하는 것에 동의해야 하는가? 이에 대한 대답으로 유전자 증강은 비자연적이라는 것 또는 유전자 증강은 자연의 지혜 또는 진화의 장인 기술자를 방해한다는 것 또는 인간 생명체는 서로 매우 밀접하게 연결되어 있기 때문에 우리는 감당할 수 없는 피해를 동반하지 않고서는 생명체의 어떤 면도 전혀 변화시킬 수 없다는 것 등을 제시하는 건 해답일 리가 없다. 이제 우리는 이 모든 것이 말도 안 되는 것임을 알았다.

유전자 증강의 영구적인 금지에 대해 보다 납득할 만한 다른 이유가 있을지도 모른다. 그러한 이유 가운데 두 가지, 즉 유전자 증강 그리고 아마도 다른 종류의 증강들도 사회 부정의를 악화시킬 것이라는 우려와 증강을 추구하는 것은 나쁜 특성의 신호이며 우리의 특성을 더 악화시킬 것이라는 마이클 샌델의 비난을 5장과 6장에서 각각 숙고해볼 것이다. 현재로서는 단지 두 가지만을 강조하고자 한다. 첫째, 만약 금지하는 것의 이득이 엄청나지 않다면 금지는 현실적인 것 같지 않다. 노골적으로 말하자면 수요가 많은 곳에는 틀림없이 공급이 있을 것이라고 확신할 수 있다. 둘째, 모든 유전자 증강의 영구적인 금지법을 정당화하려는 시도는 적어도 자유와 우리의 더 나은 삶을 소중하게 생각하는 민주주의 국가에서는 매우 힘든 싸움이 될 것이고, 그래야만 한다. 우리가 질병을 예방할 유전자 변형에 대해 알면 알수록 우리는 실험동물의 유전자 증강을 더 잘 성취하게 될 것이고, 인간의 고가치 유전자 증강에 착수하기 위해 결국 우리는 더 잘 준비되어 있을 것이다. 만약 이러한 것들이 자연스럽게 진행되는 방식이라면 왜 우리가 유전자 증강을 영구적으로 금지해야 하는지 이해하기 어렵다. 금지와 관련된 문제는 우리가 다른 두 가지 대안을 고려해야만 할 만큼 충분히 심각하다.

사전 주의 원칙

사전 주의 원칙은 위험성을 감소하기 위한 유일한 주요 원칙이다. 어떤 사람들은 유전자 조작 음식을 반대할 때 이 원칙을 들먹인다. 어떤 사람들은 더 나아가서 실험용 쥐부터 인간에 이르기까지 그 어떤 유전자 조작도 금지해야 한다고 주장한다. 사전 주의 원칙에 대한 어떠한 공식적인 진술도 전혀 없기 때문에 그 원칙에 대해 평가하는 것은 어렵다. 하지만 현존하는 사전 주의 원칙에 대한 다양한 진술들은 애매모호할 뿐만 아니라 서로 모순되기까지 한다. 종종 이것은 (유전자 조작 식용작물처럼) 심각한 피해를 초래할지도 모르는 몇몇 새로운 활동에 참여하고자 하는 사람들에게 매우 강한 증명의 부담을 부여하는 것으로 이해되기도 한다. 이러한 발상은 그런 활동을 예방하고자 하거나, 그것이 초래할지도 모르는 피해를 줄이려고 조치를 취하고자 하는 사람들은 조치를 취하기 전에 그러한 활동이 피해를 초래할 개연성에 대한 충분한 과학적 근거가 있다는 것을 반드시 증명할 필요는 없다는 것이다. 더 강한 해석에 따르면 그러한 원칙은 그 활동에 참여하고자 하는 사람들에게 그들의 행동을 허가받기 전에 그것이 피해(또는 심각한 피해)를 초래하지 않을 것이라는 충분한 과학적 증거를 제시해야만 한다고 말하고 있다는 것이다.

모든 사전 주의 원칙의 형식에서 그 원칙이 이득은 고려하지 않고 단지 피해만을 고려한다는 것은 이상한 일이다. 실제로 그 원칙은 *새로운* 인간 활동이 초래할지도 모르는 피해만을 고려하는 것이지 모든 피해를 고려하는 것도 아니다. 우리가 지금 직면하고 있는 잠재적으로 가장 큰 피해 몇 가지에 대해서 생각해보자. 그 가운데 많은 것이 새로운 활동이 아닌 우리가 얼마 동안 참여했던 인간 활동의 결과이다. 지구온난화는 많은 것 가운데 일례에 불과하다. 누군가 온실가스를 줄이기 위한 새로운 기술을 제안했다고 가정해보자. 한 해석을 따르자면 사전 주의 원칙은 우리에게 새로운 기술이 심각한 피해를 초래할 개연성이 있다는 충분한 과학적 증거가 없다고 할지라도 그것이 심각한 피해를 초래할지도 모른다면 이러한 기술이 사용되는 것을 금지하는 조치를 취하는 것이 허용 가능하다고 말한다. 그러나 만약 이 기술이 더 큰 피해, 즉 산업혁명이 시작된 이래로 우리가 이미 취해온 조치에 의해서 초래될 피해를 방지하는 우리의 유일한 현실적인 희망이라면 어떠한가? 만약 우리가 그 새로운 기술이 지구온난화 문제를 해결할 것이라는 아주 충분한 증거를 가지고 있으며, 그 기술이 전혀 위험하지 않을 것이라는 철저한 증거는 아니더라도 충분한 증거를 가지고 있다면 어떠한가? 사전 주의 원칙은 기술을 묵살할 수 있는 권한을 부여한다. 이것은 극단적이고 위험하다.

  사전 주의 원칙을 승인하는 몇몇 사람은 우리 세계에 대한 어떤 상을 가지고 있기 때문에 그렇게 한다. 그들에게 사물들은 당연히 조화롭다. 유전자가 조작된 농작물이나 유전적으로 증강된 인간의 능력과 마찬가지로 새로운 인간 활동은 사물의 조화를 깨뜨릴 것만 같다. 그들은 새로운 인간 활동이 진정한 위협이라고 가정한다. 그러나 지구온난화에 기여하는 인간 활동은 어떠한가? 이러한 인간 활동은 새로운 것이 아니다. 새로운 기술이 피해를 초래하지 않을 것이라는 과학적 확실성을 증명할 수 없기 때문에 현존하는 기술이 초래해온 문제를 해결할 수 있는 새로운 기술을 가지고 개입해서는 안 된다고 말하는 것은 비합리적인 것처럼 보인다. 진정한 물음은 새로운 기술이 수용 가능할 만한 위험성을 초래할 것인가의 여부여야만 한다. 만약에 막으려고 계획한 피해보다 피해가 더 크다면, 그리고 확실히 지구온난화의 경우에서는 그렇기도 하지만, 우리는 더 큰 위험을 감내해야만 할 것이다. 우리가 사전 주의 원칙을 따른다면 이미 초래한 문제를 수정할 수 없을 것이다. 우리는 우리가 이미 흐트러뜨린 균형을 회복할 수 없을 것이다. 이것은 아주 비합리적이다.

영악한 환경철학자 스티븐 가드너(Stephen Gardiner)는 사전 주의 원칙을 보다 합리적으로 보이게 만드는 해석 방법 한 가지를 제안했다. 그는 우리가 사전 주의 원칙을 기술이나 환경 규제를 수반하는 정책 선택에 적용되는 결정 이론으로부터 도출된 원칙이라고 간주할 수 있다고 주장한다.

문제의 결정 규칙은 최소 극대화의 원칙(Maximin Principle)이라고 불린다. "최소 극대화(Maximin)"는 "최소한의 수익을 극대화한다(Maximize the minimum payoff)"는 말의 약자이다. 여기에 핵심이 있다. 우리가 단지 두 개의 선택지만 가지고 있다고 가정해보자. A라는 선택지는 지역의 실험극 극장에 가는 것이다. B라는 선택지는 비록 〈더 와이어(The Wire)〉라는 드라마만큼 좋지는 않더라도 좋아하는 HBO[17]의 드라마를 집에서 시청하는 것이다. 집에 머무를 때 생길 수 있는 가장 나쁜 결과는 그날 밤에 방영되는 방영분이 이 시리즈의 평균 방영분만큼 재미있지 않은, 다소 수준 이하라는 것뿐이다. 그 결과는 그다지 나쁘지 않다. 왜냐하면 그 드라마의 명성은 여전하고 상당히 좋은 시리즈물이기 때문이다. 연극을 보러 갔을 때 가장 나쁜 결과는 정말로 암울할 것이다. 즉, 미적 경험을 전혀 할 수 없다는 사실은 정말로 나쁜 실험극만큼이나 지극히 고통스럽다. 최소 극대화의 원칙은 우리에게 집에 있을 것을 권유한다. 즉, 최악의 결과에서

---

[17] 미국의 영화·스포츠 전문 케이블 TV 방송망. Home Box Office의 약어.

최소한의 나쁜 결과를 갖는 선택을 하라고 한다.

 최소 극대화의 원칙을 기분전환을 위한 오락의 선택에 적용하는 경우에 어떤 선택이든 최선의 결과를 고려하지 않고, 단지 최악의 결과만을 고려한다는 데 주목해보자. 실험극 극장의 경우, 최선의 결과는 아주 멋질 수 있을 것이다. 새롭고 흥미로운 작품의 초연을 목격하게 되는지도 모른다. 케이블 텔레비전 드라마를 시청함으로써 생기게 될 최선의 결과는 좋은 드라마 여러 편 가운데 더 나은 한 편일 테지만 특별할 것은 전혀 없다.

 우리가 결정을 내리는 데 있어서 최악의 결과를 고려해야 하듯이 최선의 결과도 고려해야만 하는 것 아닌가? 당연히 우리가 그렇게 해야만 한다는 게 그 해답이다. 우리가 비굴하게 두려워하지만 않는다면 말이다. 최소 극대화의 원칙은 최악의 결과를 피하는 것에 글자 그대로 집착해서 이득에 대해 전혀 아무런 관심도 갖지 않을 때만 의미가 있다. 결정 이론의 말을 빌자면 최소 극대화의 원칙은 위험을 끝없이 혐오하는 사람들을 위한 것이다.

 최소 극대화의 원칙에는 또 다른 한계가 있다. 이것은 위험한 상황에서 결정할 때가 아니라 불확실한 상황에서 결정할 때에 해당한다. 위험에 처한 상황에서 결정할 때는 다양한 선택의 가능한 결과가 무엇인지를 알고, (개연성이 0보다 크고 1보다 작은, 즉 아주 명백한 것인 곳에서) 발생할 어느 정도의 개연성을 생각할 수 있다. 하지만 불확실한 상황에서 결정할 때는 아무것도 알지 못한다는 사실이 망연자실하게 만든다. 즉, 가능한 결과의 개연성을 전혀 알 수가 없다.

 만약 결과의 개연성을 안다면, 즉 불확실한 상황에서가 아니라 위험한 상황에서 결정을 했다면, 각각의 선택에서 기대된 수익을 간단하게 계산할 수 있을 것이다. 결과의 각각의 개연성을 그 결과에 대한 이익의 규모에 곱함으로써 이것을 계산할 수 있을 것이다(만약 그 결과가 실현된다면, 얻게 될 순이익은 그 이익에서 비용을 제외하는 것이다). 그렇다면 가장 큰 수익이 기대되는 선택만을 하게 될 것이다.

결정 이론으로의 이러한 외도의 교훈은 사전 주의 원칙을 유전자 조작 식품이나 인간의 유전자 증강과 같은 것에 대한 정책을 선택하는 데 적용하는 최소 극대화의 원칙으로 생각한다면, 그것은 두 가지 매우 힘든 조건이 충족될 때만 의미가 있다는 것이다. 첫째, 기술이 가능하게 할 이득에는 전혀 신경을 써서는 안 되고, 이 기술을 사용했을 때 발생할지도 모르는 가장 나쁜 시나리오를 피하는 데에만 관심을 가져야 한다. 둘째, 기술을 사용하는 효과가 얼마나 그럴듯한지에 대해서 거의 무지해야 한다.

이 두 가지 조건 가운데 어느 하나도 유전자 증강의 어떤 경우에도 충족되지 않는다. 우리는 피해뿐만 아니라 이득에도 관심이 있다. 몇몇 유전자 증강은 현재 상태와 관련하여 우리의 상황을 증강하기 위해서 또는 현재 상태를 보전하는 데 도움이 되기 위해서 아주 가치가 있을지도 모른다. 그리고 우리는 완전한 무지의 상태에 있지 않다. 우리는 생물학적으로 우리와 매우 유사한 동물들을 통해서 유전자 변형의 효과에 대해 상당히 많이 알게 되었다. 실제로 과학자들은 이미 쥐를 가지고 수많은 유전자 증강을 성취하는 데 성공했다. 유전자를 주입함으로써 쥐는 훨씬 더 강해지고, 육체적인 임무 수행을 위한 더 많은 에너지가 쥐에게 공급되며, 미로를 찾는 지성이 훨씬 더 증강된다. 쥐-증강의 진행이 얼마나 빨리 발생하는가를 사고하기 위해서, "앤더스의 10위 안에 드는 유전자 증강"이라는 앤더스 샌드버그(Anders Sandberg)의 웹사이트를 참고해보자. 샌드버그는 이 사이트에 새로운 정보를 끊임없이 갱신한다. (샌드버그는 옥스퍼드의 유하이로[Uehiro] 실용윤리센터에서 일하고 있는 철학자, 신경과학자, 미래학자, 수학자 겸 컴퓨터 그래픽 예술가로 다방면의 천재이다.) 앤더스의 목록을 잠깐 들여다보면 그 목록은 차기 쥐의 미래는 차기 인간의 미래보다 상당히 앞서 도래할 것이고, 그것도 괜찮은 것이라고 암시하고 있다. 그들을 위험성-선구자가 되게 하자. 우리는 상당수의 유전자를 쥐와 공통적으로 공유한다.

그래서 쥐의 유전자 증강 결과에 대한 우리의 지식이 성장하는 만큼 우리는 최소 극대화의 원칙의 영향권으로부터 더 멀어진다.

또한 우리는 인간 안에서 얼마나 다양한 유전자가 작동하고 있는지에 대한 보다 더 직접적이고 본질적이며, 계속해서 증가하는 많은 지식이 있다. 이러한 지식 가운데 어떤 것은 우리가 몇몇 인간에게서 해당 유전자가 부족할 때 어떤 일이 발생하는지를 살펴봄으로써 얻어진다. 어떤 것은 특정한 유전자 변형이 표현형을 통해 드러나는 결과를 관찰함으로써 얻어진다. 많은 특정한 유전자 변형의 경우에서 우리는 이미 그 결과를 합리적인 개연성 평가로 활용하기 위한 기반을 가지고 있고, 이러한 지식은 시간이 흐르면서 더 증가하게 될 것이다.

그렇다고 이것이 현재 인간의 유전자 증강을 추진할 만한 충분한 지식이 있다는 것을 의미하는 것은 아니다. 하지만 이것은 거의 완전히 무지한 상태가 만족스러운 것은 아니며, 하루하루가 지나면서 무지는 옛일이 된다는 것을 의미한다. 우리는 거의 완전히 무지한 상태에 있지도 않고, 단순히 최악의 피해만을 피하는 것이 아니라 이득에도 관심을 갖기 때문에 최소 극대화의 원칙으로 설명되는 사전 주의 원칙을 거부해야만 한다. 사전 주의 원칙은 유전자 증강의 위험성을 평가하는 데 좋은 지침이 아니다.

사전 주의 원칙은 기술을 선택하는 데 있어서 위험성을 감소하기 위한 유일한 주요 원칙의 가장 유명한 예이다. 고려해볼 만한 가치가 있는 다른 것들이 있을 수도 있겠지만 나에게는 그 어떤 것도 떠오르지 않는다. 내가 그러한 원칙을 간과했을지도 모른다고 심각하게 걱정하지 않는다. 왜냐하면 그러한 유일한 주요 원칙이 실현되기에는 지나치게 훌륭하다고 의심하기 때문이다. 위험성-감소를 위한 마법의 해결책이 있다고 생각할 만한 이유가 전혀 없다는 것을 알고 있다.

우리는 모든 증강을 또는 모든 유전자 증강을 모두 하나로 묶으려 하지 않는 보다 세밀한 접근이 필요하다. 우리는 하나의 유일한 원칙이 아니라 일련의 위험성-감소 원칙이 필요할 것이다. 그러한 원칙들은 지식의 정도와 증강이 적용되는 각각의 상황에 따라 변화하는 지식의 변화 방식을 고려해야만 하고, 지식이 빠르게 증가하고 있다는 사실을 반영해야만 하며, 유전자 증강이 인간 발달 과정 초기의 개입이라는 사실에 중점을 두어야만 한다. 이것은 그러한 원칙이 발달 과정을 망쳐놓는 위험성을 줄이는 방법에 대해 중점을 두어야만 한다는 것을 의미한다. 그러기 위해서 사전 주의 원칙은 어떻게 그 과정이 작동하는지 이해시킬 만한 최고의 과학 지식에 의해 밝혀져야만 할 것이다. 결국 그러한 원칙은 우리가 실수할 경우에 생길지도 모르는 피해를 제한하는 데 도움이 되어야 한다. 다음에서 이러한 기준을 만족시키는 일련의 원칙에 대해서 살펴보도록 하자.

위험성-감소 경험 법칙

앞으로 살펴보게 될 원칙들은 저명한 철학자 존 롤스(John Rawls)가 "합산 원칙들(counting principles)"이라고 명명한 것이다. 이러한 원칙들의 발상은 만족스러운 원칙들이 더 많아질수록 그러한 원칙들의 각각의 원칙도 더 만족스러워지고, 의도하지 않은 나쁜 결과의 위험성을 줄이려는 노력을 위한 토대가 공고해졌다는 사실을 더 확신하게 된다는 것이다. 이러한 원칙들은 위험성을 제거하기 위해 실수를 방지하는 방법으로 고안된 것들이 아니다. 어쨌든 우리는 그러한 원칙들을 갈망해서는 안 된다는 점을 알았다. 그러한 원칙들은 아주 특별한 임무, 즉 유전자 증강의 경우에 의도하지 않은 나쁜 생물학적 결과의 위험성 감소를 위해 고안되었다는 점을 상기해두자. 그러나 이 원칙들은 일반적으로 유전자 조작에 대해 적절하다. 이 원칙들은 조작이 일반적인 능력 증강이나 질병 예방을 의도했는지와 상관없이 의미가 있다. 각각의 경우에서 우리가 우려해야 할 것은 배아가 발달하기 시작하는 과정을 방해할 유전자에 부지불식간에 무언가를 하는 것이다. 이것이 바로 생물학자가 *개체발생적 인과관계*라고 부르는, 생명체의 발달이 전개됨으로써 발생하는 원인과 결과의 연결고리에 그것들이 집중하는 이유이다. 인과관계는 개체발생, 즉 그 발달 과정에 대한 일반적인 사실에 의존하기 때문에 인간뿐만 아니라 다른 생명체에도 적용되는 용어로 진술할 수 있다.

1. 개입은 개체발생의 보다 얕은 깊이에 위치하는 유전자, 물과 관련된 다른 비유를 사용해보면 계단식으로 발달하는 폭포에서 더 아래쪽 하류로의 연결을 끊는 유전자를 목표로 한다. 거의 초기에 가까운 "상류"에서 진행되는 유전자 작업의 경우에 잘못된 결과가 더 나쁜 영향을 미칠 것이기 때문에 이것은 의미가 있다. 상류의 오류는 폭포 효과를 동반하고, 다른 것들도 이와 똑같다면 우리는 상류의 개입을 피해야만 한다.

2. 만약 개입이 성공적이라면 그 개입은 해당 특성의 현재 정상적인 분배의 상한선을 넘어서는 증강을 생산하지 않을 것이다. 그 특성을 지능검사로 측정되는 지능이라고 가정해보자. 이미 몇몇 사람은 지능지수 140이고, 140의 지능이 잘 작동하고 있는 것처럼 보인다면 우리는 보다 안전한 근거에서 그동안 아무도 도달하지 못했던 지능지수 240인 개인이 되도록 유전자를 변화시키기보다는 지능지수 120이었을 사람을 지능지수 140이 되도록 유전적으로 변화시킬 것이다. 우리는 일반 영역의 극단적 상황을 넘자마자 유례없는 대혼란에 빠지게 될 것이다. 그래서 다른 것들도 이와 마찬가지라면 현재 일반 영역 안에 머무르는 것이 더 안전할 것이다. 이러한 원칙을 경험 법칙으로 활용하는 것은 극단적인 경우에서 예외를 허용하는 것과 양립할 수 있다. 몇몇 보통 이상의 이득은 매우 중요해서 추구할 만한 가치가 있다. 예를 들어, 노년이 황폐해지는 위험성을 감소하거나 발생할 전염병을 막기 위해

서 훨씬 더 효과적으로 면역 체계를 조작할 필요가 있다면, 이것이 바로 그런 경우일 것이다. 현재 일반적인 영역의 첨단을 넘어서는 증강이 합리적일 수 있는 또 다른 예는 현재 우리에게 주어진 한계에서 아주 다루기 힘들어 보이는 문제를 해결하는 데 도움이 되는 인지 증강일 것이다.

3. 개입의 영향은 생명체에 한정된다. 이것은 중요하지만, 우리 같은 포유류의 경우에 상대적으로 성취되기 쉽다. 유전자 조작 농작물에 대한 가장 큰 걱정거리 가운데 하나는 조작된 종자가 시험 지역으로부터 벗어날 수 있다는 것이다. 다행스럽게도 인간의 정자나 난자 그리고 배아는 그렇지 않다. 이것들은 바람에 의해 이리저리 날리지도 않고, 지나다니는 동물의 털이나 새의 소화기관에 편승해 이동할 수도 없다. 이미 언급한 바와 같이 우리는 유전자의 스위치를 끌 수 있는 기술도, 특별한 화학물질로 그 스위치를 켜기 위해서 유전자를 처리하는 기술도 이미 가지고 있다. 그래서 우리는 나쁜 영향이 미래 세대로 전해지는 것을 막기 위한 훌륭한 억제 기술을 발전시키는 방향으로 이미 나아가고 있다. (유전자가 전해지는지의 여부는 일반적으로 문제가 되지 않는다는 것을 상기해두자. 그러므로 중요한 것은 유전자 발현의 결과이다.) 이 지침도 우선 몇몇 개인에 한정된 유전자 증강의 소규모 적용에 명백하게 찬성의 의사를 표명한다.

4. 개입의 결과는 생명체 내에 구획된 채로 머문다. 달리 말하자면 개입은 매우 단위화된 체계 또는 하부 체계를 변형한다. 이것은 의도하지 않은 부작용의 가능성을 감소시킨다.

5. 개입의 결과는 돌이킬 수 있다. 만약 이 조건이 충족된다면 계속 진행되는 피해는 막을 수 있을 것이다. 의도하지 않은 나쁜 결과는 수없이 다양한 방식으로 돌이킬 수 있다. 그 가운데 유전자 발현 결과에 대처하기 위한 약물이나, 우선 무엇보다도 유전자 발현을 중지하는 약물은

가장 분명한 두 가지 방식이다.

6. 개입은 주요한 형태학적인 변화, 즉 생명체의 기본적인 설계와 형태에서 큰 변이를 초래해서는 안 된다. *생명체는 촘촘한 그물망 같지 않으며, 게다가 레고나 미스터 포테이토 헤드[18] 같지도 않다.* 우리는 생명체의 기본 구조에 변화를 일으킬 것 같은 유전자 변이는 피해야 한다.

7. 만약 유전자 변이의 목표가 몇몇 바람직하지 않은 특성을 제거하는 것이라면 생명체의 삶에서 그러한 특성의 인과적인 역할 *그리고* 그러한 특성을 제거하기 위해 변화된 유전자의 기능, 이 두 가지 모두 잘 이해되어야만 한다. 여기서 이러한 발상은 그것들의 기저를 이루는 특성과 유전자, 이 두 가지 모두가 복합적인 역할을 수행할 수 있다는 것이다. 우리는 빈대 한 마리 잡으려다가 초가삼간을 태우는 어리석음, 즉 유전자가 나쁜 특성으로 작용하기 때문에 그 유전자를 제거하지만 그 유전자가 좋은 특성에도 중요한 기여를 한다는 것을 알아채는 데 실패하거나, "나쁜" 특성이 어떤 점에서는 나쁘지만 다른 점에서는 가치가 있다는 것을 알아채는 데 실패하는 것 따위의 어리석음을 범하지 않고자 한다.

이 목록들은 완전하지 않다. 시작으로서는 충분히 훌륭하지만 더 정교하게 다듬어져야 하고 보충되어야 할 필요가 있다. 나의 주된 목적은 위험성-감소에 대한 보다 정교한 접근이 어떤 것일지 보여주는 것이다. 더불어 더 풍성한 논의가 활발하게 촉진되기를 바란다. 의도하지 않은 결과의 문제에 대한 극단적이고 동일하게 도움이 되지 않는 두 가지 대처, 즉 한편으론 우리가 장인 기술자의 작품을 파괴하거나 촘촘한 그물망을 풀어놓을 것이기 때문에 어떤 유전자 증강도 절대 이행해서는 안 된다고 선언

---

[18] 다양한 플라스틱 부품으로 구성된 미국 장난감.

하는 것, 그리고 다른 한편으론 예상 밖의 변화가 의미하는 것이 무엇인지 어떤 구체적인 설명도 없이 예상 밖의 변화 때문에 조심스러운 진행에 대해서 불평하는 것, 이 두 가지 모두를 이제 넘어설 때이다.

　이러한 위험성-감소 경험 법칙은 지식에 민감한 장점이 있다. 이 법칙은 유전자 증강에 대한 신중한 선택을 하기 위해 알 필요가 있는 것에 집중하고, 지식의 진보에 여지를 만들어준다. 실제로 이 법칙은 우리가 어떤 지식을 얻고자 하는지에 대한 지침도 제공한다. 좀 더 명확하게는 이 법칙은 우리의 관심을 유전자 증강이나 다른 종류의 유전자 변이, 즉 배아로 시작하는 발달 과정, 발생학에 수반된 인과관계에서 중요한 것이 무엇인지에 집중시킨다.

　이런 점에서 우리는 인간의 유전자 증강에 대한 소규모의 실험조차 시도할 수 없을 정도로 지식이 모자라다. 우리는 중요한 인과관계에 대해서 충분히 알고 있지 못하다. 위와 같은 규칙들은 인과관계에 중점을 두고 있기 때문에 위 목록에 열거된 일곱 가지 법칙들은 우리가 그것에 직면하도록 한다. 하지만 동시에 이런 법칙들은 우리의 지식이 성장하고 있다는 사실과 언젠가는 우리가 책임질 수 있는 유전자 증강을 이행할 위치에 서 있을 수도 있다는 사실을 고려해서 고안되었다.

결론

　이 장의 목표는 아주 무던한 것이었다. 우리가 어떤 생명의료 증강에 착수해야 한다는 논거의 정당함을 입증하려고 하지도 않았고, 유전공학적으로 변형된 인간 배아로 갑작스럽게 진입해야 한다는 논거의 정당함을 입증하려고 한 것은 더군다나 아니었다. 주로 생명의료 증강과 관련된 의도하지 않은 나쁜 결과의 위험에 대해 우리가 어떻게 생각하는 경향이 있는지에 대한 몇 가지 혼란을 명확하게 하려고 노력했다. 상당수의 혼란은 장인 기술자의 비유, 촘촘한 그물망의 비유 등과 같은 잘못된 비유에서 기인한다. 이러한 비유들은 다윈 혁명 이후에 생물학에 대해 알게 된 것들에 부합하지 않는다는 것이 문제다. 만약 우리가 우리 자신과 자연에 대해서 다윈이 등장하기 전에 사람들이 했던 방식으로 계속해서 생각한다면, 우리는 증강의 위험성에 대한 왜곡된 시각을 갖게 될 것이다. 더불어 우리는 모든 유전자 증강이, 그리고 아마도 다른 생명의료 증강 역시, 너무 위험하다는 성급한 결론을 내리게 될 것이다. 여기서 또 다른 혼란은 이른바 유전자 변이의 불가역성과 관련이 있다. 유전자 변이가 돌이킬 수 없는 것인지의 여부는 중요하지 않다. 중요한 것은 그러한 변이의 결과를 피할 수 있는지의 여부이다. 우리는 유전자를 차단함으로써 또는 그러한 결과에 대처함으로써 변경 불가능한 자기 복제의 오류를 범하지 않을 방법을 이미 알고 있다.

    이 장과 그 이전 장에서 다음 세대로 전해질 유전자를 변화시키는 것을 수반하는 생명의료 증강에 대해 상당히 많은 것을 언급했다. 그러나 몇몇 가장 가치 있는 생명의료 증강은 유전자 조작을 수반하지 않을 수도 있다는 점을 기억해두는 것은 매우 중요하다. 이것은 명심해둘 만한 가치가 있다. 왜냐하면 유전자 증강이 최소한 가까운 장래에까지 너무 위험하다고 해도 생명의료 증강을 논의에서 아예 제외해야 한다는 결론이 뒤따르지 않기 때문이다. 최근 생물학에서 가장 흥미로운 발전 가운데 하나가 후성유전학 분야인데, 이것은 태아가 발달하는 자궁의 환경을 포함한 환경에서 화학물질이 유전자의 발현을 변화시킬 수 있는지에 대한 방법을 연구하는 것이다. 샤론 모알렘 박사가 언급한 것처럼 이제 유전자가 엄격한 청사진이 아니라는 것을 알고 있다. 유전자를 변화시키지 않고 그것의 발현을 수정할 수 있으며, 이전에 생각했던 새로운 특성을 창조해내는 것은 유전공학의 보다 급진적인 기술에 의해서만 이루어질 수 있을 것이다. 그렇기 때문에 우리가 유전자 증강에 대해 심각한 의구심을 가진다고 할지라도 다른 양식의 증강에 대해서는 여전히 개방적 자세를 취해야 할 것이다. 인간 유전자의 광범위한 증강은 적어도 오랫동안은 발생하지 않을 것 같은 예감이 든다.

이 장에서 진화에 대한 사실에 집중하는 것이 얼마나 중요한지 재차 강조했다. 이것은 다음의 두 가지 이유에서 절대적으로 필요하다. 첫째, 그것은 우리가 얼마나 불완전한지, 그리고 우리가 증강을 시도하지 않는다면 모든 것이 그저 괜찮을 것이라고 가정하는 것이 얼마나 잘못된 것인지를 바로 보여준다. 둘째, 그것은 생명의료 증강의 위험성을 평가하는 합리적인 접근을 전개하기 위한 그리고 그러한 위험성을 줄이려는 합리적인 조치를 취하기 위한 지침을 제시한다.

마지막 주의사항을 정리해보자. 나는 증강을 목적으로 하는 의도적인 유전자 변이를 그것이 인간의 삶을 개선하거나 지속하기 위한 도구나 기술로 간주될 때 평소대로 일반적인 진화와 비교했을 뿐이다. 나는 의도하지 않은 유전자 변이가 몇 가지 측면에서 결함이 있는 도구, 즉 우리 삶을 더 낫게 하고 심지어 현재 우리의 행복 수준을 지속하기 위한 장치로서 그것의 유효성과 효율성에 심각한 제한이 있는 도구라고 논증했다. 또한 원칙적으로 의도한 유전자 변이가 그 소임을 더 잘할 수 있다고 논증했다. 이러한 논증은 모두 의도한 유전자 변이에 반대하는 일반적인 편견에 맞서기 위한 것이었다. 여기서 이러한 일반적인 편견이라 함은 늘 그렇듯이 진화에 대한 지나친 장밋빛 이해와 완전히 잘못된 이해에 기반을 둔 부정적인 태도를 의미한다.

"원칙적으로"라는 말은 아무리 강조해도 지나치지 않다. 의도한 유전자 변이가 더 나은 도구일지라도 이로부터 그 도구를 사용해야만 한다는 결론이 도출되는 것은 아니다. 어쨌든 사용자의 잘못 같은 것이 있게 마련이다. 의도한 유전자 변이가 우리 삶을 더 나아지게 할 잠재성이나, 우리가 생존의 위험에 직면해서 그 위험에서 지켜줄 잠재성을 가지고 있다고 할지라도 우리가 이러한 도구를 안전하게 사용할 수 없을지도 모른다. 우리가 현재 그것을 인간에게 안전하게 사용할 수 없다고 확신한다. 내 주장의 핵심은 이러한 도구의 엄청난 잠재성을 고려해볼 때 우리가 그것을 영원히 제거하기보다는 안전하게 사용할 방법에 대해서 면밀하게 검토해야만 한다는 것이다. 의도한 유전자 변이를 (적어도 당분간은) 삼가는 이유는 대자연의 무과실성이 아니라, 우리 자신의 그릇되기 쉬움 때문이다.

이 장에서는 유전자 증강을 통해 부지불식간에 초래할 수도 있는 생물학적인 피해에만 중점을 두었다. 다음 두 장에서는 다른 우려에 대해서 다루게 될 것이다.

5장

부자가 생물학적으로도 더 부유해질까?

미셸과 카를로스를 다시 한번 떠올려보자. 그들은 성인이 되었고, 서로 다른 길을 가고 있다. 미셸은 심리적으로 리탈린에 의존하게 되었다. 그녀는 리탈린 없이는 제대로 사고할 수 없다고 확신하게 되었다. 그녀가 리탈린을 복용하지 않았을 때 자신감 결여는 집중력을 저하시켰고, 이것은 리탈린을 복용해야 한다는 신념을 더 강화했다. 그녀는 약물에 중독된 느낌을 혐오했다. 그래서 마침내 한순간에 리탈린 복용을 완전히 중지했다. 미셸의 리탈린 복용 경험은 전반적인 생명의료 증강에 대한 미셸의 열의를 완전히 잠재웠다.

카를로스는 이와 정반대로 나아갔다. 그는 대학 졸업 후 아버지와 사업을 시작했지만, 5년 후 법학전문대학원에 가기로 결심했다. 그는 건강상의 이유로 담배를 끊기는 했지만, 따분한 사례들을 힘들게 읽으면서 집중력을 지속하기에 카페인으로는 부족하다고 생각했다. 그래서 그는 2015년에 처음으로 미국 식품의약국이 승인한 증강 약물을 복용하기 시작했다.

미셸이 복용했던 증강 약물과는 달리 카를로스의 증강 약물은 떳떳한 것이었고, 그는 그 효능에 매우 만족했다. 그는 법인 고문 변호사가 되었다. 미셸은 약물중독 치료를 전문으로 하는 사회복지사가 되었다. 카를로스가 부자가 된 반면에 미셸은 그렇지 못했다.

비디오테이프처럼 빠르게 감기 버튼을 눌러 한 세대를 앞으로 돌려보자. 얄궂은 운명의 장난으로 미셸의 딸과 카를로스의 아들이 대기업의 중간 관리직 한 자리를 놓고 경합하고 있다. 결국 카를로스의 아들이 그 자리를 차지한다. 미셸의 딸은 인사과에 근무하는 친구를 통해 카를로스의 아들이 고객의 개인 유전자 정보에 따라 증강 약물 복합제를 맞춤으로 제공하는 바이오부스트(Bioboost)라는 주식회사로부터 "증강 증명서"를 발급받아 지원서에 첨부함으로써 그 자리를 얻었다는 사실을 알아낸다. 바이오부스트의 광고에 따르면, 자사 상품의 혜택으로 사람들은 더 똑똑해지고, 우울증에 덜 걸리며, 병으로 근무시간에 자리를 비울 일이 훨씬 적을 거라고 광고한다.

과학 공동체의 몇몇 사람은 바이오부스트의 마케팅 전략이 상품 효과를 과장하고 있다고 생각한다. 대기업들은 이러한 사실을 잘 알고 있지만 다른 조건이 동일할 때 바이오부스트의 고객들이 경쟁에서 우위를 점할 거라는 충분한 증거가 있다고 생각한다. 그래서 다른 조건들이 모두 동일한 상태였던 미셸의 딸과 카를로스의 아들의 경우 한쪽이 바이오부스트사의 고객이라는 점은 결정적인 승부수로 작용했다.

미셸의 딸이 불평할 근거가 있는가? 그녀는 고용 차별의 희생양인가? 생명의료 증강을 사용하는 사람들이 더 많은 경제적 보상 받는 것은 잘못인가? 그러한 증강이 지나치게 비싸다는 것이 문제가 되는가? 능력을 증강시키는 약물을 복용한 경쟁자에게 진 "약물을 복용하지 않은 깨끗한" 선수의 곤경과 그녀의 곤경이 동일한 것인가?

미셸의 딸은 (어머니가 사회복지사이기 때문에) 바이오부스트의 혜택을 누릴 만한 경제적 여유가 없었을지도 모른다. 하지만 그녀가 그런 혜택을 누릴 만한 경제적 여유가 있었다고 할지라도 이러한 특정한 증강이나 전반적인 증강에 대한 양심의 가책을 느꼈을 수도 있다. (그녀의 어머니가 이전에 증강 약물에 대한 나쁜 경험을 했었다는 사실을 고려해보면 이러한 추측은 그리 놀랄 만한 일이 아니다.) 증강에 대한 의구심으로 인해 그녀가 경제적으로 부당한 처우를 받아야만 하는가? 아마 카를로스의 아들도 양심의 가책을 느꼈을 것이다. 왜냐하면 그 자리를 얻고 싶은 욕구가 자신의 양심을 눌렀을지도 모르기' 때문이다.

카를로스의 아들은 문제될 것이 없다고 말한다. 하지만 만약 바이오부스트 꾸러미가 너무 비싸서 몇몇 다른 적임자 후보들이 그것을 누릴 만한 여유가 안 된다면 어떠한가? 이것은 명문 대학과 법학전문대학원의 등록금에도 적용된다. 그렇다, 부모가 부자이기 때문에 그가 바이오부스트의 혜택을 누릴 수 있었다는 것은 사실이다. 그렇다, 이러한 사실은 바이오부스트의 혜택을 통해 얻은 이익을 그가 누릴 만한 자격이 없다는 것을 의미한다. 이 이익은 노력 없이 얻은 것이다. 하지만 이러한 사실은 그가 바이오부스트를 복용하지 않더라도 여전히 가지고 있을 평균 이상의 지능지수에도 동일하게 적용된다. 그는 자신의 평균 이상의 지능지수도 노력하지 않고 얻었다. 지능지수는 개인의 통제를 넘어서 대체로 유전적, 환경적 요소의 결과로 삶에서 상당히 일찍 형성된다. 그렇다면 무엇이 문제인가? 왜 노력 없이 얻어지는 이익으로 증강 약물을 지목하는가? 삶은 노력 없이 얻어지는 이익으로 점철되어 있다.

미셸의 딸은 자신이 정말로 원하던 직업을 바이오부스트에 빼앗기고 나서 공정성의 문제에 관심을 갖게 되었다. 그녀는 "그래, 인생이 노력 없이 얻어지는 혜택들로 가득하다는 건 사실이야"라고 말한다. "그렇다고 해서 지금보다 더 나빠질 이유는 전혀 없잖아. 부정의가 이미 존재한다는 사실이 새로운 부정의를 정당화해줄 리 없잖아. 불공정함을 부추길 기술을 개발해서는 안 돼. 운동선수들이 능력 증강 약물을 사용해 부정행위를 저질렀는지 알아보기 위해서 소변검사를 하잖아. 이와 같은 것을 취업 지원자들에게도 똑같이 적용해야 해."

카를로스의 아들과 미셸의 딸 둘 다 모두 틀렸다. 미셸의 딸이 말한 이유를 생각해보면 카를로스의 아들은 틀렸다. 즉, 불공평한 이득이 이미 존재한다는 사실이 새로운 불공평한 이득을 용인해야 함을 정당화하지 않기 때문이다. 어떤 불공평한 이득은 절대로 용인되어서는 안 된다. 이것이 아무리 부모가 자녀들의 의무교육을 시킬 만한 경제적 여유가 없다고 할지라도 모든 아이가 의무교육을 받아야만 한다는 사실을 분명하게 뒷받침하는 근거이다. 또한 이것이 부모가 자녀들의 심각한 선천성 고관절 기형이나 내반족[19]을 교정할 만한 경제적인 여유가 없을 때 우리가 그것을 지불해야만 하는 이유이기도 하다. 그러나 미셸의 딸이 노력 없이 얻어지는 이득을 기술이 초래할 것이라는 단순한 사실이 기술의 발전을 막을 만큼 충분한 이유라고 주장하는 것도 잘못이다. 그녀는 우리가 생명의료 증강을 막을 수 있을 거라고 가정할 만큼 순진하다. 게다가 더 엄청난 실수를 하고 있다. 즉, 노력 없이 얻어지는 모든 이득이 부정의하다고 생각하고 있다는 것이다. 우연이라는 것이 한몫하는 세상이라면 어디에나 노력 없이 얻어지는 이득이 존재할 것이다.

빠르게 3세대 이상이 지나간 후를 생각해보자. 몇몇 취업 지원자는 유전자 증강 증명서를 갖고 있는 반면에 몇몇은 갖고 있지 않다. 유전자 증강 증명서는 한 개인이 바람직한 특성을 가지게 될 개연성을 증가시키는 유전자를 주입함으로써 자신으로 성장한 배아가 증강을 위해 조작되었다는 사실을 인증한다. 이 상황은 영화 〈가타카(Gattaca)〉에서 묘사된 상황과는 사뭇 다르다. 요컨대 다양한 직업군에서 증강되지 않은 사람들을 배제

---

[19] 발바닥이 안쪽을 향한 위치에서 굳어버린 상태. 가장 대표적인 내반족으로는 선천성 내반족이 있다.

하는 공식적인 사회정책은 절대 존재하지 않는다. 그럼에도 불구하고 일부 사설 고용주가 적어도 동일한 상황에서 누군가를 선택할 때 결정적인 요소로서 유전자 증강을 선호하는 경향은 뚜렷하다. 유전적으로 증강된 사람은 다른 종이 아니며, 미래의 부모가 자신의 아이들을 "고안"하는 것도 가능하지 않다. (우리 유전자는 현재 우리의 모습을 이루는 것의 단지 일부일 뿐이고, 우리는 배아의 유전자형을 고안할 수는 있지만 아이들을 고안할 수는 없다는 점을 유념해두자.) 하지만 부모가 유전자 증강을 선택한다면 그들의 아이들은 평균 이상의 지능지수를 가지게 될 것이고, 병치레하는 일수도 더 적을 것이고, 우울증을 포함한 심리적인 문제로부터 보다 자유로울 것이다. 또한 유전적으로 증강된 사람들은 보다 오래 사는 경향성도 띠게 될 것이다.

우리가 이러한 가능성을 더 곰곰이 생각하기 전에 요점을 다시 한번 짚어보자. 우리는 이미 몇몇 사람은 증강되었고, 몇몇은 그렇지 않은 세상에서 살고 있다. 부유한 국가에 태어난 대부분의 아이들이 "개발도상" 국가에 태어난 대부분의 아이들보다 지능지수가 더 높고, 덜 아프고, 심리적인 문제가 더 적으며, 훨씬 더 오래 산다. 이것은 "개발도상" 국가에만 적용되는 것이 아니라, 사람들에게도 마찬가지이다. 어떤 사람들은 자주 임신 기간 동안 또는 일생 동안 영양실조에 시달리고, 기생충 감염으로 인해 심신은 쇠약해지며, 그들의 신체적, 정신적 발달은 위축된다. 이와 더불어 그들이 정신 질환에 걸릴 위험성이 더 높다는 사실도 놀랄 만한 일이 아니다. 이것을 무자비한 사회적 제비뽑기라고 생각해보자. 요컨대 우리의 생사 여부나, 잘살거나 비참하게 살지의 여부는 상당 부분 어떤 사회에 태어나는가에 달려 있기도 하다.

어떤 사람들은 이러한 엄청난 불공평함에 아랑곳하지 않는 태도를 취하기 힘들 것이다. 그들은 눈을 감아버리거나 만약 그들이 전통적인 힌두교 신자라면 업보를 기꺼이 받아들일 것이다. 여기서 사회적 제비뽑기의 패자들은 전적인 우연의 진정한 희생양이 아니다. 그들은 전생에 지은 죄에 대해 대가를 치르고 있을 뿐이다.

우리는 유전자 증강 없이도 이미 도덕과는 상관없이 임의적으로 할당된 유전자를 갖고 있다. 달리 말해보면 사회적 제비뽑기뿐만 아니라 선천적 제비뽑기도 존재한다고 할 수 있다. 어떤 사람들은 전반적으로 더 나은 유전자 꾸러미를 선천적 제비뽑기에서 얻을 정도로 큰 혜택을 받는다. 실제로 유전자 증강 기술은 우리 모두가 참여하고 있는 사회적-선천적 제비뽑기의 조합에서 산출된 결과로 인해 현재 존재하는 차이보다 더 큰 차이를 절대 초래하지 않을 것이다. 이것은 유전자 증강에 아무 문제가 없다는 것을 의미하는 것이 아니라, 유전자 증강이 특별한 형태의 문젯거리가 아니며, 도덕적으로도 새롭지 않다는 것만을 의미할 뿐이다.

부당한 불평등에 집중하기

우리는 가장 치열하게 경쟁하고 있는 이웃 사람들을 정치적 불일치의 전장, 즉 불평등과 정의의 관계에 대한 논란에 참여시킬 것이다. 이러한 불일치의 근원은 단순히 정치적인 것에 그치지 않고, 정의의 본질에 대한 2천5백 년간의 오랜 논쟁의 가장 심오한 수준으로까지 거슬러 올라간다. 이러한 모든 불일치에도 불구하고 생명의료 증강의 논의에서 종종 사라져버리는 모든 불평등이 부당한 것은 아니라는 단순한 사실은 그러한 불일치를 수렴할 수 있다. 우선 이것은 어떤 사람은 생명의료 증강에 접근할 수 있고 어떤 사람은 그렇지 못하다는 단순한 사실이 증강을 반대하는 논거가 될 수 없음을 의미한다. 어떤 상황에서, 어떤 종류의 불평등에 대해 진심으로 우려해야 할지에 대한 합리적이고, 상당히 광범위한 합의를 발전시키기 위해 노력하는 것이 그 묘책이다.

만약 생명의료 증강에 대응하는 일관성 있는 사회정책을 개발해야 한다면 그러한 합의가 필요할 것이다. 무엇이 공정하고, 무엇이 부당한지에 대한 합의는 아직 우리의 한계를 넘어서 있는 것처럼 보인다. 정의가 모든 미국 시민을 위한 의료보험에 대한 합법적인 권리를 요구하는지에 대해서 뿐만 아니라 다른 많은 것에 대해서 진보와 보수 사이에 격렬하고 아주 다루기 힘들 것 같은 불일치가 미국에 존재한다. 정의의 문제보다 훨씬 덜 어려운 문제에 대해서도 믿기 어려울 정도의 불일치가 존재한다. 심지어 미국인들은 지구가 1만 년 전에 창조되었는지에 대해서조차 동의하지 못한다(30퍼센트는 그렇지 않다고 말한다). 심지어 이러한 사실에조차 동의하지 못한다는 것을 생각해본다면 어떻게 정의에 대해서 동의하기를 바랄 수 있겠는가? 우리가 국경 너머 아주 다른 전통과 문화를 가진 나라들을 생각해볼 때, 정의에 대한 합의를 이룰 전망은 훨씬 더 빈약해 보인다.

생명의료 증강의 도전에 대응하는 방법에 대해 작동하는 합의를 이루기 위한 시발점을 제공할 수 있는 정의와 평등의 관계에 대한 관점을 개관해보고자 한다. 결국 합의가 작동할 수 있기를 바라는 나의 희망이 지나치게 낙관적일지도 모른다. 하지만 우리가 작동하는 합의를 결코 이룰 수 없을지라도 생명의료 증강이 점점 더 삶의 중요한 요소가 될 것이기 때문에 우리 모두는 정의의 문제에 대한 입장을 정해야만 할 것이다. 이런 점에서 아마도 나의 개관은 몇몇 사람에게 도움이 될 것이다.

생명의료 증강의 분배에서 불평등 그 자체가 부정의라는 가정을 거부하는 것이 나의 입장이다. 또한 나는 사람들을 생명의료 증강에 접근하지 못하게 하는 두 가지 가능한 영향, 즉 지배와 배제에 비중을 두고 살펴볼 것이다.

지배는 재화(수입, 부, 교육, 생명의료 증강)의 불평등이 누군가가 다른 사람을 과도하게 통제할 수 있도록 해주거나, 체계적인 착취와 다른 심각한 형태의 부정의에 대한 기회를 만들어내는 통제의 단계들을 초래할 때 발생한다. 그 대표적인 예가 정치적 지배이다. 만약 어떤 사람들이 정치과정을 조작할 수 있을 정도로 다른 사람들보다 훨씬 더 많은 부를 축적하고 있다면 민주주의는 엉터리가 될 것이다. 정부는 더 이상 민중의 대리자일 수 없을 것이고, 몇몇 사람이 나머지 사람들에게 권력을 행사하는 한낱 도구 또는 무기에 불과할 것이다.

우리가 사는 세상에서 정부는 좋든 싫든 매우 강력하다. 몇몇 사람이 정부를 통제하는 결과를 초래할 만큼 심각한 재화의 불평등은 승수효과[20]를 가진다. 한 집단이 정치적으로 지배적일 때 그 집단은 사회적 삶의 모든 영역을 지배하기 위해서 국가의 엄청난 권력을 이용할 수 있다. 부의 극단적인 불평등을 만들어 내는 정치적 지배는 그 자체로 민주 정부의 권리를 침해한 것이자 부정의이다. 그러나 이러한 부정의는 반드시 다른 부정의로, 즉 경제적 착취, 정실인사, 사법부의 편파 판결 등의 모든 형태의 부패로 이어진다. 이러한 부정의-승수효과 때문에 우리는 정치적 지배를 조장할 것 같은 생명의료 증강에 대한 불평등한 접근에 대해 특히 관심을 가져야만 한다. 이것이 명백히 부당한 종류의 불평등이다. 심지어 우리가 몇몇 다른 불평등이 부당한지의 여부에 대해 의견 충돌이 있을지라도 이에 대해서는 동의할 수 있어야 한다.

만약 한 집단이 정부를 통제한다면 이 집단은 다양한 이익으로부터 특정한 집단들을 배제함으로써 그 집단들을 지배하기 위해 이러한 권력을 자주 행사할 것이다. 그러한 집단들은 아마도 모든 시민이 향유해야 할 기본적인 보장으로부터 제외될지도 모른다. 극단적인 경우에 어떤 사람들은 적으로 규정되거나, 심지어 사회적으로 매장당하기도 하고, 체포되기도 하며, 가스실에 보내지기도 하고, 총살이나 능지처참을 당하기도 한다. 반면에 사람들은 배제가 정부 정책의 의도적인 목표가 아님에도 불구하

---

20 경제 현상에서 어떤 경제 요인의 변화가 다른 경제 요인의 변화를 가져와 파급효과를 낳고 최종적으로는 처음 몇 배의 증가 또는 감소로 나타나는 총효과를 의미한다.

고 배제될 수 있으며, 이러한 배제는 유혈 사태 없이 일어날 수도 있다. 만약 사람들이 주류 사회에 참여하기 위한 자원이 부족하다면 그들은 순전한 방치로부터 배제될 수도 있다.

노벨상을 수상한 경제학자이자 철학자인 아마르티아 센(Amartya Sen)의 저서는 개발도상국들의 수억 명의 사람들이 신흥 세계경제에 효과적으로 참여하지 못하고 배제되어 있다는 사실을 기록하고 있다. 우리는 질병이나 물질적 결핍에 의해 정신적, 신체적으로 면역 반응 따위가 제대로 기능하지 못하게 된 사람들, 글을 읽고 쓰는 것을 배우지 못할 만큼 매우 가난한 사람들, 험하고 종종 위험한 육체노동으로 내몰려서 자신의 상황이 개선될 여지가 전혀 없는 그런 사람들을 이미 만난 적이 있다. 여러분과 내가 중년 초반쯤의 나이라고 생각하는 나이를 먹기도 전에 그들은 너무 쇠약해져서 일조차 하기 힘들어한다.

정의를 염려하는 사람들은 부의 불평등이 지난 50년간 엄청나게 증가했다는 사실을 보여주는 수치들을 자주 인용한다. 그러나 정작 중요한 것은 불평등 그 자체가 아니다. 중요한 것은 지배와 배제 그리고 결핍이다. 결핍은 빈곤, 극도로 악화된 건강 그리고 무기력을 의미한다. 불평등은 우리가 다른 사람들에 비해 얼마나 잘사는가의 문제이다. 우리가 다른 사람보다 더 잘살지 못할 수도 있지만 충분히 만족스럽게 잘살고 있다면 즉, 결핍에 시달리고 있지 않다면 다른 사람보다 못산다는 것이 걱정할 만한 이유는 아니다. 우리가 결핍에 시달리고 있지 않더라도, 그러니까 아주 안락한 삶을 영위하기에 충분한 식량과 거주지 등이 있더라도 우리는 여전히 지배에 시달릴 수 있다. 그러나 여기서도 중요한 것은 불평등 그 자체가 아니다. 정작 중요한 것은 부의 불평등 격차가 심해지면 어떤 사람들은 거의 모든 사회생활의 영역에서 다른 사람들을 지배하려고 할 것이고, 어떤 사람들은 주류 경제에 장기간에 걸쳐 효과적으로 참여하지 못하도록 배제될 것이라는 사실이다.

이것은 생명의료 증강에 대한 접근의 불평등에도 동일하게 적용된다. 여기서 우리는 다른 재화에 대해서 이해하는 것보다 불평등 자체에 대해서 더 많이 걱정해서는 안 된다. 그 대신 우리는 몇몇 생명의료 증강에 대한 불평등한 접근이 지배와 배제를 조장하는지에 대한 문제, 그리고 증강에 대한 접근이 사람들을 결핍의 상황에서 빠져나올 수 있게 해줄지에 대한 문제에 집중해야만 한다.

앞에서 글을 읽고 쓸 줄 아는 능력이 강력한 인지 증강이라는 것을 언급했었다. 현대사회에서 문맹자는 지배에 취약하다. 문맹자는 많은 일들이 성문계약을 통해 성사되는 세계에서 이용당할 가능성이 더 높을 것이고, 자신의 시민·정치적 권리를 효과적으로 행사할 가능성이 훨씬 낮을 것이다. 또한 정치적 영향력을 거의 행사하지 못할 수도 있다. 게다가 문맹이라는 이유로 문맹 당사자를 점점 더 돈벌이가 되는 일자리로부터 배제할 것이고, 틀림없이 훨씬 더 전도유망한 직업으로부터도 배제할 것이다. 생명의료 인지 증강은 글을 읽고 쓸 줄 아는 능력이 성취한 것과 마찬가지로 인간 번영에 필수 불가결한 것으로 판명될 수도 있다.

150년 전까지만 해도 글을 읽고 쓸 줄 아는 능력은 소수의 특권이었다. 이것은 여전히 몇몇 나라에서는 유효하다. 문맹률은 현재 인도가 32퍼센트, 파키스탄이 46퍼센트에 이르고, 이 나라의 몇몇 지역에서는 주민의 대부분이 문맹이다.

글을 읽고 쓸 줄 아는 능력에 상응하는 다른 위대한 역사적 증강으로는 농업혁명, 제도의 발달, 컴퓨터와 인터넷 등을 들 수 있다. 이러한 것들은 소수의 소유로 시작해서 더 광범위하게 확산되었다. 어떤 사람들은 이러한 기본적인 사실을 생명의료 증강에 적용할 때만 망각하는 것 같다. 그들은 실제로 생명의료 증강을 개발하지 말 것을 제안하거나, 적어도 모두가 이용할 수 있을 때까지는 어느 누구에게도 그것을 허용해서는 안 된다고 제안할 정도로 생명의료 증강에 대한 접근의 불공평함에 대해 매우 걱정한다. 이것을 "평등이 아니면 절대 불가의 관점"이라고 부르기로 하자.

"평등이 아니면 절대 불가의 관점"을 견지하는 사람은 불쾌한 선택에 직면하게 된다. 즉, 그들은 위대한 역사적 증강을 포함해서 모든 기술에 대해서 동일하게 기이한 주장을 해야만 하거나, 생명의료 증강이 다른 모든 기술과 전혀 다르다는 것을 증명해야만 한다. 두 번째 대안은 내가 이미 설명한 이유로 인해 불가능해 보인다. 즉, 증강이 생명공학 기술을 수반한다는 단순한 사실이 도덕적 차이를 만들지는 않는다. 첫 번째 대안 역시 내가 이미 설명한 이유로 인해 어려워 보인다. 나는 모든 사람이 유익한 기술을 가질 수 있을 때까지 아무도 그것을 갖지 못하게 하고 싶지는 않다. 여러분은 어떠한가?

기술이라는 것은 좋든 싫든 언제 어디서나 시작되고 확산된다. 그렇다고 기술이 모든 지역에서 일제히 완성된 채 세상으로 튀어나오지는 않는다. 만약 그렇다면 "평등이 아니면 절대 불가의 관점"이 우리에게 요구하는 것은 무엇인가? 만약 유익한 기술이 한 지역에서 발생한다면 모든 사람이 그것을 가질 수 있는 시점에 도달할 때까지 그것을 격리해야만 한다는 말인가? 이러한 충고는 비현실적이면서 동시에 도덕적으로 비난받을 일이다. 비현실적인 이유는 이러한 충고가 이전에도 시도되었고 실패한 적이 있기 때문이다. (예를 들어 18세기에 영국 정부는 역직기를 만들고 유지할 수 있는 사람들이 이주하는 것을 막으려고 시도했으나 전혀 효과가 없었다.) 또한 도덕적으로도 비난받을 이유는 영국 정부의 시도가 제대로 작동했더라면 분명 수백만 명에게서 대단한 가치를 수십 년간 어쩌면 영원히 박탈하는 것일 수도 있었기 때문이다.

바로 위에서 언급한 점을 납득시킬 만한 다음과 같은 구체적인 예가 있다. 인도의 시골에서 극빈한 여성들이 비정부단체가 제공한 "미소(美少)

금융."[21]으로 운영할 수 있는 소규모 사업을 성장시키기 위해 휴대전화를 사용했다. 세계의 모든 가난한 사람이 인지적, 경제적 증강 기술에 접근할 수 있을 때까지 이 여성들에게 이러한 증강 기술의 조합을 사용하지 못하게 해야 한다고 제정신에서 말할 사람은 분명히 아무도 없을 것이다. 이것이 바로 정의에 관심을 가져야 한다고 요구하는 사람들이 생명의료 증강에 대해 말하고 있는 것이다. 다시 한번 우리는 "생명의료적"이라는 형용사에 현혹되는 경향성에 대해서 알아보았다. 정의와 생명의료 증강에 대해 숙고할 때 우리는 상식을 뒤로한다. 이미 살펴본 바와 같이 생명의료 증강은 다른 기술보다 반드시 더 강력하지도 않을뿐더러 인간의 다른 개입들보다 더 "비자연적"이지도 않다.

그럼 이제 지금까지 논의에서 우리는 어디쯤에 있는가? 우리는 생명의료 증강이 매우 이로울 것이라고 생각하기 때문에 모두가 거기에 접근하려고 할 것이라고 걱정한다. 그러나 우리가 얻을 올바른 결론은 누구나 생명의료 증강에 접근할 수 있을 때까지 아무도 그렇게 하지 못하게 해야 한다는 것이 아니라, 가장 유익한 증강이 빠르게 널리 확산되는 것을 보장하기 위해서 우리가 노력해야만 한다는 것이다. 그리고 우리는 무엇보다도 지배를 용이하게 할 개연성이 있는 증강이나, 생산적인 경제활동에서 사람들을 배제시키는 원인이 될 개연성이 있는 결핍에 조금도 경계를 게을리해서는 안 된다. 그러기 위해서 빠른 확산은 도덕적 필연성이다. 이것은 결핍을 완화해줄 생명의료 증강에도 똑같이 적용된다.

유익한 생명의료 증강이 빠르게 확산되도록 보장하는 데 누가 도움을 줄 것인가? 그리고 어떻게 빠르게 확산시킬 수 있는가? 이러한 질문에 대답하기 위해서 우리는 어떤 종류의 재화가 생명의료 증강이 될 것인지 그

---

21 저소득층에게 대출 등의 금융 서비스를 소액 규모로 제공하는 사업이다. 저소득층이 목돈을 마련할 수 있는 기회를 제공하는 데 목적이 있다.

리고 어떻게 그것이 생산되고 분배될 것인지에 대해서 보다 자세히 살펴봐야 한다. 그러기 위해서 다시 한번 생명의료 증강에 대한 논의, 특히 정의에 영향을 미칠 가능성이 있는 생명의료 증강에 대한 논의를 방해하는 몇 가지 오해를 명확하게 할 필요가 있다. 이것은 내가 "인식론적 발굴"이라고 부르는 지금까지와는 또 다른 사례가 될 것이다. 즉, 우리의 검증되지 않은 가정을 밝히기 위해 수사의 단계를 통해 작동하는 작업이다. ("인식론적"이라는 말은 "신념 또는 지식과 관련된 것"을 의미한다.) 인식론적 발굴자의 작업 목록 가운데 가장 중요한 사항 한 가지는 *가정을 틀에 넣는 것*이다.

정의와 증강에 대한 상당수의 토론을 틀에 넣을 수 있는 널리 신봉되는 네 가지 신념이 있다. 이것들을 하나로 함께 고려해보면 이러한 가정들은 드넓은 풍경을 내다볼 수 있는 창틀처럼 작동한다. 만약 우리 마음이 풍경에 사로잡혔다면 창틀은 신경조차 쓰이지 않는다. 그러나 창틀은 우리가 얼마나 많은 풍경을 볼 수 있을지 결정한다. 그래서 창틀은 몇몇 중요한 사항을 완전히 못 보게 할 수도 있다. 우리와 우리가 보려는 것 사이에 틀이 있다는 것을 알 때까지는 틀이 중요한 것을 모호하게 하고 있는지에 대해 물을 수조차 없다. 만약 우리가 틀에 넣으려는 가정에 충분한 결함이 있다면 이러한 가정은 경관의 일부를 모호하게 할 뿐만 아니라 오히려 더 왜곡된 렌즈처럼 작용할 것이다. 두더지가 파놓은 흙 두둑이 산처럼 보이거나, 산이 두더지의 흙 두둑처럼 보이기도 할 것이다.

첫 번째 틀에 넣은 가정은 생명의료 증강이 *개인적인 재화*이며, 이러한 재화는 *제로섬(zero-sum)*[22]이라는 것이다. 개인적인 재화는 그것을 가진 개인에게만 유익한 것이다. 만약 당신의 희생에 비례해서 내가 그만큼 소

---

[22] 레스터 서로(Lester C. Thurow) 교수의 저서 『제로섬 사회 The Zero-Sum Society』에서 따른 용어로 통상 스포츠나 경제이론에서 여러 사람이 서로 영향을 받는 상황에서 승패나 손익의 총합이 항상 '영(0)'인 상태를 의미한다.

유한다면, 즉 나의 이익이 당신의 손실이라면, 재화는 제로섬이다. 전형적인 제로섬 상황은 케이크 분할의 경우이다. 만약 내가 케이크의 큰 조각을 갖는다면 그 양만큼 당신의 몫은 줄어들 것이다. 만약 우리가 제로섬 상황에서 각 개인들의 모든 이익과 손실을 합산한다면 우리는 아무것도 얻을 것이 없게 된다. 즉, 얻은 것은 잃은 것과 정확하게 균형을 이룬다. 당신이 당신 몫의 케이크로 할 수 있는 유일한 것은 그것을 먹는 것이고, 어느 누구도 당신이 케이크를 먹는 것에서 이득을 보려고 하지 않는다고 가정해 보자. 그렇다면 우리는 개인적인 재화와 관련해서 제로섬 상황에 처하게 된다.

두 번째 틀에 넣은 가정은 생명의료 증강이 *시장의* 재화일 것이라는 것이다. 이것은 수익을 위해 생산될 것이고, 다른 소비재들처럼 매매될 것이다. 세 번째 가정은 그것이 시장의 *비싼* 재화일 것이라는 것이다. 네 번째 가정은 그것이 시장의 재화일 것이기 때문에 정부의 유일한 역할은 시장을 규제하는 일이라는 것이다. 달리 말해서 정부는 생명의료 증강의 확산과 이해관계를 가지지 않을 것이다. 정부는 약물을 규제하듯이 안정성을 근거로 생명의료 증강을 규제할 것이고, 아마도 효능의 증거를 요구할 것이며, 또한 우리가 생명의료 증강을 사용하도록 허가하기 전에 충분한 정보에 의한 동의의 과정을 요구할지도 모른다.

만약 우리가 네 가지 가정 모두를 신뢰한다면 정의의 문제에 대해 특별한 견해를 가지게 될 것이다. 우리는 생명의료 증강에 대한 접근의 불평등에 대해 매우 우려하게 될 것이다. 또한 우리가 보게 될 풍경은 상당히 충격적일 것이다. 즉, 형편이 나은 사람들은 재화를 구입할 여유가 없는 사람들의 불이익에 반해서 자신들에게 이익이 될 재화를 구입할 것이고, 정부는 이러한 골칫거리 불평등에 대처하기 위해 어떤 조치도 취하지 않을 것이다.

네 개의 가정 모두에 문제가 있다. 많은 생명의료 증강들은 개인적인 재화가 아닐 것이다. 왜냐하면 생명의료 증강으로 인한 이익은 그것을 소유한 사람들에게 한정되지 않을 것이기 때문이다. 대부분의 경우에 생명의료 증강은 포지티브섬(Positive-sum)[23]이 될 것이다. 요컨대 설령 내 자신이 증강의 혜택을 입지 못한다고 하더라도 당신이 증강을 통해 얻을 수 있는 이익을 통해 나도 이익을 볼 것이다. 게다가 내가 증강을 통해 이익을 얻는다면 그것은 많은 다른 사람이 증강을 통해 이익을 얻을 때와 마찬가지로 나에게 더욱 가치가 있을 것이다. 많은 사람이 증강된다면 우리 모두는 증강된 사람들이 증강되고 있는 사람들로부터 얻게 될 총이익의 합이 감소되지 않는 이익을 누리려고 할 것이다. 또한 우리는 생명의료 증강이 순전히 시장의 재화일 것이라고 절대 가정할 수 없다. 즉, 정부는 몇몇 생명의료 증강을 공적 재화로 취급할 강력한 이유가 있을 것이고, 그것이 발전되어서 널리 이용할 수 있도록 보장하려는 조치를 취할 것이다. 구체적인 예화를 이용하여 이러한 각각의 사항을 다루어보기로 하자.

삶은 경쟁이 아니다

첫째, 제로섬 가정이다. 나는 사람들이 생명의료 증강이 제로섬 재화일 것이라고 무비판적으로 가정한다고 생각한다. 왜냐하면 사람들은 스포츠의 능력-증강 약물과 같은 증강의 맥락에 매우 사로잡혀 있기 때문이다. 살다보면 경쟁하는 순간이 있기는 하지만 그렇다고 삶 자체가 시합은 아니다. 만약 당신이 당신보다 더 똑똑하거나 더 강하거나 더 잘생긴 사람을 만날 때마다 걱정을 한다면 당신은 정의감이 잘 발달된 사람은 아닐 것이다. 당신은 시기라는 악덕에 시달리고 있거나 아니면 피해망상에 빠져 있

---

[23] 제로섬 개념과는 상대적으로 포지티브섬은 서로가 영향을 받는 상황에서 모두가 이익을 취하는 것을 의미한다.

거나, 그렇지 않다면 지나치게 자신감이 없는 사람일 것이다.

나는 나보다 더 창조적이고 통찰력 있는 수많은 철학자가 있어서 매우 행복하다. 또한 나보다 수학을 더 잘하고, 노래를 더 잘 부르고, 무언가를 더 잘 만드는 사람들이 있어서 기쁘다. 대부분 우리는 우리 자신과 비교해서 "증강된" 능력을 가지고 있는 다른 사람들로 인해 득을 본다. 감사하게도 제로섬 경험은 예외이지 원칙이 아니다.

물론 이것이 적용되지 않는 극단적인 상황이 존재한다. 만약 당신이 콩고 민주공화국 같이 법의 지배가 무너진 실패한 나라에 사는 불운을 겪는다거나, 식량이 다 떨어진 구명보트에 타고 있는 자신을 발견한다면, 당신은 당신보다 더 강하거나 약삭빠른 사람들 때문에 큰 걱정을 해야 할 것이다. 이런 상황에서 서로 경쟁하는 것은 제로섬이 될 것이다. 그러나 다행히도 이러한 상황은 이 책을 읽는 독자 대부분이 빠질 수 있는 상황은 아니다.

잘 조직화된 사회는 일반적으로 능력의 다양성으로부터 이익을 얻을 수 있도록 상황이 갖추어져 있다. 우리가 향유하는 좋은 것의 대부분은 노동 분업의 결과이다. 설령 사람들의 능력에 차이가 전혀 없다고 하더라도 노동을 분업화할 수는 있지만 그만큼 생산적이지 않을 것이다. 이것이 어떠할지 상상해보기 위해서 누가 의사인지, 변호사인지 또는 기술자인지를 제비뽑기로 결정하는 사회를 그려보기로 하자. 그런 사회에서는 직업과 능력 사이에 아무런 연관성도 없을 것이다. 아마도 이런 방식이 노동 분업을 전혀 하지 않는 것보다는 나을 것이다. 그러나 이것은 능력의 차이에 기반을 둔 것만큼 생산적이지는 않을 것이다.

그래서 능력의 차이가 반드시 또는 심지어 일반적으로도 나쁜 것만은 아니다. 또한 그것이 반드시 부당하기만 한 것도 아니다. 아직도 대부분의 능력 차이는 아주 부당한 요소를 가지고 있다. 선천적 제비뽑기와 사회적 제비뽑기 조합의 강한 영향을 받기 때문에 어떤 사람은 증강에 접근할 수 있고 다른 사람은 그렇지 못하다는 데 문제가 있다면 이것은 노력 없이 얻어지는 능력의 차이가 있을 것이기 때문에 문제가 되지 않는다는 것을 의미한다. 나는 잘못된 것, 요컨대 만약 그 차이가 매우 크다면 증강되지 않은 사람들은 지배와 배제에 취약할 것이라는 문제가 있을 때 무엇이 잘못되었는지 이미 주장했었다. 이것은 생명의료 증강의 불평등한 분배가 갖는 특별한 문제가 아니라 일반적으로 극단적인 불평등이 갖는 문제이다. 그리고 이것은 가치 있는 기술이라 해도 우리가 전반적으로 바로 무엇인가 조치를 취해야 할 문제이다.

우리는 두 가지 능력을 개발해야 한다. 첫째, 지배나 배제의 위험성이 발생할 만큼 유망 기술이 아주 천천히 확산될 때를 규정하기 위해서 유망 기술을 추적 관찰하는 방법을 습득할 필요가 있다. 둘째, 우리는 지배와 배제의 위험성을 낮추기 위해서 그리고 결핍을 완화하기 위해서 확산의 속도를 올릴 수 있는 방법을 고안할 필요가 있다. 잠시 후에 이를 위한 현실적인 제안에 대해 숙고해볼 것이다.

지금은 어떤 종류의 재화가 생명의료 증강일 수 있는지에 대한 결정적인 문제를 좀 더 깊이 파헤쳐보고자 한다. 생명의료 증강이 개인적인 재화일 것이고, 생명의료 증강에 접근하는 것은 시장이 담당하게 될 것이라는 가정이 잘못되었다는 것을 증명하고자 한다.

네트워크 효과와 양의 외부성[24]

개인적인 재화는 이익이 오로지 그 재화의 소유자에게만 누적되는 것

---

[24] 어떤 경제활동과 관련해 당사자가 아닌 다른 사람에게 의도하지 않은 혜택(편익)이나 손해(비용)를 발생시키는 것을 말하며 외부성(externality)이라고도 한다. 외부효과는 외부불경제(external diseconomy)와 외부경제(external economy)로 구분된다. 외부불경제는 어떤 행동의 당사자가 아닌 사람에게 비용을 발생시키는 것으로, 음의 외부성(negative externality)이라고도 한다. 외부경제(external economy)는 어떤 행동의 당사자가 아닌 사람에게 편익을 유발하는 것으로, 양의

이다. 합리적으로 잘 조직화된 사회에서는 대부분의 증강이 이와 같지 않을 것이다. 인지 증강에 대해서 생각해보자. 가장 강력한 비생명의료적 인지 증강으로 글을 읽고 쓸 줄 아는 능력과 컴퓨터가 있다는 것을 상기해보면, 글을 읽고 쓸 줄 안다는 것과 컴퓨터를 사용할 수 있다는 것은 이런 능력이 있는 사람들에게 직접적으로 이득이 된다. 대부분의 상황에서 이러한 직접적인 이득은 제로섬이 아니다. 왜냐하면 우리는 누군가 글 읽기를 배울 때마다 다른 누군가의 상황이 악화될 것이라고 걱정할 필요가 없기 때문이다. 글을 읽고 쓸 줄 아는 능력과 컴퓨터를 다루는 능력도 경제학자들이 *네트워크 효과*라고 부르는 효과를 가진다. 즉, 글을 읽고 쓸 줄 아는 능력이나 컴퓨터를 사용할 수 있는 능력으로부터 우리가 얻는 이익은 실제로 더 많은 사람이 이렇게 증강될수록 증가한다. 제로섬 상황에서는 다른 사람들이 얻는 만큼 우리가 잃을 것이기 때문에 다른 사람들이 가치 있는 것을 얻는 것에 대해 걱정해야 한다. 하지만 네트워크 효과가 존재하는 곳에서는 다른 사람들이 선에 접근하는 것이 우리 형편을 더 낫게 만들어주기 때문에 그들이 선에 접근하는 데 우리는 관심을 가질 것이다.

생명의료 인지 증강과 전통적이고 비생명의료적인 인지 증강 사이에 어떤 차이가 있을지 고려해볼 만한 이유가 전혀 없다. 많은 사람이 안전하고 효과적인 인지 증강 약물을 복용하고 있다고 가정해보자. 두 가지 종류의 이익이 있을 것이고, 각각의 이익은 더 많은 사람이 인지 증강의 혜택을 누릴수록 증가할 것이다. 첫 번째 이익은 수단적 이익이다. 즉, 인지가 증강된 거대한 인력 집단은 그렇지 않았으면 성취할 수 없었을지도 모

외부성(positive externality)이라고도 한다. 외부불경제의 예로는 대기오염, 소음 공해 등을 들 수 있고, 외부경제의 예로는 과수원 주인과 양봉업자의 관계를 들 수 있다. 과수원 근처에서 양봉을 하면, 과수원에 꽃이 필 때 벌들이 꽃에 모여들어 양봉업자는 꿀을 많이 채취할 수 있고, 과수원 주인은 꽃에 수정이 많이 되어 더 많은 과일을 얻을 수 있다.

를 일을 함께 이룰 수 있을 것이다. 이런 일은 지금까지 우리의 가장 인상 깊은 인지 증강 가운데 하나인 인터넷에서 매일 발생한다. 여기에 딱 알맞은 최근의 예가 있다. 2007년 케냐의 변호사, 오리 오콜로(Ory Okolloh)는 사람들이 정치적 폭력을 당한 장소를 익명으로 신고할 수 있도록 도와주는 인터넷 지도 제작 도구에 대한 아이디어를 제안하기 위해서 자신의 블로그를 사용했다. 그녀의 아이디어에 큰 도움이 될 중요한 기술 능력이 있는 사람들이 그녀가 올린 글을 보았고, 컴퓨터가 없는 사람들이 휴대전화를 가지고 있는 동안 사용할 수 있는 우샤히디 플랫폼(the Ushahidi Web platform)을 만들었다. 우샤히디(ushahidi)는 아프리카 남동부의 공통어인 스와힐리어로 '증언'이라는 뜻이다.

이렇게 훌륭한 발명에서 두 가지 주목할 만한 것이 있다. 첫째, 이 발명이 성취하는 이익은 이른바 컴퓨터 접근을 통해 증강되는 사람들에게뿐만 아니라 정부 폭력의 잠재적인 희생양일 수 있는 모두에게 축적되고, 특히 거대한 정부의 책임도 같이 축적된다. 둘째, 더 많은 사람이 우샤히디 플랫폼에 참여할수록 그 이익은 더욱 증대한다. 이러한 인지 증강은 개인적인 재화가 아닐 뿐만 아니라 (억압적인 정부가 아니라면) 제로섬과도 거리가 멀며, 무료이기까지 하다.

우샤히디는 컴퓨터와 휴대전화의 형태로 무수히 많은 개인적인 증강들에 편승하는 *집단적인 인지 증강*이다. 과학은 집단적 인지 증강의 웅장한 예이다. 과학자 개개인은 교육과 훈련의 길고 힘든 시기를 거쳐 인지적으로 증강된다. 그렇더라도 과학 지식이 개별적으로 작업하는 모든 과학자의 단순한 지식의 총합은 아니다. 개별적인 과학자들의 전문지식은 과학자 공동체를 정의하는 일련의 실천에 활용된다. 이러한 공동체는 국제적일뿐만 아니라 세대 교차적이기도 하다. 종합해보면 지식 추구를 위한 과학 공동체의 실천은 훌륭한 집단적인 인지 증강을 구성한다.

우샤히디와 과학은 개인적인 인지 증강이 어떻게 집단적인 인지 증강으로 조직화될 수 있는지를 보여주는 좋은 예이다. 여기서 집단적인 인지 증강은 수단으로서 가치가 있다. 즉, 우리가 중요한 목적을 달성하는 데 인지 증강이 효과적인 수단이기 때문에 가치가 있는 것이다. 우샤히디의 경우에 개인적인 인지 증강은 컴퓨터와 휴대전화를 이용한 접근이고, 과학에서는 전문화된 교육과 훈련이다. 우샤히디는 정치적 책임의 목표를 향한 효과적인 수단이고, 과학은 질병의 예방과 퇴치, 가치 있는 기술의 발전 등에 효과적인 수단이다.

만약 우리가 생명의료 증강이 오로지 증강의 소유자에게만 이익이 축적되는 개인적인 재화가 될 것이라는 가정을 믿는다면 우리는 이 모든 것을 놓치게 될 것이다. 우리는 일반적으로 인지 증강과 같은 생명의료적인 인지 증강이 거대한 규모의 사회적 재화를 창출할 것이라는 사실을 잘 파악하지 못한다.

이것은 이런 정형화된 양식에 맞는 인지적 생명의료 증강뿐만 아니라, 개인적인 재화는 아니지만 이러한 양식에 정형화되지 않는 수많은 다른 종류의 생명의료 증강들도 존재한다. 인간의 생산성을 증가시키는 증강은 네트워크 효과를 가진다. 왜냐하면 더 많은 사람이 개인적으로 더 생산적이라면 함께 더 생산적으로 일할 수 있을 것이기 때문이다. 우리는 이런 결과를 예방접종 프로그램이나 다른 공중보건 정책을 통해서 이미 알고 있다. 요컨대 대부분의 인간 활동은 협동적이고, 개인 각자가 더 건강하면 할수록 더 많은 것을 함께 성취할 수 있을 것이다. 우리의 면역 체계 능력을 증강하는 생명의료 증강은 개개인의 건강에 이로울 뿐만 아니라 이러한 증강의 총이익은 개인의 건강 이익의 총합을 넘어선다.

과거의 생산성 증가는 인간 행복의 증가를 위한 발판이었다. 농업혁명, 글을 읽고 쓸 줄 아는 능력, 컴퓨터, 과학 등의 모든 역사적인 비생명의료 증강은 이러한 정형화된 양식에 잘 들어맞는다. 생산성이 증가한다고 해서 행복이 무조건 같이 증대되는 것은 아니지만, 생산성이 증가하면 행복해질 잠재적 가능성이 생긴다. 생산성의 증가가 행복의 잠재적 가능성을 창조하는 방식은 다양하다. 생산성의 증가는 더 많은 사람이 헛된 수고로부터 벗어날 기회와 생계 활동 이외의 활동에 더 많은 시간을 할애할 기회를 제공해주며, 가격을 낮추어 새로운 재화와 서비스를 창출한다. 인간이 요리라는 영양상의 증강을 발전시키기 전에는 상당한 양의 음식을 씹는 데 많은 시간을 허비해야만 했다. 요리를 통해 음식의 소화가 훨씬 더 원활해졌고, 이로 인해 음식을 소화하기 위해서 씹는 데 할애하는 시간 대신에 인간은 훨씬 더 즐겁고, 보람찬 활동을 할 수 있는 더 많은 시간을 얻을 수 있었다. 1만 년 전 농업혁명의 여명기에 생산성의 증가는 대체로 짐수레를 끄는 동물을 이용하는 방법과 경작하는 법을 습득하는 문제였다. 오늘날 적어도 제대로 된 정부를 가지고 있고, 경제가 제대로 기능하는 나라에서 이것은 주로 인지 기술을 개선하는 문제이다.

성공적인 협동은 인지 기술 이상의 것을 요구한다. 이를 위해서 정서적 기술과 적절한 동기부여가 요구된다. 대부분의 협력 형태는 신뢰와 공감과 인내심을 요구한다. 어떤 상황에서는 총명한 사람일수록 협동을 잘한다는 증거가 실험 심리학에서 밝혀지기도 했다. 인지적으로뿐만 아니라 협동에 중요한 정서적 기술과 동기부여가 증강된 개인들은 우리가 지금까지 달성해온 것보다 훨씬 더 복잡하고 생산적인 형태의 협동을 성취할 수 있을지도 모른다.

새로운 인지 증강의 개발 여부를 결정하는 데 있어서 수단적 가치가 중요하다. 하지만 인지 증강도 본질적 가치가 있다. 요컨대 대부분의 사람은 단지 알기 위해서만 지식을 향유하기도 하고, 우리 가운데 많은 사람이 인지 기술을 포함한 더 복잡한 기술이 필요한 활동을 더 만족스럽게 여기기도 한다. 브리지(Bridge)라는 카드놀이를 할 줄 아는 사람들이 고 피시(Go Fish)라는 너무 단순한 방식의 카드놀이보다 브리지를 일반적으로 더 선호하는 이유이다.

새로운 인지 증강을 가능하게 하는 더 복잡한 형태의 협동은 더 본질적으로 보람찬 활동이 될 것이다. 새로운 인지 증강은 현재까지 가장 정교한 형태의 협동을 고 피시처럼 단순해 보이도록 만들지도 모른다.

마이클 샌델을 포함하여 증강에 반대하는 몇몇 저자는 증강에 호의적인 입장을 취하는 사람들은 사회적 실천이 자신의 내재적 재화를 갖는다는 사실을 이해하지 못한다고 생각한다. 또한 마이클 샌델을 포함한 몇몇 저자들은 증강이 현존하는 사회적 실천을 방해할 것이고, 사회적 실천에 내재하는 재화를 우리에게서 빼앗아 갈 것이라고 걱정한다. 이러한 걱정은 정당하다. 어떤 증강은 가치 있는 몇몇 사회적 실천을 방해할 수도 있고, 어떤 것은 그렇지 않을 수도 있다. 그러나 이 저자들이 간과하고 있는 것은 우리가 가지고 있는 사회적 실천의 종류, 그러니까 우리에게 이용 가능한 재화의 종류가 우리의 능력에 달려 있다는 사실이다. 만약 우리가 우리의 능력을 개선하기로 현명하게 선택한다면, 우리는 틀림없이 새로운 사회적 실천을 발전시킬 것이고, 이렇게 발전된 사회적 실천은 새로운 재화를 포함할 것이다. 이러한 경우는 이전에도 있었다. 글을 읽고 쓸 줄 아는 능력, 계산 능력, 제도 그리고 과학과 같은 역사적인 증강은 새로운 재화와 번영의 새로운 자원을 제공한 더 복잡한 사회적 실천의 발달로 이어졌다.

광범위한 생명의료적인 인지 증강의 수단적 이익은 글을 읽고 쓸 줄 아는 능력, 계산 능력, 컴퓨터 그리고 과학으로부터 우리가 이미 얻었던 이익과 유사하다. 사회문제, 의료 문제 또는 환경문제에 대한 해결책이 지식과 협동에 달려 있는 한 우리는 그러한 문제들을 더 잘 해결할 수 있을 것이다. 그렇더라도 본질적 이익이 과소평가되어서는 안 된다. 만약 당신이 글을 읽을 수 없다면 당신의 정신적인 삶과 정서적인 삶이 얼마나 황폐해질지 생각해보라. 자연 세계와 인간 삶에 대한 당신의 지식은 턱없이 부족할 것이고, 당신의 공감과 연민의 범위는 비좁아질 것이다. 동시에 비록 상상하기는 힘들지만 생명의료적으로 증강된 우리 후손들은 인지 증강이 비생명의료적인 다양성에 국한된 개인의 삶은 황폐해질 것이라고 생각할 수도 있다.

정부가 증강에 관심을 가지려는 이유

지금까지 생명의료 증강이 단지 개인적인 재화나 제로섬 문제일 뿐이라는 생각이 왜 잘못되었는지 설명했다. 이것은 증강 논쟁을 왜곡시킨 결정적으로 잘못된 틀을 씌운 두 가지 가정에 관한 것이었다. 증강을 단순히 개인적인 재화로 만들기보다는 사회적 재화로 만들고, 모두가 이익을 취할 수 있는 상황을 위한 기회를 창출하는 증강의 결정적인 특징은 증강이 생산성에 기여한다는 것이다. 정부는 전형적으로 생산성에 관심이 많다. 실패한 국가를 제외한 세계 어디에서나 사람들은 자신의 정부가 경제적 번영을 위한 상황을 창출하기를 기대한다. 또한 우리는 경제 번영이 경제 성장을 의미한다고 생각하는 경향이 있다.

하버드대 경제학자 벤저민 프리드먼(Benjamin Friedman)은 경제성장이 도덕적으로 긴요한 이유에 대해 흥미로운 관점을 취한다. 그는 다음과 같은 두 가지 조건 가운데 어느 하나를 견지할 경우에만 사람들은 자신이 잘 살아가고 있다고 생각하는 경향이 있다는 증거를 제시한다. 즉, 그들은 자신이 주변 사람보다 더 잘 지낸다고 생각하거나, 자신이 현재보다 미래에 더 나아질 것이라고 생각한다는 것이다. 프리드먼은 사람들의 행복감이 주변 사람보다 더 잘 지내고 있다는 생각에 의존하지 않는다면 우리 모두가 훨씬 더 잘 살 수 있다는 상당히 합리적인 결론을 내린다. (모든 아이가 평균 이상일 수 있는 곳은 워비곤 호수[25]뿐이다.) 우리가 행복을 느끼기

---

25 Lake Wobegon: 1970년 미국에서 방송된 라디오 쇼의 무대가 되었던 허구의 마을이다. 이 마을에

위해 주변 사람보다 더 잘 살아야 한다는 생각에 의존해야 한다면 우리는 제로섬 상황에 처하게 될 것이다. 그렇다면 삶은 치열하게 경쟁해야 하는 시합과 같을 것이다. 그래서 우리가 지금 하고 있는 것보다 미래에 더 잘할 것이라고 믿는 것이 훨씬 낫다. 안정될 것이라는 믿음을 갖기 위해 그것은 충분한 이유가 있어야만 하고, 경제성장이 동반할 때에만 충분한 이유가 생길 것이다. 그래서 프리드먼의 견해에 따르면 경제성장은 그 자체로 훌륭해서가 아니라 경제적으로 성장한 사회가 도덕적으로 더 나을 경향성이 있기 때문에 우리에게는 경제성장이 필요하다. 경제성장은 해로운 부러움은 막으면서 사람들 사이의 더 나은 관계를 허용할 것이다.

경제성장을 옹호하는 프리드먼의 도덕에 관한 논거는 아주 흥미롭다. 프리드먼의 근거는 성장을 옹호하는 일반적인 사례에 상당한 비중을 둘 수 있을 만큼 충분히 납득할 만하다. 즉, 프리드먼의 근거는 사람들이 자신의 상황을 더 낫게 만들기 위한 전제조건일 수 있을 만큼 타당해 보인다. 성장을 옹호하는 이러한 두 가지 논거가 결합된 비중은 생명의료 증강이 생산성을 증가시키는 한 생명의료 증강을 옹호하는 근거로 옮겨진다.

정부는 시민들이 미래에 대해 낙관적으로 느끼길 바란다. 시민들이 그렇게 느끼지 못한다면 정부를 탓하려고 할 것이다. 또한 정부는 정부를 위해 시민들이 생산적이기를 바란다. 더 생산적인 국가는 더 강력하며, 정부는 다른 모든 것을 초월하는 권력을 갈망하는 경향이 있다. 19세기 후반 유럽에 근대 "복지국가"가 출현하게 된 이유에 대해서 생각해보자. 최초로 국가가 의무교육, 건강보험과 고용보험의 제공을 포함한 국가의 역할을 분명히 밝혔다. 이러한 대변화를 고려해보면 정당화는 전형적으로 생

살고 있는 여자는 모두 강인하고, 남자는 모두 잘 생겼으며, 아이들은 모두 평균 이상이다. 그런데 현실의 사람들도 이런 착각에 빠져 산다. 자신의 능력과 재능을 과대평가하거나 약점에는 그럴듯한 해석을 붙여 실제보다 나아 보이게 만들기 일쑤인데 이처럼 자신이 평균보다 더 낫다고 착각하는 경향을 '워비곤 호수 효과'라고 한다.

산성과 경제성장에 대한 호소를 수반했다. 강한 나라는 강력한 경제를 요구했고, 강력한 경제는 건강하고 교육받은 시민을 요구한다.

생명의료 증강의 논쟁에 참여한 대부분의 사람들은 생명의료 증강이 시장의 재화가 될 것이라고 가정한다. 이러한 가정은 도덕 문제의 어떤 특정한 상을 만들어낸다. 생명의료 증강이 민간 회사가 수익을 추구함으로써 창출되고, 개인의 선호와 지불 능력에 따라 이용 가능한 시장의 재화라고 생각한다면 두 가지 결론을 내리게 될 것이다. 첫째, 이 엄청난 윤리 문제가 분배적 정의라고 가정하게 될 것이다. 요컨대 만약 생명의료 증강이 미래에 가치가 있을 것이라고 우리가 생각하는 만큼 가치가 있다면 지불 능력에 따라 그것을 분배하는 것이 옳지 않을까? 기본적인 의료보험을 지불할 수 있는 사람들에게만 이용하도록 허용하는 것이 옳지 않을까? 또는 거의 옳다고 해야 하지 않을까? 둘째, 당신은 정부의 유일한 역할이 증강이 안전하고 효과적인 것이라는 것을 보장하기 위한 시장의 규제일 것이라고 가정할 것이다.

하지만 몇몇 생명의료 증강이 정부에게 매우 매력적일 것이라는 사실을 알게 되자마자 이러한 생각은 완전히 뒤바뀐다. 정부는 생산성이 증가될 것임을 보증하는 증강의 발달과 광범위한 확산에 엄청난 관심을 보일 것이다. 또한 정부는 사회비용이나 정부의 비용을 줄일 수 있는 증강에도 흥미를 보일 것이다. 예를 들어 지능의 일반적인 분배의 가장 말단에 속해 있는 사람들은 알코올 중독, 약물 남용, 가정폭력, 정신 질환, 신체 질환이나 법과의 충돌 등 상당히 많은 문제를 드러내기 쉽다는 명백한 증거가 있다. 현대 국가는 이러한 문제를 처리해야만 하고, 이것은 많은 비용이 드는 일이다. 정부는 이렇게 돈이 많이 드는 시민들의 지능을 증강시키는 것 또는 그들의 "훌륭한" 동기부여를 증강시키는 것이 이러한 비용을 줄일 것이라고 생각한다고 가정해보자. 정부는 자신이 옳거나 그르거나 상관없이 이러한 종류의 증강에 착수해야 한다는 제안에 호의를 보일 것이다. 정부는 증강의 발전과 증강의 사용에 보조금을 줄 수도 있고, 사람들이 증강을 자발적으로 사용하도록 열심히 "고무할" 수도 있다.

이렇게 사회비용을 줄이는 것이 몇몇 독자에게 한차례 기시감을 유발할지도 모른다. 요컨대 오래전 악랄한 우생학자들은 정부가 주도하는 강제 불임수술이 유전적으로 혜택을 받지 못한 사람들이 우리에게 부담시키는 사회적 비용을 줄이기 위해 필요하다고 생각하지 않았는가? 그렇다, 그건 사실이다. 하지만 지능이 낮은 사람들이 더 많은(사회가 문제들에 대처하려고 할 때 그에 상응하는 더 많은 비용이 발생하는) 문제를 가지고 있다고 말할 때, 우리는 우생학자가 그랬듯이 낮은 지능은 "유전적으로 정해져 있다"고 가정할 필요도 없고, 가정해서도 안 된다는 데 주목해보자. 그리고 우생학적 불임수술과 달리 생명의료 증강은 비용이 많이 드는 개인이 태어나는 것을 막으려고 할 필요가 없다는 것도 주목해보자. 이와 달리 비-유전자 증강은 현존하는 개인의 고통을 줄이려고 할 것이다.

내가 아는 대부분의 생명윤리학자들은 정부가 생명의료 증강에 흥미를 가질 가능성에 대해 고민조차 하지 않는다. 아마도 이것은 그들이 생명의료 증강을 개인적인 재화로 여기는 경향이 있기 때문인 것 같다. 또 다른 이유도 있을 것이다. 즉, 그들은 뒤끝이 나빴던 우생학 운동이 우리에게 교훈을 주었다고 가정한다. 하지만 적어도 개인의 권리가 확고하게 정립된 자유 입헌 민주주의 체제에서 우리는 정부가 우리의 생명 활동을 다시는 조작하지 못하게 할 만큼 충분히 똑똑할 것이다.

이것은 최악의 상태에 대한 순진무구한 과신이다. 생명의료 증강의 권장 또는 요구를 정당화하기 위해서 정부는 우생학적 사고를 포장하는 나쁜 과학이나 괴상한 지배자 민족 이론[26]을 부활시켜서는 안 될 것이다. 정부는 우리가 예방접종처럼 공교육, 의료보험, 공중보건 정책 그리고 세계

---

26 나치가 유대인을 탄압하는 데 이용했던 인종차별 이념.

화된 경제에서 미국 경제가 더 경쟁력을 가질 수 있도록 고안된 정책을 정당화할 때 우리 모두가 들먹이는 동일한 이유에 호소해야만 할 것이다. 그래서 나쁜 소식은 우리가 "우생학으로부터 교훈을 얻었다거나, 적어도 정부가 주도하는 증강에 대해서는 걱정할 필요가 없다거나, 자유방임주의적 증강의 윤리 문제에 집중할 수 있다"고 말할 수 없다는 것이다. 생명의료 증강의 발달과 확산에 정부가 잘못 개입할 위험성에 대해 우리 스스로 대비할 필요가 있다.

좋은 소식은 정부가 참여하게 된다면 분배적 정의의 문제를 완화할지도 모른다는 것이다. 몇몇 증강이 공교육이나 기초 의료보험처럼 다루어진다면 정부는 그것이 널리 분배되는 것을 보장하려고 노력할 것이다. 이것은 누가 증강의 혜택을 누릴지가 누가 지불할 수 있을지의 문제가 아니라는 것을 의미한다. 정부의 개입이 이러한 증강의 분배에서 불평등을 제거하지는 못할 테지만, 불평등의 규모는 제한할 것이다.

정의나 공정성의 문제의 틀을 왜곡해온 마지막 가정이 있다. 이것은 생명의료 증강은 너무 비싸서 많은 사람이 그것을 누리지 못할 거라고 터무니없이 가정한다. 이것은 너무나 터무니없는 사실무근의 일반화이다. 또한 이것은 시간을 고려하지 않는 일반화이다.

다시 한번 우리는 생명의료 증강 예외론을 피해야만 한다. 우리는 특히 생명의료 증강을 일종의 혁신으로 생각할 필요가 있다. 몇몇 매우 가치 있는 혁신들은 상당히 빨리 저렴해진다. 다양한 사례 가운데 다음 두 가지 예를 들어보자. 휴대전화와 처방약, 이것들은 특허권이 만료되자마자 상표 등록에 의한 법적 보호를 받지 않고도 생산할 수 있다.

얼마 전까지만 해도 사람들은 휴대전화가 부자들만의 비싼 장난감이라고 생각했다. 그들은 완전히 잘못짚었다. 나이지리아와 러시아를 포함한 몇몇 나라들과 더불어 전 세계적으로 사용되는 휴대전화의 수는 2002년과 2007년 사이에 57퍼센트나 증가했다. 앞에서도 언급했듯이 세계에서 가장 가난한 사람들 가운데 몇몇은 현재 휴대전화를 가지고 있고, 이러한 의사소통의 증강은 중요한 권한을 부여해왔다. 사람들은 자신들의 경제적 생산성을 증강시키는 것에서부터 정부에게 책임을 묻는 것에 이르기까지 다양한 방식으로 휴대전화를 사용하고 있다. 컴퓨터도 어쩌면 휴대전화만큼 빠르지는 않지만 동일한 궤적을 그려오고 있다. 즉, 컴퓨터는 훨씬 더 강력해지고, 자율권이 부여되고, 훨씬 더 저렴해졌다.

최근 매사추세츠 공과대학(MIT)의 과학자 팀은 휴대전화를 위한 저렴하고, 더할 나위 없이 훌륭한 부가 기술을 발표했다. 이것은 일종의 컴퓨터화된 현미경 겸 실험실이다. 매사추세츠 공과대학 팀은 일반 휴대전화를 생산하는 동안 약 1달러의 비용으로 이 기술을 추가할 수 있다고 말한다. 이 새로운 장치는 물이나 혈액 아니면 다른 액체의 즉각적인 분석을 가능하게 하고, 그 결과를 환경 기관이나 공중보건 기관 또는 다른 집단에 무선으로 전송할 수 있다. 여기에 결정적이고 매우 일반적인 교훈이 있다. 즉, 증강이 얼마나 비쌀지는 그것이 이미 널리 사용되고 있는 증강이나 다른 혁신에 저렴하게 편승할 수 있는가의 여부에 달려 있을 것이다.

아마도 전형적이지 않은 표본으로부터 지나치게 포괄적으로 일반화하기 때문에 생명의료 증강이 비쌀 것이라는 잘못된 가정을 하고 있는 것인지도 모른다. 만약 배아의 유전공학이나 공상 속의 뇌-컴퓨터 기술에 집중한다면 거금을 생각하게 될 것이다. 또한 가난한 나라에서 증강이 이용 가능할 것 같지 않다고 생각할 것이다. 왜냐하면 가난한 나라에는 그런 기술을 지원할 만한 사회 기반 시설이 부족할 것이기 때문이다. 그러나 이런 식으로 생각할 필요가 없는 두 가지 이유가 있다. 첫째, 그런 이색적인 기술조차 결국에는 싸질 것이고, 아마도 매우 빠르게 저렴해질 것이다. 둘째, 가까운 미래에 가장 중요한 생명의료 증강은 약물이 될 것이다. 약물은 필요 이상으로 복잡한 생명의료적인 개입보다 사회 기반 시설이라고 할 만한 것을 훨씬 덜 필요로 한다. 매일같이 투여할 필요가 없는 백신 같은 약물은 사회 기반 시설을 덜 필요로 한다. 게다가 약물은 특허 만료 후 매우 저렴해진다. 월마트는 상표 등록에 의한 법적 보호를 받지 않는 다수의 처방약을 30일 분량에 4달러에 판다. 이것은 스타벅스의 행사용 할인 라테를 한 달 치 구입하는 것보다 30배나 저렴하다. 언젠가 월마트의 목록은 카페인보다 훨씬 더 효과적인 인지 증강 약물을 포함하게 될지도 모른다.

한 회사가 현존하는 지적 재산권법 아래서 새로운 약의 특허를 얻게 되면 보통 20년 정도의 특허 기간 동안 약을 독점적으로 생산할 수 있다. 이것은 특허 사용자만이 그 기간 동안 약을 생산할 수 있는 독점권을 갖는다는 것을 의미한다. 또한 약을 생산한다는 것은 다른 사람에게 면허를 팔 권리도 갖는다는 것을 뜻한다. 특허권 소유자 이외에 누군가가 면허 없이 약을 생산한다면 특허를 침해한 것이기 때문에 법적 책임을 지게 될 것이다. 특허를 갖는다는 것은 시장 경쟁의 수요와 공급의 상호작용에 의해서가 아니라 *회사가* 가격을 결정하는 "독점가"에 회사가 직접 관여하는 게 가능하다는 것이다. 특허로 인한 독점가의 허가를 정당화하는 것은 자원을 확장하고, 연구 사업의 위험성을 감수할 수 있도록 장래의 혁신가들에게 혜택을 주는 것이다.

약의 특허가 얼마나 빨리 만료되어, 얼마나 신속하게 가격이 떨어질지는 현존하는 지적 재산권법 안에 정해져 있는 특허 기간의 기능이다. 지적 재산권법은 자연법과는 다르다. 우리는 지적 재산권법을 만들었고, 원칙적으로 변경할 수도 있다. 실효성 있는 일련의 지적 재산권법은 혁신을 위해 충분한 혜택을 주어야만 하겠지만 현존하는 지적 재산권법이 최선이라고 믿을 만한 이유는 전혀 없다. 우리가 혁신뿐만 아니라 정의도 가치 있는 것으로 여긴다면 특허 기간을 줄인다거나, 다른 방식으로 체계를 수정함으로써 균형을 맞출 필요가 있을지도 모른다.

독점가의 영향은 전 세계 극빈층에게 불균형하게 영향을 미치는 에이

즈 치료제나 그 외의 약품이 "필수 의약품"인 경우에 특히 문제가 되고 있다. 그런 약품의 가격이 지나치게 비싸다면 수천만 명의 사람들이 그런 약물의 혜택을 받을 만한 경제적 형편이 안 되서 죽게 될지도 모른다.

"필수 의약품"에 경제적으로 더 쉽게 접근할 수 있도록 현존하는 지적 재산권법을 수정하려고 상정된 제안들이 많이 있다. 최근에 국제관계 학자, 국제 변호사 그리고 나는 지적 재산권법의 보다 일반적인 수정을 제안했다. 이러한 비교적 지엽적인 수정은 필수 의약품 문제뿐만 아니라 더 일반적인 문제를 다루게 될 것이다. 요컨대 가치 있는 신기술이 충분히 빠르게 널리 이용 가능해질 수 없을 때 어떻게 우리가 그것의 확산 속도를 높일 수 있겠는가? 가치 있는 생명의료 기술의 부적절한 확산의 문제는 이러한 일반적인 주제와도 잘 들어맞는다.

거두절미하고 우리의 제안은 세 가지 주요한 기능을 가지는 새로운 국제기구를 위한 것이다. 첫째, 우리가 편승할 수 있도록 가치 있는 신기술의 확산 속도를 높이는 방식을 창안한 개인이나 집단에게 제공되는 "확산 기업가 정신"이라는 상을 위한 기금을 구성하는 것이다. 둘째, 생명의료 증강을 포함한 가치 있는 혁신이 심각한 부정의를 방지할 수 있을 정도로 충분히 신속하게 확산되고 있는지 확인할 수 있도록 감시하는 것이다. 보다 정확하게는 부적절한 확산이 극심한 결핍에 기여하거나, 지배와 착취를 촉진시킬 때, 지적 재산권에 관한 현행 규칙이 허용하는 독점가가 보다 광범위한 확산을 방해하고 있는지 확인하는 것이다. 셋째, 우리가 구상하는 국제기구가 위와 같은 일들이 일어나고 있다는 사실을 확인한다면 특허 사용자에게 다음과 같이 경고하게 될 것이다. 가격을 낮춰라! 그렇지 않으면 혁신이 충분히 빨리 확산되지 않는 지역에서 가격을 낮추고, 확산 속도를 높이기 위해 우리가 개입해서 해당 생산품을 공짜로 생산할 수 있는 다른 사람에게 면허를 교부할 것이다. 이러한 발상은 면허를 다른 사람에게 교부하겠다는 위협이 혁신 기술의 생산자들로 하여금 가격을 낮추게 할 것이라는 것이다. 물론 이러한 위협이 실현된다면 생산자들은 공정한 정도 안에서 보상을 받아야만 할 것이다. 그렇더라도 생산자들이 자신들의 독점가 특혜를 계속해서 행사하도록 허가받았을 때 얻을 수 있는 것보다 보상의 정도는 적어야 할 것이다. 이러한 체계가 잘 작동한다면 그 위협이 설사 실행된다고 해도 극히 드문 일이 될 것이다. 신뢰할 만한 위협은 혁신의 확산에서 부정의의 문제를 완화시킬 것이다.

우리의 제안은 현존 국제법에 상응하는 방식을 포함하여 더 많은 세부사항을 포함하고 있다. 여기서 나는 그러한 제안의 일반적인 정당성을 주장하기 위해서 최소한의 윤곽만을 제시했다. 정리해보면 생명의료 증강을 포함하여 혁신이 현존하는 부정의를 더 악화시킬 수도 있는 위험성을 감소하는 데 도움이 될 만한 현행 지적 재산권법을 수정할 방법이 있다.

더 중요한 점은 생명의료 증강에 비용이 많이 들 거라고 가정하는 것은 오류에 불과하다는 것이다. 처음에는 비쌀 수도 있고, 비싸지 않을 수도 있다. 하지만 그것이 얼마나 오랫동안 비싸게 남아 있을지는 우리에게 달려 있다. 우리는 지적 재산권법을 수정하거나, 정부가 보조금을 제공하도록 함으로써 그 비용을 줄일 수 있다. 정부가 몇몇 증강을 공교육과 동등한 것으로 본다면 아마도 보조금을 주려고 할 것이다.

하지만 여기에도 걸림돌은 있다. 요컨대 정부가 어떤 증강이 보조금을 지급할 만큼 충분히 가치가 있다고 생각한다면, 정부는 그것을 법적으로 의무화하려고 할지도 모른다. 하지만 이것은 무엇보다도 몇몇 증강, 특히 유전자 변형을 수반하는 증강에 문제가 될 것이다. 반면에 인지 증강 약물의 경우에는 다소 덜 문제가 될 수도 있다. 그럼에도 불구하고 모든 생명의료 증강을 법적으로 의무화하려는 정부의 계획에는 문제가 있다. 예방접종의 의무나 심지어 교육의 의무조차 거부하는 사람들은 틀림없이 의무적인 생명의료 증강의 가능성으로 인해 (비록 그들이 불안해해야 할 이유가 명확하지 않더라도) 한층 더 불안해할 것이다. 다행히도 정부의 보조금

지금이 생명의료 증강의 부정의를 악화시킬 위험성을 감소시키기 위한 유일한 방법은 아니다. 비용을 줄여서 확산 속도를 높이기 위해서 지적 재산권법을 수정하는 것이 아마도 훨씬 더 안전한 대안일 것이다.

자발적인 기니피그[27]

많은 신기술들이 처음 등장하게 되면 우선 부자들만 이용할 수 있다는 것은 사실이다. 이러한 불평등이 부당한 것인지의 여부는 이미 살펴보았듯이 복잡한 문제이다. 신기술에 접근할 수 있는 특권이 다른 사람을 착취하거나 지배할 수 있는 자리에 있는 운 좋은 소수에게 있는지의 여부에 많은 것이 달려 있다. 혁신이 더 널리 아주 빨리 이용할 수 있게 된다면 이런 일은 덜 일어날 것이다. 그러나 여기 위험이라는 고려해볼 만한 가치가 있는 또 다른 변수가 있다. 새것을 선호하는 부유한 사람들을 *위험성을 자원한 선구자*라고 간주해보자. 그들은 우리를 위해 값진 봉사를 한다. 즉, 그들은 혁신적인 1세대 제품을 고가에 구입한다. 그들은 종종 결함이 있는 제품을 구입하기도 하고, 때때로 위험한 제품을 구입하기도 한다. 나중에 오류가 제거되고, 안전 문제가 해결되면 우리는 개선된 제품을 저가에 구입한다. 이러한 거래는 어떠한가? 심지어 우리는 그들에게 그렇게 하라고 강요할 필요조차 없다.

생명의료 증강이 의도하지 않은 나쁜 결과를 초래할 것을 걱정한다면, 위험을 자원한 선구자가 있다는 사실에 특별히 감사해야 한다. 그들은 기니피그일 것이고, 실험이 잘못된다 하더라도 그 폐해는 그들에게만 한정될 것이다. 불공평함에 대해 걱정한다면, 위험을 자원한 선구자 현상은 어

---

27 실험동물로 실험 대상자를 비유하여 이르는 말. 여기서는 위험성을 감수하고 자원한 선구자를 일컫는다.

느 정도 위로가 될 것이다. 왜냐하면 부자들은 우리보다 먼저 이익을 얻겠지만, 동시에 더 큰 위험과 더 큰 비용을 감수해야 하기 때문이다.

긍정적인 면: 불평등을 줄이는 혁신

지금까지 우리는 생명의료 증강이 부당한 불평등을 더욱 악화시킬 위험성에만 초점을 맞추어왔다. 하지만 많은 기술적인 혁신들이 부당한 불평등을 완화했다는 점을 상기해보는 것도 역시 중요하다. 이미 앞에서 우샤히디 플랫폼이라는 주목할 만한 최근 사례를 살펴본 적이 있다. 이 플랫폼은 정부의 책무를 증가시키고, 권력의 균형을 정부로부터 시민에게로 살짝 옮겨놓은 아주 좋은 사례이다. 또 다른 예로 카메라 기능이 포함된 휴대전화가 있다. 사람들은 점점 더 그것을 경찰의 만행을 기록하기 위해 사용하고, 이것은 시민과 경찰 사이의 위험한 권력 비대칭성을 줄이기 위한 역할을 한다. 여기에 몇 가지 다른 예도 있다.

- 저렴한 계산기는 수학을 어려워하는 사람들에게 공평한 경쟁의 장을 제공한다.
- 의학의 혁신은 장애와 장애가 낳은 불평등을 제거하거나 개선할 수 있다.
- 의학 정보에 접근하는 인터넷은 의사와 환자 사이의 비대칭적 지식의 격차를 줄이고, 환자가 의사에게 완전히 의존적이고, 종속적인 위치에 처하는 상황을 방지할 수 있게 한다.
- 경제적으로 감당할 만한 가격대의 컴퓨터는 소규모 사업자들이 광고비를 줄일 수 있게 해주고, 생산품에 대한 저비용 투자를 찾을 수 있게 해주고, 유통을 관리할 수 있게 해줌으로써 안정적인 대기업과 좀 더 효과적으로 경쟁할 수 있게 해준다.

이러한 모든 사례에서 혁신은 도덕적으로 문제가 있는 불평등을 감소하고 있다. 우리는 생명의료 증강이 현존하는 부당한 불평등을 악화시키는 경향이 있는지, 감소하는 경향이 있는지 전혀 모른다. 인지 증강 약물의 경우 고무적인 증거가 있다. 즉, 현재 사용되고 있는 (치료 약물로부터 파생되었지만 떳떳하지 못한) 약물은 영향을 미치는 인지 기술을 일반적으로 분배하는 데 있어서 가장 아래쪽에 자리 잡고 있는 사람들을 증강시키는 가장 강력한 촉진제가 될 것처럼 보인다. 이런 의미에서 이러한 약물은 불평등의 격차를 벌리기보다는 좁힐 것이다. (이것은 미국의 대학입학자격시험과 법학전문대학원 입학시험 준비 과정에도 동일하게 적용될 것처럼 보인다.) 우리는 그것이 인지 증강의 다른 형태의 전형이나, 새로운 인지 증강 약물의 전형이 될지 알 수 없다. 분명한 것은 사회자원이 생명의료 증강의 발전에 투자되어야만 하는가의 여부에 대한 결정을 내릴 때 던져져야 할 결정적인 질문 가운데 하나는 이것이 현존하는 부당한 불평등을 악화시킬지, 감소시킬지의 여부라는 것이다.

이 장에서의 논증은 놀라운 몇 가지 우여곡절을 겪었다. 여기서 포괄적인 요약을 하지는 않을 것이다. 하지만 중요한 결과는 다음과 같다. (1) 우리가 이미 성취한 위대한 비생명의료 증강을 포함한 다른 이로운 혁신들처럼 생명의료 증강도 현존하는 부정의를 적어도 단기적으로는 악화시킬 수 있는 위험성을 수반한다. (2) 위험성이 우리의 삶을 풍요롭게 만든 다른 모든 발전처럼 감수할 만한 가치가 있다면 그것이 생명의료 증강과 다를 것이라는 것은 이해하기 어렵다. 더군다나 중요한 사회적 이익을 낼 것 같은 생명의료 증강의 경우에는 더 이해하기 어렵다. (3) 진정으로 가치 있는 생명의료 증강이 문제를 일으킬 정도로 오래 부자들의 독점적인 소유물로 남아 있지 않도록 노력하는 것이 올바른 일이다. 그러기 위해서 우리는 과거에 가치 있는 혁신들이 확산된 방법에 대해 배울 수 있는 모든 것을 배울 필요가 있으며, 그러고 나서 최선의 생명의료 증강이 확산 속도를 높일 수 있도록 그 지식을 사용할 필요가 있다. (4) 우리는 생명의료 증강이 부당한 불평등을 악화시킬 위험성에 대해 깊이 우려해야 한다. 하지만 생명의료 증강이 사회를 더 공정하게 만들 수 있는 새로운 가능성을 선물할 수도 있다는 사실을 망각해서는 안 된다. (5) 비록 부정의의 위험성이 크고, 창의적인 제도 혁신을 요구할지라도 우리가 정의의 이름으로 생명의료 증강을 반대하는 급진적인 (그리고 비현실적인) 조치를 취해야만 한다고 생각할 이유가 현재는 전혀 없다.

6장

증강이 사람들을 도덕적으로 타락시키는가?

마음을 흔드는 동의. 그런데 그게 무슨 뜻인가?

하버드 대학의 마이클 샌델 교수는 우리가 삶에 대한 통제의 결핍, 즉 통제가 심각하게 부족한 상황에 처해 있다는 사실에 대해 염려한다. 그는 생명의료 증강을 수용하는 것이 "우리 자신의 의지 말고는 숙고해야 할 것이 아무것도 없게 될" 상황을 야기하는 "위협"이라고 말한다. 마음을 흔드는 이러한 문구가 어떤 것을 의미한다면 결국 생명의료 증강이 우연을 제거할 수 있다는 것을 의미할 것이다. 달리 말해서 우리가 생명의료 증강을 지나치게 추구한다면 결국 생명의료 증강이 우리를 완전히 통제하게 될 것이다. 샌델은 만약 이러한 일이 발생한다면 인간의 삶은 황폐해질 것이라고 생각한다. 동시에 샌델은 우리에게 통제가 부족하다는 사실을 좋아한다. 왜냐하면 부분적으로는 이러한 사실이 겸손의 미덕을 서서히 스며들게 할 것이기 때문이다.

엄청나게 극단적인 유전자 결정론자가 아니라면, 생명의료 증강이 모든 것을 통제할 것이라는 예견은 아주 이상한 주장이다. 장래에 부모가 될 사람들이 거대한 유전자 배열에서 까다롭게 고를 수 있고, 자신들의 아이가 가졌으면 하는 유전자를 선택할 수 있는 허구보다 더 거짓말 같은 과학적 환상을 상상해보자. 이것은 인간의 삶에서 우연을 제거하지 않을 것이다! "우리 자신의 의지" 이외에도 숙고할 것이 많이 있을 것이다.

우선 한 가지 이유는 여전히 유전자의 임의적인 돌연변이는 존재할 것이라는 것이다. 그러나 이것은 빙산의 일각에 지나지 않는다. 자식과의 관계를 포함해서 일반적으로 인간의 삶에서 통제가 부족한 거대한 영역이 여전히 존재할 것이다. 자식들은 어떻게 자신이 유전자를 얻었든지 상관없이 충분히 성장하자마자 선택을 한다. 그리고 그들이 선택한 것 가운데 어떤 것은 부모가 자식에게 원했던 것과 충돌한다.

완전한 생명의료 증강에도 불구하고 우리의 삶은 통제될 수 없는 많은 것에 여전히 종속될 것이다. 여전히 전쟁은 발발할 것이고, 예상하지 못하고 원하지 않았던 경제적 변동도 여전히 발생할 것이다. 그리고 여전히 자연재해도 갑자기 발생할 것이다. 우리의 면역력이 제대로 작동하지 않는 균주로 병원균이 돌연변이를 일으켜서 전염병이 발생할 것이다. 개인은 여전히 사라질 직업을 위해 직업훈련을 받을 것이고, 기업가는 매우 합리적으로 시장이 좋아할 만한 것을 예견했음에도 불구하고 모든 것을 잃을 것이다. 사람들은 여전히 가장 엉뚱한 순간에 가장 엉뚱한 사람과 사랑에 빠질 것이다. 여전히 개인들의 상호작용으로 인한 결과는 예견할 수 없고 통제할 수도 없을 것이다.

우리가 언젠가 도달할 수 있는 것보다 훨씬 더 진보된 생명의료 증강에 도달할 수 있다고 하더라도, (소위) 스테로이드를 맞은 유전자 결정론자만이 "우리 자신의 의지 말고는 숙고해야 할 것이 아무것도 남아 있지 않을" 거라고 생각할 것이다. 인간 생물학의 정복이 인간 조건의 정복은 아닐 것이다. 그리고 우리 아이들의 생물학을 정복했다고 해서 아이들의 삶을 정복한 것은 아닐 것이다. 결핍된 통제의 위험성은 전혀 존재하지 않는다.

그래서 겸손의 미덕을 드러낼 기회가 부족할 위험도 전혀 존재하지 않는다. 우리가 완전한 통제의 위협에 직면할 것이라는 샌델의 주장을 그대로 믿어서는 안 된다. 그의 주장은 명백한 모순이다.

이것은 우리의 삶에서 좋은 것뿐만 아니라 나쁜 것에도 적용된다. 생명의료 증강이 만연하고 영향력 있는 세상에서조차 우리 삶에서 다수의 좋은 것이 우리의 성취가 아니라는 것에, 우리의 의지대로 할 수 없다는 것에 감사할 기회는 여전히 많을 것이다. 우리는 다수의 "선물," 즉 우리가 알맞은 때에 알맞은 사람을 만나는 행운, 경제적 보상이 큰 직장을 선택하는 행운, 안정된 정부와 경제적으로 번영하는 나라에 태어나게 된 행운, 딸이 여성을 평등하게 대우하기 시작한 사회에 태어난 행운 등을 행운이라고 느낄 만한 선물에 여전히 감사함을 표시할 수 있을 것이다.

증강을 반대하는 샌델의 열정은 수사학의 과잉을 초래했다. 아마도 그의 요지는 증강이 인간사에서 우연을 없앨 수 있다거나, 없앨 것이라는 터무니없는 예견을 주장하지 않고서도 진술될 수 있을 것이다. 그는 생명의료 증강에서 정말로 잘못된 것은 생명의료 증강이 인간 본성을 파괴하는 것(또는 결핍된 통제를 야기하는 것)처럼 의도하지 않은 나쁜 *결과*를 가질지도 모른다는 사실이 아니라고 생각한다. 그에게 더 본질적인 문제는 증강의 결과와는 별개로 증강을 추구하는 그 *자체*가 나쁜 특징의 징후라는 것이다.

샌델에 따르면 두 가지 주요한 나쁜 특징이 있다. 첫째, 그는 우리 자신을 증강시키고자 하는 것이 단지 개선이 아니라 완벽을 추구하는 것이라고 생각한다. 이것이 바로 생명의료 증강을 비판하는 그의 저서의 제목이 『유전적으로 완벽해지려는 인간에 대한 반론(The Case Against Perfection)』인 이유이다. 샌델은 완벽에 대한 욕망은 악이고, 자신이나 자식이 완벽해지기를 욕망하는 사람들은 결함이 있다고 생각한다. 다음을 유념해두자. 즉, 그는 완벽해지려는 모든 노력이 악이라고 생각한다. 그는 자신이 분명

종교적인 동기에서 완벽을 추구하는 노력이 악이라고 보는 관점에 전념하고 있다는 사실은 고려하지 않는다. 이 점은 눈감아주기로 하자.

둘째, 그는 증강을 추구하는 것이 우리가 또 다른 악, 즉 우리 스스로를 "예상 밖의 일에 열어두는데" 반감을 가지고 있다는 확실한 증거라고 생각한다. 다시 말해 그도 이미 언급한 바와 같이 증강을 추구하는 것은 삶의 "선물"에 감사할 수 없게 만들고, 우리 삶에서 가치 있는 많은 것이 우리 자신이 행한 행위의 결과가 아니기 때문에 우리가 공을 차지해서는 안 된다는 사실을 드러낸다.

샌델에게 예상 밖의 일에 열려 있다는 것은 단순히 완전한 정복이나 완벽을 추구하지 않는 것 이상의 의미를 포함하고 있다. 게다가 이것은 우연이 가져다주는 것을 수용한다는 의미이다. 샌델은 자식의 특징을 형성하기 위해서 생명의료 증강을 이용하려는 부모는 예상 밖의 일에 열려 있는 마음의 미덕이 부족하다고 생각한다. 그는 훌륭한 부모는 자식의 불완전함을 받아들여야 한다고 생각한다. 특징에 대한 각기 다른 두 주장에 대해서 생각해보자. 하나는 완벽에 대한 열망이고, 다른 하나는 예상 밖의 일에 열려 있는 마음이다.

생명의료 증강을 추구하는 것이 완벽의 추구라는 주장은 인간 동기부여에 대한 지나치게 포괄적이고 전혀 납득할 수 없는, 극단적으로 무자비한 일반화이다. 우리가 어떤 능력을 증강하고자 할 때마다 도대체 왜 사람들은 완벽을 추구하고 있다고 생각하는가? 증강을 추구하는 것은 어떤 능력이나 특징의 개선에 대해 열망하는 것이다. 개선은 완벽이 아니다. 증강을 원하는 몇몇 사람이 완벽해지기를 원하는 개선에 대한 무한한 욕망을 가지기는 하지만 모두가 또는 심지어 대부분의 사람들이 그런 식일 거라고 생각할 만한 이유는 전혀 없다는 사실은 아마도 참일 것이다. 레이저 수술로 1.0의 시력보다 더 나은 시력을 갖기 위해 시력을 교정하는 사람들이나 미셸처럼 더 집중을 잘하기 위해서 리탈린을 복용하는 사람들이 개선보다 완벽을 추구한다는 어떤 증거가 있는가? 전혀 없다. 샌델은 증거가 필요 없다고 생각하는 것 같다. 그는 단순히 선언하고 있을 뿐이다.

샌델은 증강에서 가장 심각하게 잘못된 점은 그것의 결과가 아니라고 재차 강조한다. 즉, "증강과 유전공학의 주요 문제는 인간의 행위 주체성을 훼손하는데 있다고 생각하지 않는다. 본질적인 문제는 더 깊숙한 데 있다. 인간의 본성을 포함해서 자연을 우리의 목적과 욕구를 충족하기 위해 다시 만들어내려는 프로메테우스적인 열망, 즉 인간의 과도한 행위 주체성이 문제다. 문제는 (……) 정복을 위한 충동이다."[28]

이것에 대해 잠시 생각해보자. 누군가 인간의 능력을 증강시키려고 할 때마다 정복을 위한 충동을 "표현하고" 있다는 것이 사실인가? 여기서 "표현하다"라는 말이 무엇을 의미하는지 잘 모르겠다. 샌델은 그것에 대해 전혀 설명하지 않는다. 그는 증강의 시도가 정복을 위한 충동에 의해서 야기된다는 것 또는 이것이 "정복을 위한 충동"의 표현이라고 말하고 싶은 것이지도 모른다. 우리가 이미 살펴보았듯이 "정복을 위한 충동"이 완벽이나 완전한 통제에 대한 열망을 의미한다면 각각의 경우에서 그가 말하고 있는 것은 분명히 착오가 있다. 어떤 사람의 능력을 증강시키려는 것이 완벽해지려 한다거나, 완전한 통제를 하려 한다는 것을 의미하지 않는다. 완벽의 추구나 완전한 통제가 아닌 특정한 증강을 이루기 위한 많은 이유가 존재하고, 증강을 추구하기 위한 수없이 다양한 동기가 존재한다. 이것은 사람들이 인간의 능력을 증강시키고자 할 때마다 정복이나 완벽에 대해 "정말로" 열망한다고 말하거나, 심지어 주장하는 것은 과장이 심한 얄팍한 속임수일 뿐이다.

다음을 기억해두자. 샌델은 생명의료 증강을 사용하는 것이 완벽이나

---

[28] 마이클 샌델, 『생명의 윤리를 말하다: 유전학적으로 완벽해지려는 인간을 위한 반론』, 강명신 옮김 (동녘, 2010), 58쪽 (역자 내용 일부 수정)

완전한 통제를 추구하고자 하는 우리의 욕구의 원인이 될 것이라는 자신의 말을 반박할 수 없다. 그는 증강의 문제는 그것의 결과가 아니라, 그것이 "표현하는" 것이라고 반복해서 말한다.

샌델은 정복을 위한 충동을 "표현하는" 것이 단지 생명의료 증강뿐이라고 생각하는가? 그는 그렇다고 하지 않는다. 실제로 정반대이다. 즉, 그는 우리가 증강을 성취하기 위해서 어떤 수단을 이용하든지 증강 그 자체에 잘못이 있다고 생각하는 것처럼 보인다. 그래서 우리가 아이에게 읽는 것을 가르침으로써 아이의 인지능력을 증강시키려고 할 때마다 우리가 하고 있는 것이 정복을 위한 충동을 "표현하고" 있다는 기이한 주장에 샌델은 전념하고 있는 것처럼 보인다. 증강을 위한 시도 또는 세상에서 어떤 결과를 갖기 위한 시도는 약간의 통제를 가하려는 노력이다. 하지만 그것이 그렇게 불쾌하지는 않다. 정복은 아마도 완전한 통제를 의미할 것이다. 약간의 통제를 위한 노력을 "정복을 위한 충동"이라고 부르는 것은 거의 발작에 가까운 과장이다.

어떤 경우에는 증강을 위한 특정한 시도가 누군가의 완벽이나 정복을 (헛된 생각에 빠져서) 열망한 결과일 수도 있다. 하지만 이것이 모든 증강이나 대부분의 증강이 틀렸다는 것을 의미하지는 않는다. 샌델은 자신이 "증강의 도덕적 지위"의 결과가 아니라 그 자체를 확인하기 위해서 노력하고 있다고 주장한다. 증강을 위한 특정한 시도는 도덕적 지위를 가질 수 있다. 그래서 그러한 시도는 상황, 행위자의 동기, 결과 등에 따라 좋거나 나쁘거나 혹은 중립적일 수 있다. 그러나 증강 자체는 도덕적 지위를 갖지 않는다. 증강의 도덕적 지위를 확인하기 위한 노력은 인간 행위의 도덕적 지위를 확인하려는 노력만큼이나 중요한 의미를 갖는다. 샌델은 증강이 허용할 수 없는 도덕적 지위를 갖는다고 생각하지만, 그것은 그가 증강 그 자체가 "정복을 위한 충동"을 "표현하거나", 그것의 예라고 잘못 생각하기 때문이다.

샌델은 자식의 유전자 증강에 대해서 격분하면서 "과잉 육아"에 대해 언급한다. 그는 자식에게 과외를 시키거나, 테니스 캠프와 같은 종래의 수단을 사용해서 자식들을 더 똑똑하게 또는 더 튼튼하게 만들려고 지나치게 노력하는 부모를 염두에 둔다. 그런 부모는 모든 일을 자기 뜻대로 하려는 사람들이고, 자식들에게 터무니없는 부담을 안겨준다. 물론 어떤 부모는 자식의 성장을 도우려는 과정에서 도를 넘기도 하지만 이러한 일이 생길 때마다 또는 이러한 사실로부터 아주 당연하게 생명의료 증강 또는 심지어 유전자 증강의 추구도 완벽의 문제라는 결론을 내리는 것은 엄청난 비약이다. 우리는 앞에서도 이런 식으로 동기를 비방하는 것을 살펴보았다. 즉, 3장에서 (샌델도 위원으로 있는) 부시 대통령 산하 생명윤리위원회가 복제로 생식하기를 원하는 대부분의 사람이 역겨운 동기(요컨대 그들은 죽은 자식을 되살리려고 시도하고, 자신이 너무 위대해서 세상이 그들의 더 많은 "복제"를 필요로 한다고 생각하거나, 자식을 자신의 기호 등에 맞추어 고안하려는 동기)를 가지고 있다고 공공연하게 암시하고 있다는 사실을 언급했다. 이와 유사하게 샌델은 "과잉 육아"를 떠올림으로써 느끼는 죄책감으로 증강에 대한 신뢰를 떨어뜨릴 수 있다고 생각할 수도 있다.

또한 그는 자식들의 능력을 증강하고자 하는 사람들이 자신의 아이들이 다른 아이들과의 경쟁에서 이기기 위한 경쟁적인 우위만을 개선하려 한다는 것이 명백한 사실인 양 적고 있다. 이것은 자식을 위해 증강을 추구하는 부모의 동기에 대한 지나치게 포괄적이고 달갑지 않은 주장이다. 레온 카스도 이와 동일한 오류를 범한다. 그는 인간의 수명이 늘어나기를 원하는 사람들은 실제로는 불멸을 갈망한다고 주장한다. 그들의 견해가 잘못된 이유를 밝히는 대신에 동기에 의문을 제기하는 것은 진실에 도달하는 방법이 결코 아니다.

샌델과 부시 위원회는 자신들이 동의하지 않는 동기에 대한 지나치게 포괄적인 주장을 지지할 만한 증거를 제시하려는 시도조차도 하지 않는다. 다양한 사람들은 생명의료 증강을 추구하기 위한 다양한 동기를 가질 것이고, 다수가 복합적인 동기를 가질 것이다. 이것은 자식을 하버드대에 보내려는 부모들도 마찬가지이다. 자식을 하버드대에 보내려는 모든 부모가 자식이 경쟁에서 우위를 점하는 데만 관심을 갖는다거나, 주로 관심을 갖는다고 말하는 것은, 생명의료 증강을 활용하려는 사람들이 이와 유사하게 동기화되어 있다고 말하는 것만큼 미친 짓이다. 자식의 능력을 증강시키기 위해 생명의료 수단을 사용하는 부모는 자식을 경쟁에서 더 우월하게 만들려고 갈망한다는 샌델의 암시는 입증되지 않는 무자비한 또 다른 일반화의 예이다. 우리가 더 잘 읽거나 더 잘 생각하는 아이가 되도록 아이들을 도와준다고 해서 아이들이 다른 아이들과의 경쟁에서 이기게만 하려고 매진하고 있다는 것을 의미하는 것은 아니다. 그런데 왜 *생명의료 증강*을 이용하려는 욕구는 경쟁적인 것에 대한 강박관념을 드러내야 하는 것인가?

프로이트(Freud)는 당시를 지배했던 자신의 발상인 남근 상징의 집착에 대해 언급하면서 "때때로 담배는 그저 담배일 뿐이다"라는 유명한 말을 남겼다. 이와 마찬가지로 내게는 상당히 자주 그렇기는 하지만, 때때로 증강은 완벽의 추구가 아닌 단지 증강일 뿐이다. 우리는 증강을 완벽을 위해 추구할 수도 있지만, 우리가 생명의료 기술의 힘을 착각하지만 않는다면 그렇지 않을 수도 있을 것이다. 만약 우리가 충분한 정보를 가지고, 과대망상에 빠지지 않는다면 완벽이나 정복에 대한 욕망과 전혀 상관없이 다음 두 가지 이유 가운데 하나를 위해 증강을 추구하게 될 것이다. 첫째, 우리는 특정한 능력을 개선하는 것이 우리에게 전반적으로 더 나은 상황을 제공하거나, 많은 사람이 이렇게 개선된다면 우리 모두가 이익을 얻을 것이라고 충분히 신뢰할 수도 있다. 둘째, 우리는 어떤 능력을 개선하는 것이 우리의 상황이 악화되는 것을 방지하는 데 필연적인 것이라고, 다시 한번 강조하지만, 충분히 신뢰할 수도 있다(탄크레디의 경우를 상기해보자).

아마도 샌델의 요점이 생명의료 증강을 추구하는 것이 언제나 또는 심지어 일반적으로, 완벽에 대한 추구 또는 (무자비한 경쟁의 징후)라고 주장하는 것은 아닐 것이다. 아마도 이것은 생명의료 증강의 기회가 많은 세계에서 우리가 그것에 넋이 나갈 만큼 빠져서 이것을 지나치게 사용할 *위험성*이 있다는 것을 의미할 것이다. 이것이 바로 그가 의도했던 것이라면 그가 한 말들은 모두 옳을 것이다. 이것은 중요한 메시지이지만, 과장된 수사학으로 포장되었을 때처럼 그렇게 흥미진진하지는(또는 독창적이지는) 않다.

이것이 우리가 생명의료 증강을 지나치게 많이 사용할 위험성이 있다고 말할 수 있는 하나의 이유이기는 하지만, 이러한 위험성이 너무 심각하기 때문에 우리가 생명의료 증강을 전반적으로 삼가는 편이 더 낫다고 말하는 것은 완전히 다른 이야기이다. 거의 모든 것이 위험성을 수반한다. 샌델은 생명의료 증강의 경우에 완벽주의와 예상 밖의 일을 향한 "폐쇄성"이라는 악덕에 빠질 위험성이 너무 심각하기 때문에 우리는 그저 안 된다고 말해야만 한다고 가정하는 것 같다. 그는 어떤 일을 할 때 이익이 충분히 크다면 약간의 위험성은 수용할 수도 있다는 사실을 무시한다.

샌델은 증강의 윤리학이 한낱 비용과 수익의 문제에 불과한 것이 아니라고 말한다. 비용과 수익의 문제라는 것이 찬반양론을 깔끔하게 수량화한 후에 정답을 기계적으로 계산할 수 있는 것을 의미한다면 이것은 사실이다. 그렇지만 우리는 그렇게 할 수 없다. 그렇더라도 우리는 증강을 숙고하는 데 있어서 부정적인 면뿐만 아니라 긍정적인 면도 면밀히 검토해야만 한다는 것을 인식할 수 있고, 인식해야만 한다. 물론 그런 과정에서 일어날 수 있는 부정적인 면이 증강의 추구가 *때때로* 나쁜 특성을 드러낼 수 있거나, 그것에 기여할 수 있는 위험성을 내포한다는 것을 자각하고 있어야 한다. 그렇더라도 이것이 "증강을 반대할 만한 논거"는 아니다. 전혀 그렇지 않다.

샌델이 위험성을 얼마나 극단적으로 표현하고 있는지 떠올려보자. 요컨대 그는 생명의료 증강을 사용하는 사람들이 완전한 통제를 추구한다고 생각한다. 좀 덜 극단적으로 해석하자면 그는 증강을 추구하는 것이 우리가 완전한 통제를 추구할 것이라는 아주 심각한 위험성을 제기한다고 생각한다. 그러나 내가 이미 주목했듯이 생명의료 증강이 인간 존재를 완전히 통제할 수 있다고 생각하는 사람은 광기에 현혹되어 있는 것이다. 그래서 샌델은 사람들이 생명의료 증강의 힘을 엄청나게 과대평가할 위험성이 너무 심각해서 생명의료 증강이 가져다줄 수 있는 모든 이익을 포기해야만 한다는 견해에 전념하는 것처럼 보인다! 생명의료 증강이 가져다줄 이익을 포기하기보다는 완전한 정복이 가능하다고 생각할 만큼 현혹되어 있는 사람들을 치료하는 편이 더 낫지 않을까? 물론 우리는 그런 사람들이 많이 있는지 알 수 없다. 샌델은 정복에 대한 과대망상적인 충동이 엄청난 문제라고 가정하고, 너무나 엄청난 문제이기 때문에 모든 증강을 포기할 것을 요구할 만하다고 가정하지만, 그렇다는 증거는 어떤 것도 제시하지 않는다. "과잉 육아"라는 입증되지 않은 언급은 과대망상이 존재한다는 주장에 적합한 증거가 될 수 없다.

    증강의 긍정적인 면과 부정적인 면을 따져보려는 어떤 시도도 샌델의 숙고에서 찾아볼 수 없다는 것을 무엇으로 설명할 수 있겠는가? 아마도 그는 긍정적인 것을 곡해하고 있는 것 같다. 샌델은 생명의료 증강의 이익을 마치 헛된 재화나 제로섬 재화인 것처럼 기술하는 경향이 있다. 만약 본받으려는 전형적인 모범이 "과잉 육아"나 성형수술이라면 아마도 의미가 있겠지만, 다양한 생명의료 증강이 가져다줄 수 있는 폭넓은 이익을 고려할 때, 이것은 오해의 소지가 많다. 앞 장에서도 주장했듯이 어떤 생명의료 증강은 포지티브섬일 것이며, 그것은 개인으로서의 우리와 사회에 상당히 중요한 이익이 될 것이다.

    예상 밖의 일에 대한 열린 마음(또는 그가 부르는 것처럼 "선물"에 대한 감사)의 미덕은 어떠한가? 샌델은 많은 것을 자신이 주장하는 덕으로 반대하지만, 놀랍게도 이에 대한 아무런 언급도 하지 않는다. 그가 증강을 공격할 때 이러한 덕의 중요성에 기반을 두지만, 이것을 갖는다는 것이 무엇인지 전혀 언급하지 않는다. 그는 도덕철학자들이 덕 이론가라고 부르는 사람이기는 한데, 덕 이론이 없는 덕 이론가라고 불러야만 할 것 같다. 물론 어떤 *의미*에서 부모는 자식의 불완전성을 인정해야만 하는 것이 사실이기는 하지만, 문제는 어떤 *의미*에서 말인가? 결국 때때로 부모는 자식의 불완전성을 받아들여야 하지만, 때때로 그래서는 안 된다. 내 아이가 입천장 갈림증을 가지고 있는데 아이를 치료하고자 하는 의사에게 "호의는 감사하지만 괜찮습니다. 전 제 아이를 조건 없이 사랑합니다. 입천장 갈림증은 예상하지 못한 것이었습니다. 아이는 수술시키지 않겠습니다. 전 삶의 선물에 감사합니다"라고 말한다면 냉담한 얼간이일 것이다.

우리가 문제를 인정해야 할 때와 해결하려고 노력해야 할 때 우리에게 필요한 것은 설득력 있는 설명이다. 샌델은 이것을 제시하지 않는다. 그는 질병을 치료하거나, 예방하는 것은 괜찮다고 생각하지만 증강은 전혀 옳지 않다고 생각한다. 달리 말하자면 그는 우리가 우리의 "자연적 기능"을 회복하기 위해서만 개입해야 한다고 말한다. 그는 자연적인 것이 언제나 선하지도 않거니와 심지어 받아들일 만하지 않다는 사실을 이해하지 못한다. 그가 앞장에서 비판했던 자연에 대한 다윈 이전의 목적론적 견해에 갇혀 있는 것은 아닌지 의심스럽다.

샌델은 의학의 선은 증강이 아니라 건강이라고 말함으로써 증강을 시도해서는 안 되고, 단지 질병을 치료하거나 예방해야 한다는 자신의 입장을 강화한다. 우리가 의학을 사회적 실천으로 이해한다면 의학의 선(또는 목적)을 증강이 아니라 건강으로 이해할 거라고 말한다. 이것이 참일지도 모르지만, 생명의료 증강의 당위 여부에 대해서는 아무것도 말해주지 않는다. 우리가 의학이라고 부르는 사회적 실천이 왜 건강의 추구, 즉 질병의 치료나 예방을 추구하는 데에만 제한되어야 하는지에 대한 명백한 이유가 있다. 왜냐하면 그것이 최근까지 우리가 할 수 있었던 최선이었기 때문이다.

우리가 현재 직면한 문제는 질병의 치료와 예방을 넘어서 생명의료 증강을 아우르는 새로운 사회적 실천을 발전시켜야 하는지의 여부이다. "생명의료 증강"에서 "의료"라는 말로 쟁점을 흐리지 말자. 이렇게 한번 질문해보자. 인간의 능력을 증강하기 위해 *생명공학*을 사용해야만 하는가? 사회적 실천으로서의 의학의 본성에 대한 숙고로는 이 문제에 답할 수 없다. (생명공학이 의학의 목적을 발전시키기 위해서 올바르게만 사용되는 것이 "생명공학"의 중요성의 일환은 아니라는 사실에 주목하자.)

부모가 증강의 목적으로 생명공학을 사용하는 것이 잘못되었다는 생각을 따라가 보자. 선천적인 기능의 결함이나 부전을 바로잡는 문제가 아닐 때조차도 자식의 "선천적 재능"을 개선하려고 노력하는 것은 종종 옳은 일이다. 교육이 바로 그러하다. 샌델이 부모가 자식에게 돈으로 살 수 있는 최고의 인지 증강을 선사하고 싶어 했기 때문에 하버드대에 있을 수 있는 학생들에게 강연을 하면서 하버드대에 재직하고 있다는 사실은 역설적이다. 왜 우리의 아이나 자신을 위한 전통적이고 비생명의료 증강은 괜찮고, 생명공학을 수반하는 증강은 명백한 악의 징후이자 용인할 수 없는 위험성을 제기하는지 샌델은 전혀 설명할 수 없을 것이다. 이것은 불가능한 일이다. 요컨대 우리는 개선을 지나치게 요구해서는 안 된다는 참이기는 하지만 거의 공허한 주장으로부터 생명의료 증강이나 심지어 유전자 증강조차도 언제나, 또는 일반적으로, 악의적이라는 결론을 얻을 수는 없다.

내가 샌델에게 너무 심했다고 생각할 수도 있다. 그래도 오해하지 않았으면 좋겠다. 나는 증강을 추구하기 위한 동기들에 대해서 숙고할 필요가 있다고 강조하는 샌델의 생각은 옳다고 생각한다. 그리고 우리가 증강에 넋을 잃을 정도로 빠져들지도 모른다는 그의 우려가 옳다고도 생각한다. 실제로도 이러한 입장에 몹시 감명을 받아서 이제 이것을 오해의 소지 없이, 광적인 미사여구 없이 조심스럽게 전개하려고 한다.

우려는 논거가 아니다

우리가 더 나아가기 전에 간단하지만 절대적으로 결정적인 차이를 강조하고 싶다. 증강에 대한 "반대"나 대략적으로 고려된 대가와 같은 우려를 불러일으키는 일과, 이러한 우려가 증강을 반대하는 논증을 구성할 만큼 매우 심각하다는 걸 증명하는 일은 완전히 별개의 일이다. 증강을 반대하는 논거는 "증강은 잘못된 것이다"라는 결론으로 끝나는 추론의 한 조각이다. 모든 것을 고려해볼 때 우리는 잘못되지 않은 많은 것에 대해서 우려한다. 예를 들어 우리는 민주주의에 대해서 걱정한다. 민주적인 정치 과정은 잘못될 수도 있다. 때때로 인기는 많지만 전문지식이 부족한 사람이 선출되는 것을 보면, 민주주의가 훌륭한 정보를 충분히 이용하지 못하는 것 같기도 하다. 때때로 다수는 다른 실수를 저지른다. 하지만 이것이 "민주주의에 반대하는 논거"는 아니다. 이것은 단지 우려일 뿐이다. 조금 다른 방식으로 표현하자면 민주주의에는 대가가 따르지만 우리는 이익이 대가보다 훨씬 더 크다고 생각한다. 또는 만약 "대가"와 "이익"이라는 말이 너무 양적으로 그리고 기계적으로 들리는 것 같다면, 민주주의에 관해서 말할 때 찬성뿐만 아니라 반대도 있지만, 모든 것을 감안할 때 찬성이 반대보다 많다고 해두자. 그저 증강에 대한 우려를 지적하는 것은 확실한 숙고를 거쳐 증강을 반대하고 있음을 보여주는 것과는 다르다. 증강에 대한 특성을 우려하는 샌델과 부시 위원회의 다른 구성원 같은 사람들의 이상한 점은 그들이 이러한 우려가 마치 증강을 반대할 만한 논거인 듯 행동한다는 것이다. 그들은 증강을 지지하는 숙고가 이러한 우려보다 더 클 수도 있다는 가능성을 심각하게 고려하지 않는다. 그들은 단순히 위험성만을 지적하고 나서, 증강은 잘못된 것이라는 결론을 내린다.

샌델이 제기하는 우려의 특성을 샌델보다 더 잘 이해하려고 노력하기 전에 명심해야 할 다른 점이 있다. 샌델은 생명의료 증강이 또는 적어도 유전자 증강의 추구가, 정복에 대한 부적절한 열망을 드러내고, 예상 밖의 일에 대한 폐쇄성을 드러낸다고 생각한다는 것을 명심해두자. 만약 그렇다면 왜 그것이 포괄적인 증강인 글을 읽고 쓸 줄 아는 능력, 계산 능력, 농업혁명, 휴대전화, 컴퓨터 그리고 제도보다 생명의료 증강이나 같은 종류의 증강에만 적용되는가? 위에서 언급한 모든 비생명의료 증강이 추구하는 개선은 (몇몇 사람에게는 어쨌든) 완벽을 추구하게 할 것이라는 위험성을 수반한다. 그리고 이 모든 것이 그것 그대로의 모습을 수용하는 것에 대한 거부와 우리의 삶에 더 큰 통제를 행사하려는 노력을 함축하고 있다. 샌델은 생명의료 증강이나 유전공학을 수반하는 생명의료 증강이 위대한 역사적 증강을 (모순되게) 비난하지 않고서도 계속해서 생명의료 증강을 비난할 수 있을 정도로, 위대한 역사적 증강과 왜 그렇게 다른지 전혀 증명할 수 없다는 것이 심각한 문제이다. 그래서 생명의료 증강의 특성에 대한 우려를 이해하기 위해서는 다른 증강의 영향에 대해 숙고해볼 필요가 있을 것이다. 이것은 현실을 확인하는 역할을 할 것이다. 요컨대 생명의료 증강에 대한 우려가 언제나 결정적인 반대라고 생각하는 오류를 방지하는 데 유용할 것이다.

우리가 가지고 있는 것에 대한 감사

"선물"에 대해 고려하는 것보다 우리가 가지고 있는 것에 대한 감사에 대해 고려하는 편이 유리하다. 왜냐하면 이러한 고려는 우리가 가지고 있는 것을 신의 선물이라고 가정하지 않기 때문이다. 이 책에서 종교적인 가정은 피하고 있다. 이것은 내가 종교에 반대하기 때문이 아니다. 단순히 사람들이 종교적이든 아니든 상관없이 그들의 대부분이 접근할 수 있는 방법으로 증강에 대한 논의를 하고 싶기 때문이다. 그래서 우리가 가지고 있는 것에 대한 감사가 미덕이자, 훌륭한 특성이라는 생각을 계속 해보기로 하자. 나는 우리가 그것에 사실 그대로 동의할 수 있고, 그런 다음 증강이 함축하는 것이 무엇인지 이해할 수 있다고 생각한다.

우리가 가지고 있는 것에 대한 감사가 왜 덕인가? 이 물음에 대답하기 위해서 덕이 무엇인지에 대해 어느 정도 설명할 필요가 있다. 덕은 성격적 특성이다. 실제로 덕은 아주 복잡한 성격적 특성이다. 덕은 특정한 감정을 갖는 것, 특정한 종류의 평가를 하는 것 그리고 특정한 방식으로 행동하는 것을 수반한다. 게다가 전통적으로, 덕을 가지는 것이 일반적으로 가치가 있고, 일반적으로 그것을 가진 사람들을 다른 사람들에게도 가치 있게 보이게 하는 성격적 특성으로 여겨진다.

이러한 설명은 상당히 훌륭하지만 너무 일반적이다. 우리가 가지고 있는 것에 대해 감사하는 성격적 특성을 가지는 것이 가치 있다는 것은 무엇인가? 우리는 왜 감사해야 하는가? 첫 번째 주목해야 할 것은 제대로 묘사되고 논의되고 있는 덕이 우리가 가지고 있는 것에 대한 적절한 감사라는 것이다. 우리는 무언가에 감사할 때 두 가지 방향 가운데 어느 한쪽으로 잘못할 수 있다. 우리는 어떤 것에 가치를 너무 크게 두거나, 너무 작게 둘 수도 있다. 아이의 입천장 갈림증을 재건하기 위한 외과 의사의 제안을 받아들이지 않는 부모는 "주어진 것"에 지나치게 감사하고 있는 것이다. 우리가 어떻게 도를 넘어 다른 방향으로 갈 수 있을까? 무엇이 덜 감사하는 것으로 간주되는가? 아니면 약간 달리 표현해보자면, 우리가 가지고 있는 것을 향한 우리의 태도가 성격적 결함을 보여줄 수 있는 방법은 무엇인가? 나에게 몇 가지 방법이 있다.

첫째, 만약 우리가 현재 가지고 있지는 않지만 가지고 싶은 미래 재화에 지속적으로 초점을 맞춘다면, 우리가 이미 가지고 있는 좋은 것을 온전히 즐길 수 없을 것이다. 많은 경우에 우리가 성취한 것으로부터 얻은 이익은 그것에 집중하지 않는다면 감소할 것이다. 일례를 들어보자. 아름다운 집에서 사는 것을 정말로 즐길 것이라고 생각하기 때문에 이런 집을 구입하기 위해 열심히 일한다고 가정해보자. 그러고 나서 고가의 승용차도 구입하기로 결심한다. 아름다운 집과 고가의 승용차 모두를 구입하기 위해서 더 긴 시간을 일해야만 한다. 일하는 만큼 집에 있을 수 없기 때문에 집에서 즐길 수 있을 만큼 그렇게 많이는 즐길 수 없게 된다. 아니면 집에서 즐길 시간은 충분하지만 새로운 것을 구입하려는 생각으로 끊임없이 정신이 산만하다고 가정해보자. 결과는 앞의 예와 마찬가지로 다시 내가 누려야 할 만큼 즐길 수 없게 된다. 우리 모두가 점점 더 많은 물건을 구입하기 위해 더 열심히 일하는 사람들, 잇따라 "소비 목표"를 세우지만 자신이 가지고 있는 것에서는 큰 즐거움을 얻지 못하는 것 같은 사람들을 알고 있다고 생각한다. 이 모든 것이 헛되고, 자기 좌절인 것처럼 보인다.

매우 독창적인 경제학자 로버트 프랭크(Robert Frank)는 『사치 열풍(Luxury Fever)』이라는 아주 흥미로운 책을 저술했다. 이 책에는 다소 귀에 거슬리는 경제학자에 대한 농담이 있다. 요컨대 경제학자들은 회계사가 되기에 외모는 충분하지만 인격이 부족하다는 것이다. 이 농담은 많은 경제학자에게 해당되지 않지만, 특히 프랭크에게는 더 해당되지 않는다. 그는 품위와 기지로 최고급 소비재의 추구가 어떻게 우리의 형편을 더 낫게 만드는 것이 아니라 더 나쁘게 만드는지 보여준다. 우리가 사용하는 전문 용어로 표현하자면 프랭크는 차, 컴퓨터, 음향 장치, 주방 용품 등의 증강된 소비재에 대한 끊임없는 추구가 문제를 해결해주기는커녕 심지어 자기 파괴적이라는 사실을 보여준다. 이 문제는 실제로 이중적이다. 첫째, 우리가 이미 살펴본 바와 같이 우리가 끊임없이 다음 그다음 고급 물품에 집중한다면 우리는 이미 가지고 있는 것에 크게 즐거워 할 수 없을 것이다. 둘째, 우리가 항상 최고급 물품을 추구한다면 그것을 얻기 위해 비용을 감당해야 하고, 몇몇 (돈, 여가 시간, 기타 등등의) 가치 있는 것을 포기해야 한다는 사실과 최고는 아닐지라도 충분히 좋은 것에 만족한다면 많은 경우에 *전반적으로* 형편이 더 나아질 것이라는 사실을 간과하고 있다.

일반 소비재이든 그 자신의 특성이든 끊임없이 개선을 추구하는 사람은 다람쥐 쳇바퀴 같은 구입을 반복할 것이기 때문에 어리석을 것이다. 그는 신중함의 미덕이나 적절한 자존감의 미덕이 부족할 것이다. 또한 그는 만족할 줄 모르는 탐욕이라는 악덕에 시달릴 것이다. 요컨대 그가 소유한 어떤 좋은 것도 절대 만족스럽지 않을 것이다. 생명의료 증강의 풍성한 메뉴는 이러한 종류의 행동을 위한 새로운 기회를 창조할 것이다. 윌리엄스 소노마[29]와 빅토리아 시크릿[30]의 굉장히 매혹적인 조합인 생명의료 증강 목록을 상상해보자.

우리가 가지고 있는 것에 대한 감사가 부족한 것이 악덕일 수 있는 다른 방법이 있다. 내가 지금 가지고 있는 재화에 대해 덜 감사하더라도 그것이 그 재화가 줄 수 있는 온전한 즐거움을 나에게서 빼앗는다는 것을 의미하지는 않는다. 또한 재화의 가치에 대해 감사하지 못하는 데 나 자신의 책임이 있을 수도 있다. 우리가 어떤 것의 가치에 대해서 적절하게 감사하는 것을 보여주는 한 가지 방법은 우리가 더 낫다고 생각하는 무언가를 추구하는 과정에서 그것을 버리기보다는 보전하는 것이다.

어떤 상황에서 개선을 끊임없이 추구하는 것은 배신으로 이어질 수도 있다. 더 나은 가치가 있는 관계에 대한 기회가 있을 때마다 현재 가치가 있는 관계를 저버리는 사람을 상상해보자. 이런 사람은 진정으로 누군가에게 헌신할 수 없을 것이다. 어느 날 애인이 이별을 통보한다. "우리가 오

---

29 Williams-Sonoma: 미국의 주방 용품 회사 상표.
30 Victorias's Secret: 미국 최대의 란제리 회사 상표.

랜 시간을 함께 해왔고, 당신이 매우 행복하게 해준다는 걸 잘 알아. 하지만 5분 전에 나를 좀 더 행복하게 해줄 누군가를 만난 것 같아. 그러니까 잘 가."만약 그녀가 이렇게 말했다면, 오랫동안 잘 알아온 당신과의 삶과 그녀가 방금 만난 사람과의 삶을 비교하는 것이 가능하다고 생각하는 것일 테니 그녀는 어리석을 가능성이 높다. 그러나 어리석음만이 그녀의 유일한 결점은 아니다. 즉, 그녀는 정절이나 지조의 미덕도 부족하다. 그녀는 사랑이 무엇인지 모른다. 어떤 관계를 유지해야 하는지의 여부는 종종 욕구가 충족되고 있는지에 달려 있지만, 더 매력적인 사람이 나타날 때마다 떠나야 한다고 말하는 것과는 다르다.

개선의 기회가 있을 때마다 자신을 "포기하는" 사람 역시 도덕적으로 결함이 있을 것이다. 옥스퍼드의 철학자 알렉산드르 에를러(Alexandre Erler)가 주장한 것처럼 훌륭한 사람이 된다는 것은 무엇보다도 자신에 대한 올바른 태도를 갖는다는 것을 의미한다. 달리 말해 건전한 사람이 되기 위한 일환으로 적절한 자존감을 가지는 것이고, 때때로 자신을 있는 그대로 인정해야 하는 것이다. 끈질기게 끊임없이 가지고 있는 모든 특성을 개선하려고 하는 사람은 자존감이 지나치게 낮다는 것을 보여준다. 즉, 그는 자신의 가치를 과소평가하는 것이다. 요약해보면, 우리가 가지고 있는 것에 만족하지 못할 만큼 너무 성급해서 잘못을 저지를 수도 있고, 새로운 것을 추구하기 시작함으로써 잘못될 수도 있는 수없이 다양한 방식들이 있다. 왜냐하면 우리는 새로운 것을 추구하는 것이 더 나을 거라고 생각하기 때문이다.

자신을 대상으로 다루기

자신을 끊임없이 개선 가능한 것으로 보는 입장에는 또 다른 문제가 있다. 점점 증강되는 일련의 자신을 생산하기 위한 기계로 스스로를 간주할 위험성이 있다. 현재 생명의료 증강의 어떤 이익도 바라지 않고 이런 식으로 행동하는 사람들을 알고 있다. 더 날씬해지기 위해, 더 늠름해지기 위해 또는 (만약 그들이 학문에 종사하고 있다면) 교양을 더 쌓기 위해 그들은 자신을 혹사시키는데 만약 다른 사람에게 이런 짓을 했다면 노예 범죄로 기소되었을 것이다. 그들 역시 스스로에게 또는 그들이 이미 가지고 있는 훌륭한 것에 대해 제대로 고마워하지 않는다.

생명의료 증강의 세계에서 자신이 가지고 있는 것에 대해 제대로 고마워 하지 않는 사람들은 자신의 악덕을 채우기 위한 더 큰 기회를 갖게 될 것이다. 또한 그들은 이러한 유혹에 저항하기 위한 더 훌륭한 자원을 가지게 될지도 모른다. 이것은 그들이 덕을 증강시킬 수 있는지의 여부 또는 적어도 악덕에 저항할 수 있는 그들의 능력에 달려 있을 것이다. 샌델과 다른 사람들은 생명의료 증강이 악덕에 더 큰 여지를 줄 것이라고 걱정한다. 하지만 그들은 생명의료 증강이 우리를 더 도덕적으로 만들 수도 있다는 가능성은 고려하지 않는다. 자세한 것은 나중에 다시 언급하기로 하자.

자발성의 상실

증강을 끝없이 추구하는 사람들은 타산적이고 전략적인 방식으로 살아간다. 즉, 이들은 상황이 더 나아지는 방법을 끊임없이 찾아낸다. 만약 개선하고자 하는 계획이 충분히 야심차다면, 그들은 그 계획에 필요한 것 이외에 다른 모든 것들은 도상에서 몰아낸다. 그들은 언제나 목표 지향적인 방식으로 행동하고, 증강을 위해 미리 정해진 길로 단계적으로 이동한다. 가는 길을 멈춰 서서 장미 향을 맡을 시간 따위는 그들에게 없다. 끊임없이 앞으로 나아가기 위해 분투하면서 자신을 자연스러운 흐름에 내맡기지 못한다. 그들의 좁은 시야는 오로지 다음 목표에만 초점이 맞춰져 있기 때문에 많은 것을 그냥 흘려보낸다.

인간의 훌륭한 삶이란 이해타산과 분투를 수반해야 하지만 이익 관심과 욕망에 의해 무반성적으로 휩쓸리도록 또는 그러한 상황이 발생할 수 있도록, 한마디로 *자발성*을 위한 여지도 남겨두어야 한다. 우리가 서로 친밀하게 사적으로 교감할 때 특히 자발성에 큰 가치를 둔다고 생각한다. 우리는 제인 오스틴(Jane Austin)의 『오만과 편견(Pride and Prejudice)』이라는 훌륭한 소설에 등장하는 콜린스를 떠올릴지도 모른다. 그는 부유한 후견인인 베넷가의 캐서린 부인의 총애를 받아 롱번 저택에 머무르려고 끊임없이 노력하는 겉만 번지르르하고 거만한 성직자이다. 자신의 목적을 달성하기 위해 그는 그녀를 칭찬할 준비를 하느라 몇 시간을 보낸다. 이 칭찬은 즉흥적인 것처럼 보이도록 고안된 것이지만 터무니없이 억지로 꾸민, 한마디로 비자발적인 것이다. 그는 베넷 부인의 딸인 엘리자베스에게 청혼을 할 때, 자신의 감정을 표현하는 대신 자신이 그녀와 결혼해야만 하는 다양한 이유에 대해 형식적으로 표현하기 시작한다. 그에게 결혼은 사랑과는 아무런 관계가 없다. 이것은 장기간에 걸친 조심스러운 전략적인 계획의 일부에 지나지 않는다. 우리가 책을 읽지 않았거나 영화를 보지 않았다고 해도 어린 소녀에게 미치는 영향쯤은 상상할 수는 있다. 무모하게 증강을 추구하는 것이 우리의 삶에서 자발성을 몰아낼 것이고, 이것은 콜린스의 행동만큼이나 우스꽝스럽고 애처로울 것이다.

  지금까지의 논의를 요약해보면 우리의 기질이 얼마나 약한지에 따라 증강의 추구는 상당히 위험한 것으로 밝혀질 수도 있다. 즉, 우리는 미래 재화에 너무 집중하고 있어서 현재 가지고 있는 것을 제대로 누리지 못할 수도 있고, 자신을 미래의 더 나은 자신으로 만들기 위한 단순한 기계로만 취급할 수도 있으며, 오로지 개선만을 위해서 다른 사람을 배신할 수도 있고, 아니면 삶에 자발성을 위한 어떤 여지도 남겨두지 않을지도 모른다.

  이러한 위험성 가운데 어떤 위험성도 생명의료 증강의 경우에 특별히 더 위험하지는 않다는 데 주목해보자. 우리는 자신을 어떤 방식으로든 개선하려고 노력할 때면 언제나 이러한 위험성을 무릅쓴다. 그래서 만약 이러한 위험성이 생명의료 증강을 삼가는 중요한 이유라면, 이러한 위험성은 또한 모든 증강을 삼가야 하는 결정적인 이유이기도 할 것이다. 그러나 (글을 읽고 쓸 줄 아는 능력, 계산 능력 등을 포함하는) 모든 증강을 삼가는 것은 비합리적일 것이다. 그래서 우리가 지금까지 살펴본 것 가운데 어떤 것도 생명의료 증강을 반대할 만한 논거라고 여길 만한 것은 없었다. 우리가 가지고 있는 모든 것이 찬성과 반대를 저울질할 때 고려해야 할 필요가 있는 증강의 수많은 위험성이다. 그리고 나는 이것의 중요성을 경시하지 않는다.

이 주제를 마무리하기 전에 주어진 것에 대한 감사가 중요한 이유와 생명의료 증강의 이용 가능성이 이것을 줄일 수 있는 방법에 대해 한 번 더 이해해보기로 하자. 옥스퍼드의 의사이면서 생명윤리학자인 줄리언 사불레스쿠(Julian Savulescu)가 언젠가 나에게 훌륭한 삶이란 누군가 자신에게 주어진 것을 최고로 만드는 데 집중하는 것이고, 그것이 감사라는 가치의 핵심적인 발상일지도 모른다고 넌지시 내비친 적이 있다. 이것은 나에게 "해야만 하는 일에 할 수 있는 최선을 다한" 사람으로 기억되기를 바란다는 대법관 서굿 마셜(Thurgood Marshall)의 진술을 상기시켜준다.

사불레스쿠가 시사한 바와 마셜의 언급에는 무언가 중요한 점이 있다. 그러나 실천적인 의미가 무엇인지 알기는 어렵다. 만약 이러한 발상이 우리가 언제나 주어진 한계에 안주해야만 한다는 것을 의미한다면 이것은 확실히 잘못된 것이다. 때때로 행복을 위해 능력을 증강시키는 것은 삶을 개선하는 것이거나 삶이 더 악화되는 것을 막는 것이다. 이것을 증명해줄 만한 다음의 일례가 있다.

산제이는 항상 운동을 즐겨했다. 그의 행복 지수는 주로 신체적으로 강인함을 요구하는 격렬한 운동을 할 수 있는 자신의 능력에 의해서 좌우된다. 산제이는 나이가 들면서 이런 활동을 할 수 없을 것이고, 이로 인해 불행해질 것이라고 걱정한다. 그래서 자신의 행복 지수도 줄어들 것이라고 걱정한다. 이러한 걱정은 자신이 누구인지, 그리고 행복해질 수 있는 자신의 능력에 대한 정확한 판단에 기반한다.

그가 추구하는 행복의 관점에서 그는 지금부터 앉아서 하는 활동, 즉 체력이 감소했을 때도 여전히 추구할 수 있는 활동에서 즐거움을 찾을 수 있는 능력을 기르기 시작하는 편이 훨씬 나을 거라고 결심한다. 그는 연주회에서 음악을 듣거나, 훌륭한 예술 작품을 감상하면서 미술관 의자에 앉아 있거나, 브리지 게임이나 체스를 하는 긴 시간에 걸쳐 큰 기쁨을 누리는 사람들을 부러워한다. 그도 이런 활동을 하고 싶기는 하지만 이렇게 주로 앉아서 하는 활동을 즐기는 능력이 자신에게는 부족하다는 상당히 타당한 결론을 내린다. 그는 요령을 터득하려고 열심히 노력했으나 실패하고 만다. 음악 감상 강좌와 예술사 강좌 그리고 브리지 게임 수업과 체스 수업은 돈 낭비일 뿐이었다.

그러고 나서 산제이는 특정한 약물을 복용하면 주로 앉아서 하는 활동을 즐길 수 있는 능력을 기르기 위한 노력의 성공 가능성이 더 높아질 거라는 사실을 알게 되었다. 이 약물은 리탈린처럼 주의력 결핍 장애를 치료하기 위한 약물일 수도 있고, 소리의 미묘한 차이를 구별하는 능력을 증강시킴과 동시에 음악을 사랑하는 사람들에게서 발견되는 많은 양의 엔도르핀을 방출시키기 위해서 특별히 고안된 새로운 약물일 수도 있다. 만약 이런 약물이 이용 가능하다면(그리고 안전하다면), 만약 자신이 가지고 있는 것을 최대한 이용하라는 충고를 따르기보다는 증강에 손을 댄다면, 산제이는 자신이 원하는 바를 더 잘 추구할 수 있을 것이다. 만약 자신이 주어진 상황을 최대한 이용하기보다 오히려 증강시킨다면, 그는 더 행복해질 것이다.

이 예의 요점은 자신이 가지고 있는 것을 최대한 이용하는 것이 종종 훌륭한 충고라는 사실을 부정하는 것이 아니다. 오히려 이 예의 요점은 일반적으로 건전한 조언이 삶에서 일반적으로 예외를 인정한다는 것이고, 복잡한 생명의료 증강의 세계에서는 아마도 특히나 더 많은 예외를 인정한다는 것이다.

산제이에 대해 언급할 것이 하나 더 있다. 요컨대, 그가 약물을 복용해서 얻는 기쁨은 사이비 기쁨이 아니다. 그것은 『멋진 신세계(Brave New World)』에서 노동자들이 소마[31]를 복용해서 얻는 좋은 느낌 또는 우리 세계에서 헤로인 중독자들이 얻는 좋은 감정처럼 수동적이지 않다. 약물은 단지 기능의 발휘와 자신의 노력을 요구하는 활동에 스스로 참여할 수 있도록 할 뿐이다. 그는 마법의 음악 감상 약물을 복용하는 것이 아니다. 그는 음악 감상 능력을 개발하기 위한 자신의 능력을 증강하려는 것뿐이다. 생명의료 결정론자들의 망상은 피해야만 한다. 그러한 망상은 과학적으로 비현실적일 뿐만 아니라 증강에 대한 우리의 도덕적 평가를 왜곡하게 한다.

사이비 행복

증강에 대한 숙고 가운데 가장 흥미로운 것 중 하나는 증강이 행복은 무엇인가와 같은 몇몇 아주 기본적인 질문에 어쩔 수 없이 직면하게 한다는 것이다. 증강은 일반적인 평균을 넘어서는 어떤 특정한 능력의 개선이라는 것을 기억해두자. 능력을 개선하는 것이 반드시 더 나은 상황을 보장하는 것은 아니기 때문에 증강은 더 나은 삶과 동일한 것이 아니다. (예를 들어 여러분이 시끄러운 곳에 산다면 더 잘 듣는다는 것이 여러분을 비참하게 만들지도 모른다.)

---

[31] 헉슬리(Aldous Huxley)의 소설 『멋진 신세계』에 등장하는 약물로 사람들이 우울함을 느낄 때 복용하는 마약.

"행복"이라는 용어가 가진 문제는 그것이 모호하다는 데 있다. 때때로 우리는 기분이 좋은 만족의 상태를 행복이라는 말로 표현한다. 그러나 어떤 경우에는 약간 다른 것, 즉 잘 사는 것을 의미하기도 한다. 헤로인과 소마 중독의 예는 첫 번째 의미에서는 행복해질 수 있을지 모르겠지만 두번째 의미에서는 행복해질 수 없다는 것을 보여준다. 즉, 기분이 좋은 만족이라는 약물중독 상태로 살아가는 것은 절대 잘 사는 것이 아니다.

왜 그럴까? 고인이 된 철학자 로버트 노직(Robert Nozick)은 이 물음에 대답하기 위한 사고실험을 고안했다. 자신을 경험 기계에 연결할 수 있다고 상상해보자. 경험 기계는 그것이 무엇이든지 간에 여러분이 가장 소중히 여기는 목적을 달성한 것처럼 만들어줄 수 있다. 가장 원하는 것이 노벨평화상을 받는 것이라고 가정해보자. 경험 기계는 노벨상을 탔을 때 경험하게 될 것을 정확하게 만들어낼 수 있도록 뇌를 자극할 수 있다. 또는 유명한 영화배우로부터 열정적으로 사랑받기를 간절히 바란다고 상상해보자. 이것 역시 어떤 모습일지 그대로 재현할 수 있다. 이 기계는 심지어 여러분에게 완전히 반한 영화배우를 곁에 두고 노벨상을 받을 때 갖게 될 경험도 재현할 수 있다.

여러분이 원하는 (그럴 것 같은) 삶의 종류를 프로그램한 후에 경험 기계에 영구적으로 연결되어 있다고 가정해보자. 일단 기계가 작동하면 경험 기계에 연결되었다는 것을 알 수 없을 것이다. (영화 〈매트릭스(The Matrix)〉를 떠올려보자.) 여러분은 여러분이 한 것처럼 보이는 모든 것을 자신이 했다고 믿을 것이다. 노직은 하버드대에서 제자들과 이러한 사고실험을 했고, 만약 이러한 경험 기계가 주어진다면 다수가 경험 기계가 제공하는 "삶"을 살지 않겠다는 선택을 할 것이라고 보고했다.

그도 역시 다수의 선택이 옳았다고 생각했다. 노직의 추정에 따르면 대부분의 사람이 경험 기계를 거부한 것은 그들이 인간의 훌륭한 삶이란 단순히 어떤 경험을 갖는 것, 즉 어떤 정신적 상태에 있다는 것 이상을 수반한다는 것을 알고 있기 때문이라는 것이다. 이것은 정말로 무엇인가를 하는 것, 정말로 목적을 달성하는 것, 정말로 의미 있는 관계를 맺는 것을 수반한다. 이것은 마치 당신이 한 것 같은 단순한 감정이 아니다.

노직의 사고실험은 생명의료 기분 증강의 경우와 관련이 있다. "기분"은 일시적인 무언가를 의미하거나, 누군가의 안정적인 기질, 즉 쾌활한 성격을 갖는다거나 삶에 다소 부정적인 견해를 갖는 경향을 의미한다. 기분 증강 약물은 이미 존재한다. 프로작(선택적 세로토닌 재흡수 차단제)과 같은 약물은 보통 사람들을 어느 정도 긍정적으로 변화시키는 것처럼 보인다. 이러한 약물은 증강이 아니라 우울증을 치료하기 위해서 먼저 개발되었다. 다른 경우와 마찬가지로 이러한 증강은 질병 치료를 위한 노력의 의도하지 않은 결과로서 정당하지 못하게 도입되었다.

진정성 있게 살기

요즘은 우울증을 앓고 있지 않은 많은 사람들도 프로작을 복용한다. 이것은 몇몇 사람을 매우 성가시게 한다. 다음과 같은 두 가지가 우려된다. 첫째, 만약 당신이 약물을 복용함으로써 당신의 기질을 바꿀 수 있다면, 당신은 진정성 있게 살아갈 수 없을 것이다. 매우 존경받는 생명윤리학자인 데이비드 드그라지아(David DeGrazia)는 이것이 그런 예일 필요까지는 없다고 주장했다. 그는 진정성을 가진다는 의미가 당신 자신의 안정된 가치에 따라 살아가는 것을 의미한다고 지적한다. 그는 만약 더 밝은 성향을 가지려는 욕구가 당신의 안정적인 가치에 뿌리를 두고 있다면, 이를 위해 약물을 복용하는 것은 진정성과 양립 가능하다는 결론을 내린다. 실제로 프로작을 복용하는 많은 사람이 정확히 자신의 말로 자신의 상황을 설명한다. 요컨대 그들은 약물을 복용하는 것이 자신을 자유롭게 하고, 자신이 정말로 누구인지 자신의 존재에 대한 장애를 제거한다고 말한다.

만약 당신이 훌륭한 삶이란 밝은 성향을 갖는 것이 전부라고 생각해서 이를 성취하기 위해 프로작을 복용했다면, 당신은 틀린 것이다. 이것이 노직의 사고실험의 핵심이다. 하지만 만약 당신이 긍정적인 성향을 갖는 것이 당신이 성취하고자 하는 것, 당신이 가치 있다고 생각하는 관계를 갖고자 하는 것, 당신이 살고 싶은 삶을 살아가고자 하는 것을 이루는 데 충분한 동기가 부여되도록 도움으로써 당신이 훌륭한 삶을 살아가는 것을 더 쉽게 해줄 수 있다고 생각한다면, 당신은 틀린 것이 아닐 것이다.

이 모든 것의 최종적인 결말은 무엇인가? 이것은 다소 간단하지만 중요하다. 즉, 우선 훌륭한 삶을 사는 것이 바로 더 밝은 성향을 갖는 것이라고 생각해서 기분 증강 약물을 복용하는 것과 더 밝은 성향을 가지는 것이 잘 살기 위한 필수적인 단계일지도 모른다고 생각하는 것은 전혀 다른 문제이다. 만약 당신이 첫 번째 방식으로 기분 증강에 대해 잘못 이해한다면 잘 살 수 없을 것이다. 당신이 행복을 단지 어떤 방식의 감정이라고 생각해서 어리석게도 삶을 완전히 부정적으로 바라본다면 당신은 헤로인 중독자나 소마 중독자와 다르지 않을 것이다.

만약 선택적 세로토닌 재흡수 차단제의 판매가 어떤 조짐에 불과하다면 더욱 정제되고 효율적인 기분 증강 약물의 잠재 시장은 거대할 것이다. 그래서 우리는 우리가 그것을 사용해야만 하는가의 여부에 대한 물음에 당장이라도 직면할지도 모른다는 사실을 확신할 수 있다. 물론 그렇다고 해서 이것이 우리가 이러한 종류의 선택에 처음 직면하는 것은 아닐 것이다. 오래전 선택적 세로토닌 재흡수 차단제가 존재하기 전에는 술, 헤로인, 마리화나, 코카인, 대마초, 엘에스디와 환각 버섯이 있었다. 우리는 몇몇 사람이 기분을 증강시키는 약물을 남용하는 데 취약하다는 것을 이미 알고 있다. 그렇지만 우리는 많은 사람이 사실상 다수가 그것을 남용하지 않으며, 많은 사람이 그것을 전혀 사용하지 않는다는 것도 알고 있다.

결국 제약회사는 지금은 쉽게 중독되지 않을 것 같은 사람이 남용할 수도 있을 만큼 효과적인 새로운 기분 증강 약물을 개발할지도 모른다. 이것이 가능할지도 모르기 때문에 우리는 이것을 우려해야만 한다. 그렇더라도 일단 대차대조표의 양쪽을 모두 살펴볼 필요는 있다. 더 긍정적인 기질을 갖는다는 것이 더 잘 살아가는 것이 아닐지라도 많은 사람들에게 그것은 그들이 잘 살 수 있다는 것을 더욱 그럴싸하게 보이도록 만들지도 모른다. 만약 많은 사람이 기분 증강 약물로 큰 이익을 보게되고 약물을 남용하지 않는다면, 소수의 사람이 그 약물을 남용할 것이라는 단지 그 이유 때문에 그 약물을 금지하는 것이 타당한가?

이 질문에 대답하기 위해서는 많은 요인들을 살펴봐야 한다. 우선 한 가지 이유는 소수에 의한 약물 남용이 다른 사람에게 피해를 주는가의 여부이다. 이것은 술의 남용에서 확실히 드러난다. 즉, 예를 들어 술에 취한 상태는 교통사고, 가정폭력 그리고 일과 관련된 사고의 주요 요인이다. 그럼에도 불구하고 우리는 여전히 술을 금지하지 않고 있다. 왜냐하면 한편으로는 우리가 술을 남용하지 않는 사람들의 권리를 존중하기 때문이고, 다른 한편으로는 우리가 금지할 수 있는지 의심하기 때문이고 (금지하는 동안 조직화된 범죄처럼) 금지로 인해 나쁜 부작용을 초래할지도 모른다는 우려 때문이다.

과학이 기분 증강 약물 남용의 위험을 줄이는 방법을 제시할지도 모른다. 약리 유전체학(PGx)은 유전자와 약물에 대한 반응의 관계를 이해하는 학문이다. 이미 시장에서 유통되고 있는 많은 약물처럼 유해한 부작용의 위험성은 존재하지만, 모두에게 위험하지는 않으며 단지 소수의 사용자에만 그렇다. 문제는 우리가 최근까지 부작용이 발생하기 전까지는 누가 부작용으로 고통받고 있는지 알 수 없었다는 것이다. 약리 유전체학은 특정한 유전자를 가지고 있는 사람들만 유해한 부작용에 시달리기 쉽다는 것을 앞으로 알 수 있게 해줄 것이다. 약물을 처방하기 전에 우선 유전자 검사를 하겠다는 것이 기본 개념이다. 만약 당신에게 약물이 위험하다(또는 단지 효과 없다)는 검사 결과가 나온다면, 당신은 처방전을 얻을 수 없을 것이다.

이것은 신뢰할 만한 감시자가 있을 때에만 가능할 것이다. 즉, 누군가는 당신이 약을 얻을지의 여부를 결정하기 위해 약리 유전체학 정보를 이용할 것이다. 대개는 이 일을 하는 사람이 당신의 주치의이겠지만, 앞으로는 의사를 통하지 않고도 약리 유전체학 검사나 다른 종류의 검사를 받을 수 있게 될 것이다. 당신은 측정기를 온라인으로 주문할 수도 있을 것이다. 측정기는 우편을 통해 받게 될 것이다. 우편물 안에는 설문지, 면봉과 봉투가 들어 있을 것이다. 당신의 볼 안 주위를 면봉으로 문지르고 그것과 함께 모두 답한 설문지를 검사 회사에 우편으로 돌려보내면, 며칠 뒤에 결과를 알게 될 것이다. 우리 중에 몇몇은 기분 증강 약물을 복용하기 전에 의사에게 진단을 받거나 자가 검사기로도 충분히 검사할 만큼 자신을 통제할 것이고, 만약 중독이나 몇몇 부작용의 위험성이 있을지도 모른다는 검사 결과가 나온다면 약물을 복용하지 않을 것이다.

하지만 몇몇 사람은 그렇게 하지 않을 것이기 때문에 문제는 여전히 생길 것이다. 모두가 알다시피 새로운 기분 증강 약물 때문이 아니라 코카인 때문이기는 하지만 제안된 해결책은 이미 상정되어 있다. 여기에 착안해보자. 코카인 중독의 위험성이 있는 사람을 가려내는 데 약리 유전체학 검사가 가능하다고 가정해보자. 과학자들은 임상 실험용 코카인 백신을 이미 개발했다. 이 백신은 코카인 분자에 접합되는 거대 분자를 포함한 약물이다. 이것은 혈액 속에 있는 물질이 뇌로 들어가는 것을 막을 수 있는 일종의 여과기인 혈액 뇌관문으로 코카인이 전해지는 것을 막는다. 코카인이 뇌에 도달하지 않으면, 중독의 원인인 엔도르핀이 생산되지 않을 것이다. 그런데 여기에 문제가 있다. 즉, 중독의 위험성이 있는 몇몇 사람들은, 아마도 그들 가운데 다수는, 자발적인 검사나 백신의 복용을 원하지 않을 것이다. 그래서 공공 정책 문제들은 항상 논란이 된다. 요컨대 모든 사람이(또는 12살에서 60살 사이의 모든 사람이) 의무적으로 검사를 받아야만 하는가? 만약 약물 검사에서 양성으로 판명된다면 백신을 의무적으로 맞아야 하는가?

더 효율적인 기분 증강 약물이 이용 가능해지면서 우리는 이와 같은 결정에 직면해야 할지도 모른다. 당장 분명한 것은 기분 증강 약물의 남용에 대응하기 위해 개인으로서, 한 사회로서 우리 자신을 준비하는 방법에 대해 지금 당장 신중하게 생각해볼 필요가 있다는 것이다. 훌륭한 공공 정책만으로는 아마도 충분하지 않을 것이다. 우리도 행복이란 무엇인가라는 물음을 포함해서 몇몇 기본적인 물음에 대해서 좀 더 명확하게 생각할 필요가 있다. 또한 우리 각자가 이러한 약물을 지혜롭게 사용할 수 있을지에 대해 스스로 자문해볼 필요가 있다. 미국은 이미 대부분의 다른 개발도상국들보다 훨씬 더 약물 문제가 심각하다. 그리고 기분 증강 약물에 관해서라면 미국이 압도적으로 최첨단에 서 있을 것이다. 마지막 장에서 기분 증강 약물과 다른 생명의료 증강의 시대를 우리가 준비하기 위해서 몇몇 구체적인 방법을 살펴볼 것이다.

나는 이 시대를 피하기보다는 오히려 준비하라고 말한다. 왜냐하면 기분 증강 약물에 반대하는 것이 세계화에 반대하는 것만큼이나 거의 실현 불가능하다고 생각하기 때문이다. 양쪽의 경우 모두에서 이미 우리는 기분 증강 약물을 가지고 있고, 세계화의 시대에 살아가고 있으며, 거의 틀림없이 더 많은 것을 경험하게 될 것이다. 그러므로 문제는 어떻게 부정적인 것을 최소화하고, 긍정적인 것을 최대화하느냐 하는 것이 중요하다.

도덕적 무기력

증강 약물의 특성에 대한 또 다른 우려가 있다. 즉, 약물의 사용이 노력을 대체하게 될 것이라는 위험성이다. 이것을 도덕적 무기력의 문제라고 부르기로 하자. 만약 당신이 어느 정도의 탁월함을 "성취하기" 위해서 약물을 복용해도 된다면, 이것은 여전히 탁월한 것일까? 만약 우리가 목표를 위해 습관적으로 약물이라는 지름길을 택한다면, 우리의 의지력은 위축될 것인가?

다시 한번 강조하지만 이것은 새로운 문제가 아니다. 비만한 사람을 위해 유통되고 있는 알리(Alli)라고 불리는 약이 있다. 이것은 섭취된 음식물 안에 들어 있는 지방을 방울로 응고시켜서 장을 거쳐 화장실에서 배설하게 한다. 지방이 곧바로 빠져나가기 때문에 세포에 저장되지 않는다. 따라서 우리는 엄청난 의지력을 동원해서 기름진 음식을 피할 필요 없이 알리를 복용해야 한다는 사실만 명심하면 된다. 부시 위원회의 구성원을 포함해서 몇몇 사람은 생명의료 증강이 우리가 가진 "도덕적 힘"을 위축시키는 지름길이 될 것이라고 상당히 우려한다. 실제로 그들은 걱정이 너무 심해서 증강이 아무리 이롭다고 하더라도 모든 증강을 피해야만 한다고 생각한다.

도덕적 무기력에 대한 우려는 심각한 문제이지만, 그것을 표현하는 방식에 주의할 필요가 있다. 때때로 지름길은 더할 나위 없이 좋은 것이다. 전자계산기나 위성항법장치(GPS: Global Posisioning System)를 떠올려보자. 전자계산기에만 의지하는 사람들의 계산 능력이 쇠퇴하기 쉽다는 것은 아마도 사실일지 모른다. 이와 유사하게 위성항법장치(GPS)의 사용이 만연하다면 그만큼 내가 보이스카우트 배지를 위해 도보 여행에서 익힌 전통적인 재래 기술을 지닌 많은 사람이 사라질 것이다. 책이 이용할 수 있게 되었을 때 분명히 기억 능력은 감퇴했을 것이다. 글을 읽고 쓸 줄 아는 능력이라고 부르는 증강은 아마도 구전 서사시와 그것이 요구하는 기술의 종말을 야기했을 것이다. 그렇다고 이것이 글을 읽고 쓸 줄 아는 능력을 폐지할 만한 근거가 될 수는 절대 없다.

전자계산기를 사용해서 복잡한 계산 문제를 "해결"한다면 수리 능력에 대한 어떤 신뢰도 쌓을 수 없을 것이다. 이와 마찬가지로 위성항법장치를 이용해서 먼 거리의 목적지에 성공적으로 도달했다면 이것도 칭찬받을 만하지는 않을 것이다. 그렇다고 해서 전자계산기와 위성항법장치를 없애 버려야 한다는 결론이 도출되는 것은 아니다. 삶은 매일 하는 업무에 대해 얼마나 많은 기술과 노력을 사용할 수 있는지 보여주기 위한 경쟁이 아니다. 때때로 중요한 것은 결과이지, 과정이 아니다.

도덕적 무기력의 위험성이 아주 심각해서 모든 생명의료 증강을 피해야만 한다고 생각하는 사람들이 생명의료 증강의 세계에서 의지력을 행사하거나 노력할 기회가 부족해질 것 같다고 생각하는 엄청난 실수를 하고 있지나 않은지 궁금하다. 만약 그들이 그렇게 생각한다면 그들은 중요한 사실, 즉 지름길은 보통 의지력과 노력에 대한 새로운 기회로 이어진다는 사실을 간과하고 있는 것이다. 전자계산기나 위성항법장치를 사용하는 것은 더 중요한 일을 하는데 집중할 수 있도록 여유를 제공할 것이고, 더 중요한 일을 하는 대부분의 경우에서 "도덕적 힘"의 행사나 다른 기술의 발휘를 수반할 것이다. 의지력을 발휘하고 노력하는 것에 대한 기회의 부족은 샌델이 걱정하는 통제 결핍과 다르지 않다. 도덕적 힘을 행사할 기회는 지름길을 선택할 때마다 매번 감소하는 고정된 양이 아니다. 지름길을 선택하는 것이 보통은 새로운 기회를 제공한다.

이것은 특히 인지 증강의 경우에 명백하게 드러난다. 인지능력을 증강시킨다고 해서 이것이 인지적 노력을 수행하는 능력이 위축되는 것을 의미하지는 않는다. 이것은 당신이 지금 더 복잡하고 힘든 인지적 임무를 수행할 수 있다는 것을 의미한다. 동일한 것이 "수행 능력 증강 약물"에도 적용된다. 만약 당신이 손을 떨지 않기 위해서 아데랄(Adderall)을 복용하는 많은 음악가 가운데 한 사람이라면, 나는 당신이 쉬운 작품을 더 손쉽게 연주하기 위해서가 아니라, 더 어려운 작품과 씨름하기 위해서 이러한 개선을 사용한다고 확신한다. 새로운 탁월함을 얻기 위해 노력할 수 있다는 사실로부터 증강은 더 높은 도약의 발판 역할을 할 것이다.

도덕적 무기력의 위험성을 과소평가하려는 것이 아니다. 이것은 어떤 사람들에게는 틀림없이 문제가 될 것이다. 그러나 전반적인 생명의료 증강을 피하려고 노력하는 것을 정당화하기 위해서는 그 위험성은 더 만연해야만 할 것이다. 만약 증강이 충분히 이롭다면, 특히 위험성을 완화시킬 합리적인 조치를 취할 수 있다면, 위험성은 고려할 만한 가치가 있다.

사랑의 묘약

성격과 생명의료 증강의 연관성에 대해서 걱정하는 몇몇 사람은 또 다른 우려를 한다. 요컨대, 생명의료 증강의 사용이 진정성 없는 관계를 초래할지도 모른다고 걱정한다. 특히나 앞으로 관계를 증강시킬 것 같지만 실제로는 전혀 다르게 더 열등한 관계를 초래할 약물을 마구 복용하게 될지도 모른다고 걱정한다.

아주 최근에 연구자들은 이러한 우려와 직접적으로 관계가 있는 몇몇 흥미로운 실험을 진행했다. 그들은 인간이 아닌 들쥐로 실험했지만, 우리에게 미칠 실험의 영향은 아주 놀랄 만한 것이었다. 아주 다른 성행동을 취하는 두 종의 들쥐가 있다. 한 종은 일자일웅(一雌一雄)이고, 다른 종은 배우자를 선택하는 데 있어서 완전히 무차별적이다. 과학자들은 이 두 종의 성행동 정체성을 서로 바꾸었다. 요컨대 들쥐들은 일자일웅에서 성행동의 문란한 형태로 그리고 그 반대로도 전환될 수 있었다. 과학자들은 다음과 같은 두 가지 방법 가운데 한 가지로 실험을 진행했다. 첫째, 약물(수컷에게는 바소프레신, 암컷에게는 옥시토신)을 투여함으로써 또는 둘째, 유전자를 한 종의 구성원으로부터 다른 종의 구성원의 배아에 주입함으로써 실험을 진행했다. 인간에게서도 동일한 약물이 자연스럽게 발견되고, 인간의 유전자도 들쥐의 유전자와 유사하다. 문제가 되고 있는 화학물질이

"남녀관계"에서도 역할을 한다는 증거가 있다.

우리는 들쥐가 아니기 때문에 들쥐에게 사용할 수 있는 것을 우리에게도 사용할 수 있다고 가정하는 것은 잘못이다. 그러나 성행동에 미치는 화학물질의 영향에 대한 이러한 실험과 다른 연구는 우리가 앞으로 어떤 시점에서는 그러한 목적으로 고안된 약물을 복용함으로써 인간 성행동에 영향을 미칠 수 있을 것이라는 사실을 강하게 암시하고 있다. 성이 (보통) 인간 남녀관계에서 상당히 핵심적인 역할을 하기 때문에 이것은 인간 남녀관계를 생화학적 수단으로 증강시키는 것이 가능할 수도 있다는 것을 의미한다.

이러한 목적으로 우리는 실제로 이미 술을 사용하고 있고, 수천 년 동안 사용해왔다. 남녀관계를 위한 재래 기술 시설로서 독신자들을 대상으로 하는 술집을 생각해보자. 실제로 현재 우리가 예전부터 내내 알고 있던 것에 대한 과학적 증거가 있다. 요컨대, 술을 마시면 마실수록 당신이 가지고 있는 매력 지수의 평가 기준은 점점 더 낮아질 것이다. 이러한 가설을 검증하기 위한 실험은 아주 간단하다. 즉, 이성의 인물 사진을 보여주면서 그 사람의 매력 지수가 어느 정도인지를 묻고, 그러고 나서 술의 소비량이 증가함에 따라 그 지수가 어떻게 영향을 받는지 알아본다. "새벽 2시에 집으로 돌아왔을 때는 10점 만점에 10점이었는데, 오전 10시에 눈을 떠보니 10점 만점에 2점 이었다"는 컨트리 송의 가사를 기억하는가?

인간은 성적 매력을 증가시킴으로써 남녀관계를 증진하는 도발적인 의상, 해 질 녘 해변 산책, 장미, 촛불을 밝힌 저녁 식사와 같은 다른 많은 기술을 발전시켰다. (어둠 속에서의 남녀관계의 결속력도 평가절하되어서는 안 된다. 오스카 와일드는 언젠가 재치 있게 다음과 같이 말했다. "많은 젊은이들이 싸구려 넥타이조차 구입할 필요가 없어 보이는 어두컴컴한 조명 아래서 청혼을 했다." 아니면 조지 버나드 쇼[George Bernard Shaw]였던가?)

또한 남녀관계를 *유지하기* 위해 아이들 없이 떠나는 휴가에서부터 다시 떠나는 신혼여행, 섹스 요법에 이르기까지 수많은 비생명의료 기술이 있다. 루이지애나 주에는 남녀관계를 유지하기 위한 합법적인 기술이 있다. 다음 두 가지 방법 가운데 하나로 그곳에서 결혼 생활을 유지할 수 있을 것이다. 요컨대 당사자 쌍방의 책임을 묻지 않는 이혼 조항으로 또는 잘못이 있는 사람에게 터무니없이 비싼 재정적인 비용을 부과하는 과실 이혼 선택 사항으로 말이다. 두 번째 선택 사항은 배우자의 부정을 막기 위해 고안되었다.

남녀관계는 깨지기 쉽다는 사실을 직시해보자. 어느 정도의 유혹은 늘 존재한다. 하지만 만약 당신이 유혹에 넘어간다면 무일푼이 될 것이라는 사실을 인지하고 있는 것은 유혹을 현저하게 덜 매혹적이게 할 것이다. 심지어 당사자 쌍방에게 잘못이 전혀 없는 이혼에서조차 이혼이 불러올 경제적 손실의 두려움은 힘든 시간을 함께 보낼 수 있게 해줄 수도 있다. 그래서 루이지애나 법은 손쉽게 경제 분담금을 올릴 수 있다.

사회가 변하면서 새로운 것이 남녀관계를 위협하지만 이를 방지하기 위한 새로운 기술도 발달한다. 다음과 같은 일례가 있다. 인터넷으로 옛 애인과 다시 연락하기가 아주 손쉬워졌기 때문에, 그리고 우연히 다시 연락하는 것이 때때로 더욱 심각한 문제를 초래할 수 있기 때문에, 사람들은 이전에 헤어진 애인과는 절대 다시 연락하지 않는다는 명백한 원칙을 따른다.

남녀관계를 지속하기 위한 이러한 모든 비생명의료 기술은 도덕적인 관점에서 보면 완전히 수용할 만한 것 같다. 실제로 이런 기술을 사용하는 것은 도덕적으로 감탄할 만한 일이다. 한계를 인지하고 소중하게 여기는 것을 보존하기 위해서 타당한 조치를 취하는 건 훌륭한 것이다. 이것을 사용한다고 해서 성격적 결함이 드러나는 것 같지는 않다. 이것은 누군가 완전하게 이성적이지 않거나, 천성적으로 성스러운 사람이 아니라는 것을 인정한다는 것만을 보여준다. 만약 당신이 여기에 의존하지 않는다고 해서 여기에 의존하는 것이 나쁘다는 것을 의미하지도 않는다. 이것은 단지 당신이 더 도덕적이라는 것만을 의미할 것이다.

「사랑의 묘약」이라는 대단히 흥미로운 글에서 줄리언 사불레스쿠와 앤더스 샌드버그는 남녀관계를 위한 보통의 인간 능력을 증강시키기 위해 약물을 사용하는 것에 대해 도덕적으로 잘못된 것이 전혀 없다고 주장한다. 이 주장에 나도 동의한다. 증강된 남녀관계가 새로운 것이 아니라는 것을 여러분에게 납득시키려는 나의 노력에도 불구하고 여러분은 동의하기를 유보할지도 모른다. 특히 여러분은 화학적 수단으로 지속되는 관계가 진정성이 있는 것인지의 여부에 대해서 걱정할지도 모른다.

우선 문제를 이런 식으로 구성하는 게 잘못된 것이라는 사실을 주목해보자. 사불레스쿠와 샌드버그는 약물만으로 관계의 지속을 보장할 것이라고 제안하지 않는다. 이것은 너무 생물학적 결정론에 가깝다. 그들은 조심스럽게 고안된 약물이 남녀 한 쌍이 함께할 가능성을 더 크게 할 수 있을 것이라는 점에 우리가 도달할 수도 있을 것이라고 생각한다. 달리 말해서 여기서 남녀관계를 지속하기 위한 약물은 산제이의 경우에서 음악 감상의 문제보다 더 큰 문제가 되지 않는다. 두 가지 경우에서 생명의료 증강은 노력을 대체할 수 없다. 이것은 단지 당신이 한 노력이 성과를 올릴 것이라는 공산을 크게 할 뿐이다. 여전히 당신은 설령 약물만으로 그 관계가 지속되는 것은 아니라고 하더라도 약물을 사용하는 것이 관계의 진정성을 결여시킬지도 모른다는 걱정을 할 수도 있다. 이것이 여전히 사랑일까?

이것은 두 가지 이유에서 제대로 된 물음이 아니다. 첫째, "사랑"이라는 용어가 다루기 힘들다는 것은 주지의 사실이다. 문화마다 사랑의 개념이 다르고, 심지어 같은 문화 내에서도 사랑의 개념이 다를 수 있다. 우리 사회 안에서조차도 진정한 사랑이 무엇인지에 대해 동의하지 못한다. 우리가 사랑이 무엇을 의미하는지를 명시하자마자 우리는 또 다른 질문을 던

지게 될 것이다. 즉, 증강된 남녀관계라는 문제가 발생할 모든 경우에서 사랑이 중요하기는 한가? 만약 낭만적인 사랑을 사랑이라고 생각한다면 안정적인 결혼이나 장기간의 관계에 가치를 두는 많은 세상 사람들은 화학적 증강이 사랑과 양립할 수 있는가의 여부에 대해 그다지 걱정하지 않을 수도 있다. 그들에게 낭만적인 사랑은 좋은 관계를 위해 꼭 필요하지는 않다. 둘째, 사불레스쿠와 샌드버그는 바소프레신 또는 옥시토신과 같은 약물을 복용하는 것이 그 자체로 장기간의 관계를, 심지어 사랑하고 있는 장기간의 관계도 아닌 관계까지, 만들어낼 수 있다고 주장하지 않는다. 오히려 이러한 발상이 의미하는 것은 사랑하는 관계를 맺었을 때 약물을 복용함으로써 관계를 지속할 기회를 늘릴 수 있을지도 모른다는 것이다. (당신이 그것을 지키기 위해 많은 다른 것을 하고 있다고 가정한다면 말이다.)

약물이 관계의 진정성을 위협하는지의 여부를 알아내려는 데 있어서 큰 실수를 하지 않는 것이 중요하다. 즉, 약물을 복용함으로써 남녀관계에 화학물질을 도입한다는 생각을 삼가는 것이 중요하다. 동일한 화학물질이 이미 남녀관계 안에 존재했고, 진화 심리학자들에 따르면 이미 남녀관계에서 역할을 하고 있다. 그래서 화학적으로 증강된 남녀관계와 "자연스러운" 남녀관계는 선택할 수 있는 것이 아니다. 그 선택은 약물을 사용하는 것과 약을 전혀 사용하지 않는 것 사이에서 이루어지는 것이 아니다. 그것은 *의도적으로* 약물을 사용하는 것과 각자의 몸에서 일어나는 화학반응의 결과로써 갖게 되는 약물의 정도가 어떻든 당신의 운에 맡기는 것 사이에서 이루어지는 선택이다.

만약 동일한 화학물질이 당신과 당신의 배우자를 함께하도록 *강요한다*면, 남녀관계에서 이미 역할을 하는 동일한 화학물질을 의도적으로 복용하는 것은 진정성의 관계를 앗아갈 것이다. 적어도 사랑을 조금만이라도 이해한다면, 그런 종류의 강요는 사랑과 양립 불가능하다는 사실을 쉽게 알 수 있다. 만약 강요가 진정성을 약화시키는 것이 걱정이라면, 과학에 기반을 둔 사변의 영역으로부터 『인형의 계곡(Valley of the Dolls)』[32]에서처럼 극도로 정신이 불안정한 세계 또는 더 으스스하게는, 희생양들을 사랑의 노예로 만들기 위한 다소 비과학적인 시도로 전해액을 희생양의 두개골에 주입한 연쇄살인마 제프리 다머(Jeffrey Dahmer)[33]의 세계 같은 섬뜩한 공상으로 추락한다는 점을 명심해두자. 그런 것들은 상상하지도 말자. 요컨대 우리는 사랑에만 집착하는 괴물에 대한 공상에 대해서가 아니라, 남녀관계를 증강시키는 약물에 대해서 논의해야 한다.

지금까지 설명했던 모든 것에도 불구하고 여전히 어떤 사람은 남녀관계의 *자연스러운* 생화학적 기여는 괜찮지만, 동일한 화학물질을 의도적으로 사용하는 것은 진정성이 없다거나, 약간은 다른 방식으로 잘못되었다고 말할 것이다. 그런 사람들은 진정한 관계가 흔히들 우리의 주어진 생물학적 본성에 기반한다고 말한다. 그렇기 때문에 증강 약물을 복용하는 것은 자연을 침해하는 것이다.

이러한 사고의 연장선은 자연에 대한 다윈 이전의 오래된 견해에 절망적으로 휘말려 있다. 1장에서 존 스튜어트 밀이 자연에 대해서 말한 것을 상기해보자. 자연은 다음 가운데 어느 하나를 의미한다. 하나는 자연 세계 전체, 즉 우리 스스로가 포함되어 있고, 생명의료 증강을 포함해서 우리가 하는 것은 무엇이든 초자연적이지 않은 모든 것을 의미한다. 다른 하나는 우리가 아무것도 하지 않았을 때 발생하는 것을 의미한다. 진화가 작동하는 방식을 고려해보면, 첫 번째 의미에서 자연이 언제나 올바르게 작동하는 것은 아니라고 생각할 만한 충분한 근거가 있으며, 그래서 두 번째 의미에서, 즉 만약 우리가 행동하지 않았다면 일어나지 않았을 결과물을 행

---

[32] 미국의 소설가 재클린 수잔의 장편소설로 엄청난 성공을 거둔 작품이다. 1967년 동명으로 영화화되기도 하였다.
[33] 밀워키의 식인귀로 불렸던 미국 희대의 연쇄살인범으로 1978년부터 1991년 체포되기 전까지 사간, 사체훼손, 식인을 저질렀으며 피해자는 17명에 달했다. 이 사건으로 밀워키 경찰 당국의 무능과 인종적, 성적 소수자에 대한 편견에 대한 혹독한 비판이 일었다.

동해서 얻게 된다는 의미에서 자연을 "간섭하는" 것이 종종 우리에게 적합하다고 생각할 만한 충분한 근거가 있다. 이것이 당뇨 환자가 인슐린을 복용하는 이유이고, 우리가 쓰나미가 발원한 지역을 떠나는 이유이다.

　모두 알다시피 남녀관계는 우리가 관계를 유지하기 위해서 심각한 조치를 취하지 않는다면 남녀관계가 지속되는 동안 종종 그것이 최선이 아니라고 생각할 만하다. 많은 진화생물학자는 남성의 진화된 특성의 결과로 남성들이 특히 성적 부정을 저지르기 쉽다고 믿는다. 이러한 발상은 남성이 자신의 유전자를 확산시키기 위한 강력한 경향성을 가지도록 진화되었다는 것이다. 만약 그것이 사실이라면, 진화는 우리가 가치 있게 여기는 것, 즉 안정된 관계를 성취하려는 데 장애물을 만들어놓은 것이다. 만약 가치 있게 여기는 것이 안정된 관계이고, 남성의 부정 때문에 안정된 관계가 어려워진다면, 아마도 우리는 자연을 "간섭해야" 하고 이러한 불운한 경향성에 대응하기 위해서 무엇인가를 해야 한다.

　몇몇 심리학자는 보통 남성이 여성보다 더 부정을 저지르기 쉽다는 사실을 유전자에 초점을 맞춰 설명하는 것에 대해 의심스러워한다. 이와 다르게 그들은 신체적으로 더 강인하고, 더 큰 사회적 힘을 가지기 쉬운 남자들이 일반적으로 바람을 더 잘 피울 수 있다고 생각한다. 왜냐하면 그런 남자들이 더 자주 교묘하게 처벌을 모면할 수 있기 때문이다. 남성의 부정을 설명하는 것이 생물학적이든 문화적이든 또는 둘의 조합이든 상관없이, 만약 당신이 안정적인 관계를 가치 있게 여기고, 부정은 안정성에 대한 위협이라는 것을 (지극히 합리적으로) 믿는 남성이라면 그러한 위협에 대처하기 위한 방법을 생각해야만 할 것이다. 남녀관계를 증강시키기 위한 약물 복용을 논의에서 제외할 이유가 전혀 없다. 만약 그것이 이용 가능하고 안전하다면, 그것은 심각하게 고려해볼 만한 가치가 있다.

　관계를 지속시키기 위한 전략은 약물의 의도적인 투여를 수반하는지의 여부와는 상관없이 위험을 불러일으킬 수도 있다. 예를 들어 당신이 잘

못했을 경우에 상당한 경제적 부담을 안아야 하는 이혼 조건으로 결혼을 선택했다면, 결국 당신은 상당히 좋지 않은 상황에 처할 수도 있다. 당신이 결혼한 사람이 결코 결혼을 꿈꾸고 싶지 않은 누군가로 전락해버리거나 처음부터 나빴지만 이러한 사실을 감추는 데 능숙한 사람으로 판명 난다고 상상해보자. 이제 당신은 옴짝달싹할 수 없다. 요컨대 당신은 경제적인 재앙을 초래하지 않고서는 거기서 자유로울 수 없다. 남녀관계를 위한 증강 약물을 의도적으로 사용하는 경우 거의 모든 약물이 갖고 있는 나쁜 신체적인 부작용의 위험성도 있을 것이다.

어떤 사람에게는 우리가 앞서 직면했던 도덕적 무기력에 대한 문제인 지나친 신뢰에 대한 위험성도 따를지 모른다. 어떤 사람은 증강을 너무 신뢰해서 관계를 지속하기 위해 본질적인 다른 것에 충분한 노력을 기울이지 않을 수도 있다. 이러한 위험성은 증강에만 해당하는 것이 아니다. 그것은 의학이나 질병을 치료하거나 예방하기 위한 약물도 이러한 위험성을 수반한다. 체중 감량제인 알리가 그 좋은 일례이다. 여기 두 가지 예가 더 있다. 여러분이 투석 병동에 간다면, 현재 투석으로 고통받고 있는 사람이 악화된 신장을 가진 사람들은 먹어서는 안 되는 음식, 예를 들어 짠 감자칩을 먹고 있는 것을 실제로도 볼 수 있을 것이다. 만약 그들에게 왜 그런 짓을 하느냐고 묻는다면, 그들은 말할 것이다. "하나도 아프지 않아요. 내가 투석을 하러 더 자주 가야 할지는 몰라도 그건 그럴 가치가 있어요." 이와 같이 콜레스테롤 수치를 낮추기 위해서 리피토(Lipitor)를 복용하는 사람 가운데 몇몇은 그들이 의학에 더 이상 의존할 수 없다고 생각할 때 먹을 수 있는 것보다 훨씬 더 기름진 음식을 먹을 것이다. 이것이 투석과 리피토를 금지해야 할 이유가 될까?

우리의 특성을 증강시킬 필요가 있을까?

의사이자 생명윤리학자인 토머스 더글러스는 도덕 증강에 대한 대단히 흥미로운 논문을 막 마무리했다. 그의 저서는 생명의료 증강의 이용 가능성이 붕괴될지도 모른다는 우려와 직접적으로 관련이 있다. 이러한 붕괴는 우리의 특성을 악화시키거나 적어도 우리가 이미 가지고 있는 특성의 결함을 드러낼 수 있는 훨씬 더 큰 기회를 줄지도 모른다. 증강만이 갖는 특성의 위험성이 너무 커서 우리가 증강을 전적으로 피해야만 한다고 생각하는 사람들은 우리의 특성에 대해서도 상당히 비관적인 입장을 취한다. 그들은 우리가 증강이 가져다줄 기질에 저항할 수 있을 만큼 충분히 강하지 않다고 생각한다. 만약 이것이 사실이라면 우리는 아마도 어떻게 우리의 특성을 개선할 수 있을지에 대해 더 많이 고민해야만 한다. 더글러스는 도덕 증강 약물에 대한 수많은 가능성을 고려한다. 그의 논의는 정교하고 다소 전문적이다. 나는 여기서 그 내용을 되풀이하거나 요약하고 싶지는 않다. 대신 도덕 증강의 발상이 의미 있다는 것을 보여주기 위해서 그것의 도움을 받아 몇가지 나의 생각을 보충할 것이다.

진화론적인 입장에서 볼 때 우리 자신을 증강시키지 않고도 생명의료 증강이 주는 새로운 도전에 대처할 수 있다면, 이것은 놀랄 만한 것이다. 독특하게도 인간 생물학은 대체로 당신과 내가 사는 세계와는 근본적으로 다른 10만 년 전 또는 15만 년 전 홍적세[34]에 주로 형성되었다. 우리는 도덕 수행 능력을 증강시키는 몇 가지 방법을 이미 개발했다. 즉, 종교나 윤리학을 이런 방법으로 간주할 수 있다. 또한 우리가 좀 더 나은 행위를 하는 데 도움이 될 수 있는 법과 같은 제도도 발전시켰다. 아마도 우리는

---

[34] 신생대의 마지막 단계이며 오늘날과 같은 기후 상태와 대륙빙하가 발달하였던 시기가 교대로 나타나는 대단히 불안정한 기후가 특징인 시기로, 흔히 '빙하시대'라고 불리기도 한다.

추가적인 도덕 증강이 필요할 것이고 그 가운데 몇 가지는 생명의료적일 것이다.

그것이 어떻게 작동할 것인가? 두 가지 주요 가능성이 있다. 두 가지 가능성 모두 상당히 추측에 근거한 것이다. 하지만 증강이 우리의 특성에 제기하는 위험성이 너무 압도적이어서 우리가 모든 증강을 삼가려고 노력해야만 한다는 예측보다는 이러한 두 가지 가능성보다 훨씬 더 추측에 근거한다고 생각한다.

한편으로 어떤 인지 증강은 더 도덕적일 수 있도록 도울 수도 있다. 때때로 우리가 얼마나 잘 행동하는가는 우리가 얼마나 잘 아는가에 달려있기도 하다. 덕은 복합적인 기질이고, 옳은 것과 그른 것에 대한 건전한 판단 능력을 수반한다는 사실을 상기해보자. 몇몇 경우에서 건전한 판단을 하기 위해서는 상당히 복합적인 사실들을 통달하고 있어야 하고, 추론할 능력과 전제로부터 타당한 결론을 이끌어낼 수 있는 능력을 갖춰야 한다. 우리는 아이와 청소년 들이 자신들의 행위로 인해 앞으로 생겨날 결과를 능숙하게 예상하지 못하기 때문에 어떤 결정을 하는 데 있어서도 능숙하지 못하다는 것을 이미 알고 있다. 이와 관련해서 어른들도 개선될 여지가 있을지도 모른다.

기억력을 개선하는 약물도 우리라는 존재가 도덕적으로 더 나아지는 데 기여할 수 있다. 우리 대부분은 정직함이 미덕이라고 생각한다. 하지만 인간의 기억이 얼마나 믿을 수 없는 것인지 고려해본다면 정직함은 갖기에 아주 힘든 미덕이다. 우리가 진실을 가치 있게 여기는 만큼, 또 자기기만의 악덕을 피하려고 하는 만큼, 우리는 기억이 쉽게 오류를 범할 수 있다는 사실에 대해서 걱정해야 한다. 달리 말해서 만약 진실에 관심이 있다면 더 좋은 기억을 갖는 데 관심을 가져야 한다. 기억력을 생명의료적으로 증강시키는 것은 유용할 뿐만 아니라 도덕적으로도 마땅히 해야 할 일이다.

인지 증강이 훌륭한 도덕 효과를 낼 수 있는 다른 방법이 있다. 심리학자들은 인간이 어느 정도는 인지적인 오류를 범하기 쉽고, 추론하는 데 실수하기 쉽다는 것을 증명했다. 이러한 실수 가운데 몇 가지는 전통적으로 악덕이라고 불리는 행동 양식의 원인일 수 있다. 여기 그 일례가 있다. 요컨대 우리는 환경 요인의 영향에 대해서 충분히 심각하게 고려하지 않고서, 너무 성급하게 다른 사람들의 행동을 그들의 인격의 결과로 보는 경향이 있다. 이러한 인지적 편견은 다른 사람들을 부당하게 판단하는 원인이자, 자기 잇속만 차리는 태도의 원인일 수 있다. 만약 우리가 이러한 종류의 잘못을 방지하는 데 도움이 되는 안전한 생명의료 수단을 개발했다면, 그것은 좋은 것일 것이다.

지금까지 우리는 어떻게 인지 증강이 우리를 도덕적으로 더 낫게 만들 수 있는지에 대해 숙고했다. 우리의 도덕 감정을 증강시키는 것도 우리를 도덕적으로 더 낫게 만들지도 모른다. 동정과 공감은 도덕 감정이다. 덕을 갖춘 사람들은 동정을 잘하고 공감도 잘한다. 만약 우리가 도덕 감정들의 생화학적이고 신경학적인 기반을 이해하게 된다면, 우리는 그것을 증강시킬 수 있을지도 모른다. 우리는 현재 상황과 다른 생생한 즐거움을 주는 가능성을 개선할 수 있거나 우리가 행동할 때 다른 사람에게 미치는 영향을 제대로 평가하기 위해서 우리의 도덕 상상력을 개선할 수도 있다.

우리는 도덕 상상력을 개선하기 위해서 비생명의료 기술을 이미 사용하고 있다. 예를 들어 인권에 대한 수업을 할 때 나는 홀로코스트의 생존자와 생존자 가족에게 일어난 일을 묘사하는 인터뷰를 포함하여 내 방식대로 만든 홀로코스트 다큐멘터리를 학생들에게 보여준다. 또한 그 다큐멘터리는 그들이 1945년 봄에 죽음의 수용소에서 해방되었을 때 연합군이 찾아낸 영화 장면을 보여줌으로써 그 공포를 더욱 생생하게 만든다. 아마도 도덕 상상력은 교육을 통해서 개선될 수 있을 것이다. 하지만 어쩌면 교육만으로는 충분하지 않고 생명의료적 부양책이 필요할지도 모르겠다.

재차 이것은 생명의료적 개입이 도덕 정서를 함양하는 고된 일을 대체하는가의 문제가 아니다. 중요한 점은 생명의료적 개입이 그것을 지원하는 역할을 할 수 있는지의 여부이다.

생명의료 수단으로 도덕을 개선할 가능성은 생물학적 결정주의를 상정하지 않는다. 이것은 우리가 도덕적 미덕을 위한 알약을 상습적으로 복용할 수 있다거나, 뇌에 공감 세포를 이식할 것이라는 발상이 아니다. 이것은 더 겸손한 발상이다. 도덕적 미덕이 생물학적 기질을 갖고 있는 만큼 우리의 생물학을 수정함으로써 도덕적 미덕을 개선할 수 있을지도 모른다.

만약 그것이 설득력이 없다고 생각한다면, 내가 도덕 포도당 적재라고 부르는 것을 숙고해보자. 심리학자들은 당신이 상당히 짧은 시간 안에 일련의 도덕적 의사결정을 내려야 한다면, 당신의 의사결정 능력은 저하될 것이라는 도덕적 의사결정 피로 현상을 입증했다. 또한 그들은 이러한 저하가 당신 뇌에 포도당의 양을 증가시킴으로써 어느 정도까지는 대응할 수 있다는 것도 증명했다. 포도당은 우리의 뇌에 이미 있는 물질이다. 만약 포도당 대신 약물 연구에 의해 생산된 몇몇 새로운 물질을 동일한 효과를 위해 사용한다면, 그것이 왜 도덕적 차이를 만드는가?

이전에 나는 도덕적으로 훌륭해질 능력은 진화된 본성에 의해 제한될 수도 있다고 언급했다. 몇몇 진화생물학자는 우리가 외국인 혐오, 즉 낯선 사람을 두려워 하는 진화된 경향성을 가지고 있고, 노골적으로 적대시한다고 생각한다. 이러한 심리학적인 경향성으로 우리가 소규모의 수렵채집 사회에 살면서 법과 질서가 전혀 없었을 때 생존을 위해서 좋은 것이었을지도 모른다. 하지만 이것은 요즘 우리에겐 아주 나쁜 것일 수도 있다. 우리가 결국 생명의료 기술의 사용을 통해서 이런 끔찍한 경향성을 약화시킬 방법을 습득할 가능성을 어떻게 배제할 수 있는지 나는 이해할 수가 없다. 나는 생명의료적 개입만이 성공할 것이라고 주장하지 않는다. 오히려 생명의료적 개입은 관심을 확장하기 위한 다면적인 노력의 한 단면일 것이고, 우리 같은 사람들뿐만 아니라 모든 인간에 대한 존중일 것이다.

더 일반적인 견해는 다음과 같다. 즉, 만약 당신이 우리의 현재 특성에 너무 결점이 많아서 증강을 남용할 수밖에 없기 때문에 우리가 증강을 막아야 한다고 생각한다면, 당신은 우리의 특성이 고정되어 있다고 상정하고 있는 것이다. 하지만 우리의 특성은 그렇지 않을 것이다.

나는 이 장을 증강을 공격하는 마이클 샌델의 과열된 미사여구를 돌파하려는 시도로 시작했다. 샌델의 접근이 독특한 것은 그가 특성에 집중한다는 사실이다. 나는 증강과 특성의 관계에 관한 수많은 다양한 우려가 있다는 것을 증명하려고 노력했다. 이것은 정복에 대한 충동과 예상 밖의 일에 대한 개방성이라는 그의 범주보다 훨씬 더 복잡하다. 또한 나는 만약 그것이 완전히 증강을 삼가려는 강력한 이유를 의미한다면 이러한 특성에 대한 우려 가운데 어떠한 것도 "증강을 반대할 만한 논거"에 미치지 못한다는 것을 증명하려고도 노력했다. 특성에 대한 우려는 "증강을 반대할 만한 논거"는 아니지만, 우리가 매우 진지하게 고려해야 할 어떤 것이다. 샌델이 말한 것과는 반대로 증강 그 *자체*에는 아무런 문제가 없고, 증강 그 자체는 문제가 있을 만한 어떤 것도 "드러내지" 않는다. 특정한 증강이 "드러내는" 것은 특정한 증강에 의해서 좌우될 것이다. 그럼에도 불구하고 우리가 증강을 추구하는 데 있어서 잘못을 저지를 만한 수많은 방식이 존재하고, 그러한 방식 가운데 어떤 것은 특성과 관련이 있다.

7장

증강 기획

　우리가 1장에서 미셸과 카를로스의 증강에 대한 틀에 박힌 반응을 접한 후 아주 먼 길을 왔다. 우리는 미셸이나 카를로스가 생각했던 것보다 문제가 훨씬 더 복잡하다는 것을 알게 되었다. 우리가 여태껏 살펴본 것의 주요 결론을 요약하려고 하는 것이 필연적으로 지나친 단순화를 수반하더라도 시도할 만한 가치는 있다.

　• 우리가 생명의료 증강을 달가워하든 그렇지 않든 상관없이, 생명의료 증강은 이미 우리 곁에 존재하고 한층 더 발전 중이다. 생명의료 수단으로 증가하는 인간의 능력을 고려할 때, 질병을 치료하고 예방하려는 연구는 필연적으로 건강한 상태보다 더 나은 상태에 대한 새로운 가능성을 열게 될 것이다. 그래서 '단순히 안 된다고 말하는 것'은 선택 사항이 아니다.

　• 생명의료 증강의 시대는 새로운 도전을 불러일으킬 테지만, 이로 인해 야기될 윤리 문제가 새로운 것이라고 생각하는 건 잘못이다. 이것은 증

강이 아주 오래된 인간 활동이자, 실제로 독특한 인간 활동이며, 우리를 정의하는 데 도움이 되는 중요한 것이라는 사실을 고려해보면 그렇게 놀라운 일도 아니다. 그 위험성은 우리가 가지고 있는 것에 대한 감사의 부족, "과잉 육아", 위험성을 개선하려는 시도에서 자신도 모르게 위험성을 더 악화시키는 것 그리고 현존하는 부정의를 악화시키는 것을 포함한다. 그러나 이러한 것 가운데 어느 것도 새로운 문제는 아니다. 그러한 문제는 인간이 자신의 상황이나, 자기 자식의 상황을 개선하려고 할 때마다 발생한다.

- 가장 중요한 것은 생명의료 증강이 야기할 도전과의 만남을 우리가 어떻게 준비하느냐 하는 것이다. 첫 번째 단계는 증강에 대한 우리의 결정이 편향될 수 있는 잘못 구성된 가정이나 잘못된 비유를 우리 자신에게서 제거하는 것이다.

- 자연이나 진화는 장인 기술자와 다르다. 자연적인 것, 즉 생물학적인 현 상태는 최적인 경우가 아주 드물고, 때때로 수용할 수조차 없다. 생명의료 증강의 가능성에 대해 이성적으로 평가하기 위해서, 우리는 자연 그리고 우리 자신의 생물학에 대한 전 다윈주의적이고 낭만화된 장밋빛 가정을 우리 자신으로부터 제거해야만 한다. 인간 본성은 수많은 개선의 여지로 이루어진 온갖 종류의 집합체이다.

- 인간 본성의 다양한 요소는 아주 밀접하게 서로 연관되어 있기 때문에 그것을 개선하려는 어떤 시도도 처참해질 것이라고 가정하는 것은 잘못이다. 우리가 우리 자신이 어떻게 이루어져 있는지 알면 알수록, 우리는 개선을 위한 선별적이고 안전한 개입을 더 잘 준비하게 될 것이다. 촘촘한 그물망에 대한 지나치게 광범위한 일반화는 유용하지 않다. 우리는 인과관계에 대한 더욱 정교한 지식이 필요하다. 우리는 인과관계에 대한 지식으로 견고하게 뿌리내린 교훈적인 경험 법칙이 필요하다. 우리의 지식이 증가할수록 당장은 어리석게만 보이는 개입이 점점 더 합당해질 것이다.

생명의료 증강의 위험성에 대한 온당한 접근은 반드시 지식에 민감해야 하고, 이것은 지식의 성장을 반성하고, 고무해야 함을 의미한다.

- 생명의료 증강을 전면적으로 배제하려는 명백한 기준을 만들려는 시도는 실패할 것이다. 증강과 질병의 치료나 예방 사이에 명확한 기준을 세우려는 것은 의미가 없다. 때때로 치료를 넘어설 충분한 이유나 건강을 유지하기보다는 그 이상을 시도할 충분한 이유가 있다. 건강과 질병에 대한 개념은 우리가 생각하는 것이 자연스러운 것인가와 연관되어 있지만, 자연스러운 것이 무엇인가는 진화의 결과로써 우리가 우연히 지금 있는 곳의 한낱 반영에 불과하다. 진화는 우리가 제대로 평가한 관점에서 최적이 아닌 것은 말할 것도 없이, 생물학적으로도 최적인 산물을 창조하지 못한다. 의학의 목적이 건강이라는 것은 사실이라고 할지라도, 그러한 사실이 건강의 유지를 넘어서는 그 이상을 이루기 위해서 생명공학을 사용하는 것이 잘못되었다는 것을 증명하는 것은 아니다. 예를 들어 "건강한" 노인이라도 주름이 지고, 관절이 아프고, 성욕이 감퇴하고, 정신적 기능을 제대로 발휘하지 못하고, 체력은 떨어진다. 만약 우리가 노년의 약간의 고통을 줄이기 위해 생명공학을 안전하게 사용할 수 있다면 우리는 그렇게 해야만 하고, 도덕적으로 말해보자면 이것을 치료로 간주할지 증강으로 간주할지는 중요하지 않다.

- 인간 본성에 대한 숙고는 어떤 특정한 생명의료 증강이 권할 만한 것인지 아닌지, 옳은 것인지 그른 것인지에 대해 우리에게 말해줄 수 없다. 기껏해야 인간 본성은 무엇이 우리에게 좋거나 옳은지 제약하는 역할을 할 뿐이다. 그리고 이것은 우리를 위한 번영과 도덕성의 일반적인 특성을 형성한다. 그러나 그것조차도 변할 수 있을 것이다. 왜냐하면 지금까지 규제되어왔던 것이 생명의료 개입에 의해 느슨해질 수도 있기 때문이다.

- 여느 곳에서와 마찬가지로 증강에 대한 논쟁에서 인간 본성과 자연스러운 것에 호소하는 것은 위험하다. 위대한 석학들도 무엇이 인간 본성

의 일부이고 아닌지에 대해서 종종 심각한 실수를 했다. 훨씬 더 나쁘게는 인간 본성과 자연스러운 것에 대해 말하는 것이 아주 주관적인 도덕적 입장을 마치 사실에 대한 진술인 것처럼 사칭하는 교묘한 도덕 제국주의라는 것이다. 게다가 인간 본성과 자연스러운 것에 대해 말하는 것은 종종 특정한 사람들을 낙인찍고, 비하하고, 무시하기 위해서 사용된다. 일반 윤리학에서처럼 증강의 윤리학에서도 인간 본성과 자연스러운 것의 언어로 표현될 수 있는 모든 가치는 그러한 용어를 사용하지 않고서도 혼동과 남용의 위험성이 덜한 언어로 표현될 수 있다.

- 증강은 완벽함이나 완전한 정복의 추구가 아니다. 어떤 경우에 사람들은 정복에 대한 부적절한 욕망을 가지고 있기 때문에 또는 자신들이 가진 것에 대해서 제대로 감사하지 못하기 때문에 증강을 추구할 수도 있다. 그러나 증강이 정복에 대한 욕망이나 완벽함의 추구를 "표현한다"고 말하는 것은 명백히 틀린 것이다. 증강하는 사람들의 동기는 다양하고 복잡할 수 있다. 이런 점에서 생명의료 증강은 교육이나 과학과 같은 전통적인 증강과 전혀 다르지 않다. 생명의료 증강이 완전한 통제에 대한 과대망상을 필연적으로 수반할 것이라는 터무니없는 예언을 기반으로 생명의료 증강을 논의의 대상에서 제외하는 것은 병적일 뿐만 아니라 윤리적으로도 무책임한 것이다.

- 생명의료 증강이 제기하는 특성에 대한 위험성은 새로운 위험성이 아니다. 위험성은 개선에 대한 인간의 모든 노력을 불러일으킨다. 만약 역사가 어떤 암시라면, 우리는 이러한 위험성에 대한 다음과 같은 두 가지 점을 상당히 확신할 수 있을 것이다. 첫째, 어떤 경우에는 이익이 엄청날 것이기 때문에 이것은 작동할 만한 가치가 있다. 둘째, 그 위험성은 동등하게 분배되지 않을 것이다. 그래서 오늘날 몇몇 사람은 처방된 약물이나 술, 성형수술을 남용하고 있지만 대부분의 사람이 그렇지 않은 것처럼 어떤 사람은 생명의료 증강을 남용할 테지만 어떤 사람은 그렇지 않을 것이

다. 많은 사람에게 큰 이익을 가져다주고, 대부분의 사람이 남용하지 않을 생명의료 증강의 경우에도 몇몇 사람은 생명의료 증강을 남용할 것이기 때문에 그저 그것을 금지하는 것에 대해 우리는 매우 신중해야 한다.

- 생명의료 증강은 심각한 정의의 문제들을 야기할 테지만 그 가운데 새로운 것은 전혀 없다. 그러한 문제는 이전의 모든 증강, 즉 농업에서부터 글을 읽고 쓸 줄 아는 능력, 계산 능력, 컴퓨터 그리고 제도의 발전에 이르기까지, 간단히 말해서, 모든 가치 있는 혁신의 원인을 제공했다. 생명의료 증강 예외론에 탐닉하는 대신에 우리는 가치 있는 혁신의 확산을 통해 정의에 대한 보다 전반적인 문제에 대해 생각해볼 필요가 있다. 가치 있는 혁신이 빠르게 확산되는 조건에 대한 정보에 의거해서 우리는 가치 있는 생명의료 증강이 그것을 원하는 모든 사람에게 빠르게 이용 가능해지도록 보장할 필요가 있다. 이를 위해서는 아마도 지적 소유권의 변형을 포함한 제도의 혁신이 요구될 것이다.

- 직시해야 할 점은 생명의료 증강 배분의 평등이 아니다. 다른 경우와 마찬가지로 이 경우에 평등은 설령 그 자체로 어떤 가치가 있다고 하더라도 그렇게 큰 가치는 아니다. 중요한 것은 (1) 지배와 착취 그리고 배제로 인한 불평등을 피하는 것이고, (2) 결핍을 줄이기 위해서 생명의료 증강과 다른 가치 있는 혁신을 활용하는 것이다. 만약 모두가 증강을 이용할 수 없다면 어느 누구도 증강을 이용해서는 안 된다고 보는 견해는 모두가 글을 읽고 쓸 줄 모르거나, 옥내 화장실이 없거나, 충분히 먹을 수 없다면, 어느 누구도 글을 읽거나 쓸 줄 알아서는 안 되고, 옥내 화장실이 있어서는 안 되고, 충분히 먹어서는 안 된다고 보는 견해처럼 이치에 맞지 않고, 도덕적으로 대단히 불쾌한 것이다.

- 정의의 문제에 대한 상당수의 현행 논의들은 증강이 어떤 종류의 재화인지에 대한 잘못된 가정, 즉 그러한 증강은 비쌀 것이고, 제로섬일 것이고, 시장을 통해서 독점적으로 제공되는 개인적인 재화일 거라는 잘못

구성된 가정에 의해서 왜곡되었다. 이러한 가정은 가장 가치 있는 생명의료 증강 가운데 몇몇 증강이 그러한 증강을 이용 가능한 사람들에게뿐만 아니라 다른 사람들에게도 사회적 이익을 가져다줄 것이라는 사실을 간과하고 있다. 또한 이것은 매우 생산적이고, 수익이 많은 새로운 형태의 협동을 가능하게 할 것이라는 사실도 간과하고 있다. 그리고 정부가 그러한 증강을 격려하거나 보조금을 주기에 충분히 가치 있는 것으로 여길 수도 있다는 사실 또한 간과하고 있다. 게다가 컴퓨터, 휴대전화 그리고 처방약과 마찬가지로 그것들의 특허가 만료될 때 증강에 드는 비용은 시간이 지나면서 줄어드는 경향이 있다는 점도 간과하고 있다.

- 생명의료 증강의 이익이 그러한 증강을 이용 가능한 사람들의 직접적인 이익에만 국한되어 있다고 생각하는 것은 심각한 잘못이다. 인지 증강과 도덕 증강을 포함한 몇몇 생명의료 증강은 사회적으로 광범위하게 이로울 것이다. 특히 이것은 네트워크 효과로 특징 지워진 증강과 생산성을 증가시키는 증강에 해당할 것이다. 증강이 거대한 사회적 이익을 가져올 수 있다는 사실을 간과하는 것은 증강을 불리한 상황에 처하게 하고, 우리가 증강에 대해서 아주 보수적인 입장이나 부정적인 입장을 취하도록 강요한다.

- 우리가 증가된 생산성을 포함하여 몇몇 생명의료 증강이 광범위한 사회적 이익을 가져올 것이라는 사실을 제대로 인식하자마자 우리는 국가가 주도한 우생학의 위험성이 과거의 산물이라는 위안을 주는 가정을 포기해야만 한다. 생명의료 증강에 지급되는 정부 보조금은 분배 정의의 몇몇 문제를 덜어줄 수도 있지만, 그것은 또한 법적으로 의무화된 증강의 망령을 불러일으키기도 할 것이다.

증강 기획: 떳떳한 증강 대 떳떳하지 못한 증강

우리는 생명의료 증강 시대의 문턱을 이미 넘어섰다. 이것은 우리가 어떤 종류의 생명체인가를 고려해본다면 전혀 놀랄 일이 아니다. 인간은 탁월한 생태 지위 구성자이다. 즉, 우리는 우리의 필요와 기호에 맞춰서 우리의 환경을 끊임없이 변경한다. 이렇게 함으로써 우리는 우리 자신도 역시 필연적으로 변경한다. 우리가 창조한 새로운 환경은 우리의 사회 관습, 우리의 문화, 우리의 생물학 그리고 심지어는 우리의 정체성까지도 변경한다. 달리 말해서, 우리가 만든 환경이 결국 우리를 만든다는 것을 고려한다면, 우리의 생태 지위 구성은 필연적으로 우리 자신의 재구성을 수반한다. 이제 유일한 차이점은 처음으로 우리가 우리 자신을 *의도적으로* 그리고 *과학적으로 알려진 방식으로* 변화시킬 수 있다는 것이다.

내가 2장에서 주장했듯이 우리가 환경을 변화시킨 결과로 생겨난 문제, 예를 들어 최근에 생겨난 세계적인 유행병이나 환경에 미치는 독소의 영향 또는 지구온난화 등에 대처하기 위해서 우리는 생명의료 개입을 시작해야 할지도 모른다. 또한 우리는 우리의 생물학적 설계안에 존재하는 몇몇 결점에 대처하기 위해서, 예를 들어 우리가 늙어가면서 생기는 문제에 대한 자연도태의 둔감함을 교정하기 위해서 생명의료 개입을 시작해야 할지도 모른다. 결국 우리는 그저 어떤 능력을 증강하기 위해서 생명공학 기술을 사용하려 할지도 모른다. 왜냐하면 생명공학 기술을 사용하는 것이 우리의 삶을 개선할 것이기 때문이다. 일단 우리가 현존하는 방식이 영원하고 최적이라는 허구를 버리자마자, 우리는 증강의 가능성을 심각하게 고려해야만 한다.

나는 "증강에 대한 옹호"에 의문점을 남기려 하지 않았다. 솔직히 그렇게 하는 것은 어리석은 짓일 것이다. 어떤 사람들을 위해서, 어떤 환경에서, 어떤 이유로 행해진다면 어떤 증강은 좋은 발상일 것이고 또 어떤 증강은 나쁠 것이다. 우리는 지나치게 포괄적인 일반화의 유혹과 잘못되고 편안한 전면적인 승인이나 거부의 유혹에 저항해야 한다. 나는 "증강에 반대"하는 노력이 실패할 것이라는 것을 증명하는 데 성공했다고 생각한다. 생명의료 증강을 완전히 삼가려고 할 충분한 이유가 없다.

생명의료 증강을 전면적으로 거부해서는 안 된다는 사실이 무엇이든 해도 좋다는 것을 의미하지는 않는다. 우리는 모든 복잡한 특성들을 인식하기 위한 보다 미묘한 방식으로 사고하는 법을 습득해야 한다. 우리는 그것을 선택해야만 하고, 그것도 아주 빨리 해야만 한다. 우리는 싫든 좋든 증강이 떳떳하지 못하게 사용되는 것을 계속 허락할지 또는 내가 증강 기획이라고 부르는 기획에 함께 참여할지의 여부를 결정해야만 한다.

증강 기획에 착수한다는 것은 생명의료 증강 기술을 포함한 증강 기술을 사용하기 위해 결정하고 개발하는 사적인 개인과 조직에게 상당한 자유를 허락하는 것을 의미한다. 이것은 또한 증강 기술의 결과로 예상될 수 있는 것을 연구하기 위해서 *그리고* 그런 기술의 이익과 위험성에 대한 정보에 입각한 활발한 공개 토론의 장을 형성하기 위해서 중요한 공적 자원이 사용된다는 것을 의미한다. 또한 마찬가지로 이것이 증강의 도전에 대처하기 위해 효과적이고 도덕적으로 민감한 정책과 제도를 발전시키는 것을 의미한다는 것도 중요하다.

증강 기획에 참여하는 사회는 다양한 증강의 한 가지 양태이자 개인이 정당하게 추구할 수 있도록 허용되는 사적인 목적이면서, 공적 자원을 위해 허용되는 다른 정책 목적과 경쟁해야 하는 생명의료 증강의 *정당성*을 승인한다. 증강의 공공 정책 안에서 이러한 사회는 생명의료 증강이 질병의 치료나 예방이라기보다는 증강이기 때문에 또는 생명의료 증강이 생명의료 공학 기술을 사용하거나 생물학적 변화를 수반하기 때문에 생명의료 증강 그 자체가 불법이라는 견해를 거부한다. 생명의료 증강을 포함하는 증강을 합법적인 목적으로 인식함으로써 이러한 사회는 증강의 추구가 도덕적으로 수용할 수 없는 동기나 나쁜 특성을 드러낸다는 잘못된 근거를 가진 지나치게 포괄적인 일반화를 절대적으로 거부한다.

그렇게 함으로써 사회가 증강 기획을 위임받았을 때 생명의료 증강은 모두 피해야만 한다는 견해, 즉 증강에 반대하는 입장을 거부한다. 보다 긍정적으로 사회는 증강을 책임감 있게 추구하기 위해 필요한 도덕적이고 제도적인 자원을 개발할 것을 약속할 것이다.

개인을 위한 그리고 사회정책을 위한 정당한 목적으로 증강을 인식하는 것은 엄청난 차이가 있다. 그것은 생명의료 증강에 대한 숙고가 형성되는 방식을 변화시킨다. 가장 중요한 틀의 변화 가운데 하나는 이제 생명의료 증강은 자원을 할당하는 과정에서 공정하게 공개적으로 다른 사회적인 목표와 겨루어야만 한다는 것이다. 이와 대조적으로 생명의료 증강이 질병의 치료와 예방에 편승해 떳떳하지 못하게 도입되는 사회에서는 어느 때보다도 많은 사회적 자원이 생명의료 증강이 다른 목표들과 비교했을 때 얼마나 가치 있는지에 대해서 민주주의적으로 과학적인 정보에 입각해 결정할 만한 어떠한 기회도 없이 떳떳하지 못하게 유통될 수도 있다. 생명의료 증강의 타당성을 인정함으로써 사회정책으로 "증강 금지"라는 대안을 논의에서 배제할 수 있다. 그렇게 함으로써 특정한 생명의료 증강을 거부할 수 있는 우리의 능력은 증가할 것이고, 또한 마찬가지로 그러한 증강의 사용을 금지하거나 또는 그것의 발전을 위한 공공 기금의 지원을 거부함으로써 우리의 거부 능력은 증가할 것이다.

타당성의 개념에 대한 마지막 요점은 강조할 만한 가치가 있다. 생명의료 증강을 정당한 사회적 목표로 여기는 것이 모든 개인이 생명의료 증강이 사회정책을 위한 적절한 목표라는 데 동의해야 한다는 것을 함축하고 있지는 않다. 하물며 모든 개인이 생명의료 증강을 자신이나 자신의 아이들을 위해 사용해야만 하는 어떤 것으로 여겨야 한다는 데 동의하는 것은 말할 필요도 없다. 어떤 다원주의 사회에서나 몇몇 시민에 의해서 거부된 몇몇 정당한 사회정책의 목표가 있을 것이다. 증강 기획에 참여한다는 의미는 개인에게 증강을 추구하지 않아도 될 상당한 자유를 부여한다는 것이다.

그러나 어떤 관점에서는 특정한 생명의료 증강을 광범위하게 사용할 수 있게 하기 위한 사회정책의 이행이 몇몇 개인적인 가치와 충돌할지도 모른다. 물론 이것은 전혀 새로운 것이 아니다. 예를 들어 교육정책, 아이들을 위한 의료보험이나 의무적인 예방접종에 관한 정책들은 때때로 부모의 기호나 가치와 충돌한다.

내 판단에 의하면 생명의료 증강의 광범위한 사용을 보장하는 사회정책을 발전시키는 것이 의미가 있을 만큼 충분히 강력하고, 충분히 안전한 생명의료 증강을 우리가 이용할 수 있을 때까지는 아마도 상당히 오랜 시간이 걸릴 것이다. 예측 가능한 미래를 위해서 증강 기획을 추구하는 것은 대체로 네 가지 문제에 대해서 훌륭한 결정을 내리려는 시도로 구성될 것이다. (1) 얼마나 많은 자원이 다양한 형태의 증강을 연구하는 데 사용되어야만 하는가? (2) 그런 연구가 어떻게 안전하고 윤리적으로 수행될 수 있는가? (3) 질병의 치료와 예방에서 파생된 부산물로서 또는 분명한 증강으로서 사용되는 증강의 영향을 어떻게 효과적으로 감시할 수 있는가? (4) 어떤 증강이 안전하고 효과적인지 어떻게 확실하게 알 수 있고, 그것을 원하는 사람들에게 어떻게 더 접근 가능하게 할 수 있으며, 어떻게 증강으로부터 이익을 얻을 수 있는가?

이 책의 한 가지 목적은 생명의료 증강에 대한 대부분의 심각한 우려가 증강을 전적으로 배제하는 데 충분하지는 못하더라도, 증강 기획에 착수해서는 안 될 충분한 이유를 제공하는지의 여부를 확정하려는 것이었다. 나는 제공하지 않는다고 대답할 것이다. 어쨌든 지금은 아니다. 또한 나는 더 적극적인 주장을 위해서 강력하게 논거의 합당함을 입증했기를 바란다. 요컨대 우리가 증강 기획에 착수하는 것처럼 사회에 이익이 될 만한 강력한 근거가 있으며, 적어도 오늘날에는 그러한 강력한 근거를 능가하기에 충분할 만큼 증강을 반대할 이유는 전혀 없다.

증강 기획을 지지하는 몇 가지 근거가 있다. 첫째, 우리가 증강은 대개 제로섬 경쟁의 재화이거나 나쁜 특성의 표현일 거라는 미심쩍은 가정을 넘어서자마자 증강 기획을 추구함으로써 얻어지는 잠재적인 사회적 이익이 엄청나다는 것이 명백해진다. 둘째, 증강 기획의 추구를 대안적으로 고려해볼 때, 새로운 치료 기술을 적용하거나 또는 인간 실험을 적절히 통제하지 못하는 나라에서 수행되는 연구를 통해 증강이 떳떳하지 못하게 계속해서 도입되는 사회에서 생존의 위험성은 용납할 수 없을 정도로 높다. 증강 기획을 추구함으로써 얻을 수 있는 세 번째 이익은 그렇게 하는 것이 정의의 이름으로 증강을 통제하려는 제도적인 노력을 용이하게 할 것이라는 것이다. 내가 6장에서 대략 살펴본 바와 같이 예를 들어 지적 소유권을 수정하자는 제안이 이와 같은 것이다. 넷째, 증강의 정당성을 인정하는 것은 부적절한 의료화를 막는다. 요컨대 증강의 정당성을 친숙하고 감탄할 만한 인간 활동으로 인정하기만 한다면 실제로 증강을 목표로 하는 생명의료 개입이 질병의 치료인 척 할 필요가 전혀 없다. 이것은 충분한 근거도 없이 병폐를 증대시키는 당혹스러운 경향성을 감소시킨다.

현재는 인지 증강 약물에 합법적으로 접근하기 위해서 당신은 자신이 주의력 결핍 장애, 기면증, 알츠하이머병 또는 다른 인지 장애 등의 질병에 시달리고 있다고 의사를 (그리고 아마 당신 자신도) 설득해야만 한다. 우리의 능력을 개선하려는 노력이 우리가 현존하는 방식과 우리가 되고자 하는 방식 사이의 모든 차이를 질병의 증거로 간주하도록 요구하지 않는 사회의 존재에 대해서는 논의해야 할 것이 많다.

인지적으로 정상인 사람들의 인지 증강을 위해서 현재 사용되고 있는 치료를 위한 약물에 대해서 생각해보자. 증강이 합법적으로 인정되지 않는 곳에서는 암시장 가격을 지불할 만큼 돈을 가지고 있는 사람들 또는 사회적 연줄이 있고 리탈린이나 "미국 식품의약국에서 인가하지 않은" 약을 처방해달라고 의사를 설득할 만큼 교육을 받은 사람은 약물에 접근할 수 있을 것이다. 하지만 다른 사람은 그렇지 못할 것이다. 모순되게도 그것을 부자들만이 이용 가능할 것이라는 두려움 때문에 증강을 거부하는 것은 분배 부정의 문제를 더욱 악화시킨다. 증강의 정당성을 인정하는 사회에서 새로운 규제력을 가진 제도는 부분적으로 과잉 의료화를 제거함으로써 매우 이롭고 안전한 증강의 광범위하고 빠른 확산이 용이하도록 발전할 수 있을 것이다.

  증강의 의도하지 않은 나쁜 의료적 또는 사회적 결과에 대해 걱정하는 사람들은 증강 기획을 지지해야만 한다. 만약 우리가 그것을 규제력을 가진 감시와 정치적 논쟁의 영향 아래 둘 수만 있다면, 우리는 다양한 증강의 위험성에 대해 보다 더 합리적인 판단을 내릴 수 있을 것이다. 인지 증강 약물을 복용한 미셸의 경우에 대해서 숙고해보자. 그 수가 점점 증가하고 있는 다른 학생들처럼 미셸도 통제되지도 않고, 감시받지도 않는 실험에 참여하고 있는 것이다. 스탠퍼드의 생명윤리학자인 헨리 그릴리와 그의 동료들은 증강을 위한 그런 약물의 사용이 장기간 동안 임상 실험을 통해 대규모로 연구되어야 한다고 설득력 있게 주장해왔다. 그러나 증강이 여전히 불법적인 것으로 여겨지는 한 어떠한 체계적인 방식으로도 이런 일은 일어날 것 같지 않다. 일단 우리가 생명의료 증강이 정당화될 수 있고, 심지어는 고귀한 행위일 수도 있다는 합의에 도달하기만 한다면 증강의 윤리학에서 가장 고된 작업이 시작될 수 있을 것이다.

참고문헌

Agar, Nicholas. (2004). Liberal Eugenics: In Defence of Human Enhancement. (Malden, MA: Wiley-Blackwell)

Amundson, R. (1994). "Two Concepts of Constraint: Adaptationism and the Challenge from Developmental Biology." Philosophy of Science 61:56-78.

Amundson, R., and G. Lauder. (1994). "Function Without Purpose: The Uses of Causal Role Function in Evolutionary Biology." Biology and Philosophy 9:443-69.

Anderson, Elizabeth. (1999). "What Is the Point of Equality?" Ethics 109: 287-337.

Annas, George. (1998). "Why We Should Ban Human Cloning." New England Journal of Medicine 339:122-25.

Annas, George. (2002). "Cell Division." Boston Globe. April 21, E1-2.

Annas, George. (2005). American Bioethics: Crossing Human Rights and Health Law Boundaries. (Oxford: Oxford University Press).

Atkins, D.C., D.H. Baucom, and N.S. Jacobson. (2001). "Understanding Infidelity: Correlates in a National Random Sample." Journal of Family Psychology 15(4):735049.

Babcock, Linda et al. (1995). "Biased Judgments of Fairness in Bargaining." American Economic Review 85(5): 1337-43.

Bailie, Harold W., and Timothy K. Casey, eds. (2004). Is Human Nature Obsolete? Genetics, Bioengineering, and the Future of the Human Condition. (Cambridge, MA: MIT Press).

Bales, K.L., W.A.Mason,C.Catana, et al.(2007). "Neural Correlates of Pair-Bonding in a Monogamous Primate." Brain Research 1184:243-53.

Beatty, J. (1984). "Pluralism and Panselectionism." Philosophy of Science Association. P.D. Asquith and P. Kitcher, eds. (East Lansing, MI: The University of Chicago Press on behalf of the Philosophy of Science Association).

Beitz, Charles R. (2009). The Idea of Human Rights. (Oxford: Oxford University Press).

Bloom, D.E.,D. Canning and J. Sevilla. (2004). "The Effect of Health on Economic Growth: A Production Function Approach." World Development 32(1):1-13.

Bloom, D.E.,D.Canning, and M.Weston. (2005). "The Value of Vaccination" World Economics6:15-39.

Bostrom, N. (2004). "The Future of Human Evolution." Death and Anti-Death: Two Hundered Years After Kant, Fifty Years After Turing. Charles Tandy, ed. (Palo Alto, CA: Ria University Press),pp.339-71.

Bostrom, N. (2008). "Smart Policy: Cognitive Enhancement in the Public Interest." Reshaping the Human Condition: Exploring Human Enhancement. Leo Zonneveld, Huub Dijstelblowem, and Danielle Ringoir, eds. (The Hague, Netherlands and London: Rathenau Institute, British Embassy Science & Innovation Networks, and Parliamentary Office of Science and Technology),pp.29-36.

Bostrom, N., and Rebecca Roache. (2009). "Smart Policy: Cognitive Enhancement and the Public Interest." Enhancing Human Capacities. J. Savulescu, R.T.Meulen and G.Kahane, eds. (Oxford: Oxford University Press).

Boyd, Robert, and Joan Silk. (2006). How Humans Evolved. (New York: W.W.Norton and Co.).

Brand, R.J.,C.M.Markey, A. Mills, and S.D.Hodges. (2007). "Sex Differences in Self-Reported Infidelity and Its Correlates." Sex Roles 57:101-9.

Brandon, R.N,m and M.D. Rausher. (1996). "Testing Adaptationism: A Coment on Orzack and Sober." The American Naturalist 148(1):189-201.

Brennan, Geoffrey, and Alan Hamlin. (2004). "Analytic Conservatism." British Journal of Political Science 34:675-92.

Brennan, Geoffrey, and Philip Pettit. (2004). The Economy of Esteem. (New York:Cambridge University Press).

Brighouse, Harry, and Adam Swift. (2006). "Equality, Priority and Positional Goods." Ethics 116:471-97.

Brock, Dan. (1995). "The Non-Identity Problem and Genetic Harms-The Case of Wrongful Handicaps." Bioethics 9(3):269-75.

Brock, Dan. (2003). "Ethical Issues in the Use of Cost-Effectiveness Analysis for the Prioritization of Health Care Resources." Making Choices in Health: WHO Guide to Cost-Effectiveness Analysis. T.Edejer et al.,eds. (Geneva: World Health Organization), pp.289-312.

Buchanan, Allen. (1984). "The Right to a Decent Minimum of Health Care." Philosophy & Public Affairs 13(1):55-78.

Buchanan, Allen. (1996). ""Is There a Medical Profession in the House?" Conflicts of Interest in Clinical Practice and Research. David Schimm et al., eds. (Oxford: Oxford University Press),pp.105-36.

Buchanan, Allen. (1996). "Toward a Theory of the Ethics of Bureaucratic Organizations." Business Ethics Quarterly6:419-40.

Buchanan, Allen. (2004). Justice, Legitimacy, and Self-Determination:Moral Foundations for International Law. (Oxford: Oxford University Press).

Buchanan, Allen. (2008). "Enhancement and the Ethics of Development." Kennedy Institute Journal of Ethics 18:1-34.

Buchanan, Allen. (2009). "Human Nature and Enhancement." Bioethics23(3):141-50.

Buchanan, Allen. (2009). "Philosopy and Public Policy: A Role for Social Moral Epistemology." Journal of Applied Philosophy 26(3):276-90.

Buchanan, Allen. "Moral Status and Enhancement." unpublished paper.

Buchanan, Allen, Dan W. Brock, Norman Daniels, and Daniel Wikler.(2001). From Chance to Choice:Genetics and Justice. (New York: Cambridge University Press).

Buchanan, Allen. Tony Cole, and Robert O. Keohane. (forthcoming). "Justice in the Diffusion of Innovation." Journal of Political Philosophy.

Bulle, Hedley. (1977).The Anarchical Society. (New York: Columbia University Press).

Buss, Leo. (1987).The Evolution of Individuality. (Princeton, NJ:Princeton University Press).

Christiano, Thomas, (2008). The Constitution of Equality: Democratic Authority and Its Limits. (Oxford: Oxford University Press), pp.25-42.

Ciliberti, S., O. Martin, and A. Wagner (2007). "Innovation and Robustness in Complex Regulatory Gene Networks." PNAS 104(34):13591-96.

Cohen, G.A. "Rescuing the Truht in Conservatism." unpublished paper.

Daniels, Norman. (2001). "Justice, Health, and Healthcare." The American Journal of Bioethics 1(2):2-16.

Daniels, Norman. (2009)."Can Anyone Really Be Talking About Modifying Human Nature?" Human Enhancement. Julian Savulescu and Nick Bostrom, eds. (Oxford: Oxford University Press), pp.25-

42.

Darwall, Stephen. (2006). The Second-Person Standpoint: Morality, Respect, and Accountability (Cambridge, MA: Harvard University Press).

Dawkins, Richard. (1976). The Selfish Gene. (Oxford: Oxford University Press).

Dawkins, Richard. (1999). The Extend Phenotype: The Long Reach of the Gene (Oxford: Oxford University Press).

Dawkins, Richard. (2003). A Devil's Chaplain: Reflections on Hope, Lies, Science, and Love. (New York: Houghton Mifflin Harcourt).

DeCamp, Matthew. (2007). "Global Health: A Normative Analysis of Intellectual Property Rights and Global Distributive Justice." PhD Dissertation. Duke University.

DeGrazia, David. (2000). "Prozac, Enhancement and Self-Creation." Hastings Center Report 30(2):34-40.

De Waal, Franz. (2006). Primates and Philosophers: How Morality Evolved. S.Macedo and J. Ober, eds. (Princeton, NJ: Princeton University Press).

Diamond, Jared. (1997). Guns, Germs and Steel: The Fates of Human Societies. (New York: W.W.Norton and Co.).

Douglas, Thomas. (2008). "Moral Enhancement." Journal of Applied Philosophy 25(3):228-45.

Douglas, Thomas, and Katrien Devolder. "Wide Procreative Beneficence: Beyond Individualism in Reproductive Selection." unpublished manuscript.

Elliot, Carl. (1998). "The Tyranny of Happiness." Enhancing Human Traits: Ethical and Social Implications. Erik Parens, ed. (Washington, DC: Georgetown University Press), pp. 177-88.

Ereshefsky, Marc. (2007). "Where the Wild Things Are: Environmental Preservation and Human Nature." Biology and Philosophy 22: 57-72.

Erler, Alexandre. (2012). "Authenticity and the Ethics of Self-Change." PhD Dissertation. University of Oxford.

Faust, Halley. (2008). "Should We Select for Genetic Moral Enhancement? A Thought Experiment Using the MoralKinder (MK+)." Theoretical Medicine and Bioethics 29(6):397-416.

Fay, J.C., G.J.Wyckoff, and C.I.Wu. (2001). "Positive and Negative Selection on the Human Genome." Genetics 158:1277-34.

Fenton, Elizabeth, and John D. Arras. (2010). "Bioethics and Human Rigehts: Curb Your Enthusiasm." Cambridge Quarterly of Health Care Ehtics 19:127-33.

Fogel, Robert W. (2004). The Escape from Hunger and Premature Death, 1700-2100: Europe, America, and the Third World. (New York: Cambridge University Press).

Frank, Robert W. (2001). Luxury Fever, new ed. (Princeton, NJ: Princeton University Press).

Frankel, Mark S. (2003). "Inheritable Genetic Modification and a Brave New World." Hastings Center Report 33(2):31-36.

Friedman, Benjamin M. (2005). The Moral Consequences of Economic Growth. (New York: Alfred A. Knopf).

Fukuyama, Francis. (2003). Our Posthuman Future: Consequences of the Biotechnology Revolution. (London: Profile Books).

Galvanci, A. P., and M. Slatkin. (2003). "Evaluating Plague and Smallpox as Allele." Proc. Natl. Acad. Sci. USA 100:15276-79.

Gardiner, S. M. (2006). "A Core Precautionary Principle." Journal of Political Philosophy 14(1):33-60.

Gibson, G., and G. Wagner. (2000). "Canalization in Evolutionary Genetics: A Stabilizing Theory?" Bioessays 22(4):372-80.

Giles, Jr., Egbert Leigh. (1971). Adaptation and Diversity: Natural History and the Mathematics of Evolution. (San Francisco: Freeman, Cooper & Company)

Glover, Jonathan. (2003). Choosing Children: Genes, Design, and Disability. (Oxford: Oxford University Press).

Goldin, C., and C. Rouse. (2000). "Orchestrating Impartiality: The Impact of 'Blind' Auditions on Female Musicians." American Political Science Review 90(4):715-41.

Grant, Ruth, and Robert O. Keohane. (2005). "Accountability and Abuses of Power in World Politics." American Political Science Review 99(1):29-43.

Greeley, Henry, Barbara Sahakian, John Harris, Ronald C. Kessler, Michale Gazzaniga, Philip Campbell, and Martha J. Farah. (2008). "Towards Responsible Use of Cognitive-Enhancing Drugs by the Healthy." Nature 456:702-5.

Ha, Michael N. Frank L. Graham, Chanatlle K. D'Souza, William J. Muller, Suleiman A. Igdoura, and Herb E. Schellhorn. (2004). "Functional Rescue of Vitamin C Synthesis Deficiency in Human Cells Using Adenoviral-Based Expression of Murine L-Gulono-Lactone Oxidasestar." 83(3): Genomics 482-92.

Habermas, Jurgen. (2003). The Future of Haman Nature. (Cambridge: Polity).

Haller, J., E. Mikics, J. Halasz, and M. Toth. (2005). "Mechanisms Differentiationg Normal from Abnormal Aggression: Glucocoricoids and Serotonin." European Journal of Pharmacology 526(1-3):89-100.

Harris, John. (2007). Enhancing Evolution (Princeton, NJ: Princeton University Press).

Heidegger, Martin. (1993). "The Question Concerning Technology." Basic Writings. D.F.Krell,ed. (New York: HarperCollins).

Hirschman, Albert O. (1991). The Rhetoric of Reaction: Perversity, Futility, Jeopardy. (Cambridge, MA: The Belknap Press).

Hull, David. (1986). "On Human Nature." Philosophy of Science Association. 2(A). A. Fine and P. Machamer, eds. (East Lansing, MI: Philosophy of Science Association). pp.3-13.

Hume, David. (1983). An Enquiry Concerning the Principles of Morals. 1777 ed.J.B.Schneewind, ed.(Indianapolis, IN.:Hackett Pub.Co.).

Insel, T.R., and R.D. Fernal. (2004). "How the Brain Processes Social Information: Searching for the Social Brain." Annual Review of Neuroscience 27:697-722.

Jones, G. (2008). "Are Smarter Groups More Cooperative? Evidence from Prisoner's Dilemma Experiments, 1959-2003." Journal of Economic Behavior and Organization 68(3-4): 489-97.

Kass, Leon. (1997). "The Wisdom of Repugnance." New Republic 216(22):17-26.

Kass, Leon. (2003). "Ageless Bodies, Happy Souls." The New Atlantis 1: 9-28.

Kass, Leon. (2004). "L'Chaim and Its Limits: Why Not Immortality?" The Fountain of Youth: Cultural, Scientific, and Ethical Perspectives on a Biomedical Goal. Stephen Post and Robert Benstock, eds. (New York: Oxford University Press).

Keohane, Robert O. (1989). International Institutuions and State Power (Boulder, CO: Westview).

Kingsbury, Benedict, Nico Krisch, and Richard Stewart. (2005). "Emergence of Global Administrative Law." Law and Contemporary Problems 68(3-4): 15-62.

Kirk, Russel. (2001). The Conservative Mind:From Burke to Eliot. 7th ed., revised. (Washington, DC:Regnery Publishing).

Klingenberg, C.P. (2008). "Morphological Integration and Development of Modularity." Annual Review of Ecological Evolutionary Systems 39:115-32.

Krasner, Stephen D., ed. (1983). International Regimes. (Cambridge, MA: MIT Press).

Landes, David S (2003). The Unbound Prometheus: Technological Change and Industrial Development in Western Europe from 1750 to the Present. (New York: Cambridge University Press).

Lehrman,D.(1953). "A Critique of Konard Lorenz's Theory of Instinctive Behavior." The Quarterly Review of Biology 28:337-63.

Lewontin, R.C. (1982). "Organism & Environment." Learning, Development, Culture. Henry Plotkin, ed. (New York: Wiley), pp.151-70.

Lim, Miranda et al. (2004). "Enhanced Partner Preference in a Promiscuous Species by Manipulation the Expression of a Single Gene." Nature 429(6993):754-57.

Machery, E. (2008). "A Plea for Human Nature." Philosophical Psychology 21: 321–30.

MaCabe, Sean Esteban, John R. Knight, Christian J. Teter, and Henry Wechsler. (2005). "Non-Medical Use of Prescription Stimulants Among US College Students: Prevalence and Correlates from a National Survey." Addiction 99: 96–106.

McMahan, Jeff. (2004). The Ethics of Killing: Problems at the Margins or Life. (Oxford: Oxford University Press).

McMahan, Jeff. (2009). "Cognitive Disability and Cognitive Enhancement." Metaphilosophy 40(3–4): 582–605.

McNeil, J. (2001). Something New Under the Sun: An Environmental History of the Twentieth-Century World. (New York: W.W. Norton &Co.).

Mill, John Stuart. (1904). "On Nature." Nature, The Utility of Religion and Theism. (London: Watts&Co.).

Murray, Thomas. (2007). "Enhancement." Oxford Handbook of Bioethics. B. Steinbock, ed. (New York: Oxford University Press).

Neander, K. (1991). "Functions as Selected Effects: The Conceptual Analyst's Defense." Philosophy of Science 58: 168–84.

Nijhout, H.F. (2003). "The Control of Growth." Development 130(24): 5863–67.

Odling-Smee, J.J., K.N. Laland, and M.W. Feldman. (2003). Niche Construction: The Neglected Process in Evolution. (Princeton, NJ: Princeton University Press).

O'Keane, V., E. Moloney, H. O'Neil, A. O'Connor, C. Smith, and T Dinan. (1992). "Blunted Prolactin Responses to D-fenfluramine in Sociopathy. Evidence for Subsensitivity of Central Serotonergic Function." The British Journal of Psychiatry 160(5): 643–46.

Orzack, S.H., and E. Sober. (1994). "How (Not) to Test an Optimality Model." Trends in Ecology and Evolution 9: 265–67.

Parens, Erik. (1995). "The Goodness of Fragility: On the Prospect of Genetic Technologies Aimed at the Enhancement of Human Capacities." Kennedy Institute of Ethics Journal 5(2): 141–53.

Parens, Erik, ed. (1998). Enhancing Human Traits: Ethical and Social Implications. (Washington, DC: Georgetown University Press).

Parfit, Derek. (1986). Reasons and Persons. (New York: Oxford University Press).

Paul, Diane. (2005). "Genetic Engineering and Eugenics: The Uses of History." Is Human Nature Obsolete? Harold W. Baillie and Timothy K. Casey, eds. (Cambridge, MA: MIT Press), pp. 123–52.

Persson, Ingmar, and Julian Savulescu. (2008). "The Perils of Cognitive Enhancement and the Urgent Imperative to Enhance the Moral Character of Humanity." Journal of Applied Philosophy 25(3):

162-77.

Pinker, Steven. (2003). The Blank Slate: The Modern Denial of Human Nature. (New York: Penguin).

Pontius, Anneliese A. (1982). "Face Representation Linked with Literacy Level in Colonial American Tombstone Engravings and Third World Preliterates' Drawings. Toward a Cultural-Evolutionary Neurology." Cellular and Molecular Sciences 38:577-81.

Powell, R. (2010). "The Evolutionary Biological Implications of Human Genetic Engineering." Journal of Medicine and Philosophy, doi: 10.1093/jmp/jhq004.

Powell, R., and Allen Buchanan. (2011). "Breaking Evolution's Chains: The Promise of Enhancement by Design." Enhancing Human Capacities. Julian Savulescu, ed. (Oxford University Press). doi: 10.1093/jhq057.

President's Council on Bioethics. (2002). Beyond Therapy. (Wahington, DC: National Bioethics Advisory Commission).

President's Council on Bioethics. (2003). Human Cloning and Human Dignity: An Ethical Inquiry. (Washington, DC: National Bioethics Advisory Commission).

Richerson, Peter, and Robert Boyd. (2005). Not by Genes Alone: How Culture Transformed Human Evolution. (Chicago, IL: University of Chicago Press).

Ridley, Matt. (2003). Nature via Nurture: Genes, Experience, and What Makes Us Huamn. (New York: Harper Collins).

Rio Declaration on Environment and Development. UN Doc. A/CONF. 151/26 (vol. I); 31 ILM 874 (1992).

Ruse, M. (2003). Darwin and Design: Does Evolution Have a Purpose? (Cambridge, MA: Cambridge University Press).

Sandberg, Anders. (forthcoming). "The Economics of Cognitive Development." Enhancing Human Capacities. Julain Savulescu et al., eds. (Oxford: Wiley-Blackwell Publishers).

Sandberg, Anders, and Nick Bostrom. (2006). "Converging Cognitive Enhancements." Ann. N.Y.Acad. Sci.1093:201-27.

Sandel, Michael. (2004). "The Case Against Perfection: What's Wrong with Desinger Childeren, Bionic Athletes, and Genetic Engineering?" The Atlantic Monthly 292(3):51-62.

Sandel, Michael. (2007). The Case Against Perfection: Ethics in the Age of Genetic Engineering. (Cambridge, MA: Harvard University Press).

Sansom, Roger. (2003). "Constraining the Adaptaionism Debate." Biology and Philosophy 18:493-512.

Savulescu, Julian. (2006). "Justice, Fairness, and Enhancement." Annals of the New York Academy of

Sciences 1093(1):321-38.

Savulescu, Julian, and Anders Sandberg. (2008). "Neuroenhancement of Love and Marriage: The Chemicals Between Us." Neuroethics 1(1):33-44.

Scanlon, T.M. (1998). What We Owe to Each Other. (Cambridge, MA: The Belknap Press).

Schroeder, E. Todd et al. (2007). "Hormonal Regulators of Muscle and Metabolism in Aging (Horma): Design and Conduct of a Complex, Double Masked Multicenter Trial." Clinical Trials 4(5): 560-71.

Scruton, Roger. (2001). The Meaning of Conservatism. 3rd ed. (South Bend, IN: St. Augustine's Press).

Sober, Elliott. (1984). The Nature of Selection: Evolutionary Theory in Philosophical Focus. (Cambridge, MA: MIT Press).

Sreenivasan, Gopal. (2002). "International Justice and Health: A Proposal." Ethics and International Affairs 16: 81-90.

Steinbock, Bonnie. (2008). "Desinger Babies: Choosing Our Children's Genes."Lancet 372(9646): 1294-95.

Tishkoff, S. A., F.A.Reed, A.Ranciaro, et al. (2007). "Convergent Adaptation of Human Lactase Persistence in Africans and Europeans." Nature Genetics 39(1):31-40.

Tversky, A., and D. Kahneman. (1981). "Framing Decisions and the Psychology of Choice." Science 211(4481):453-58.

Waldron, Jeremy. (2002). God, Locke, and Equality: Christian Foundations in Locke's Political Thought. (Cambridge: Cambridge University Press).

Walker, Mark. "Genetic Virtue." unpublished manuscript.

Walzer, Michael. (1983). Spheres of Justice: A Defense of Pluralism and Equality. (New York: Basic Books).

Weinstein, I. B. (2002). "Addiction to Oncogenes-the Achilles Heal of Cancer." Science 297:63-64.

Wells, Spencer. (2002). The Journey of Man: A Genetic Odyssey. (Princeton, NJ: Princeton University Press).

Wikler, Daniel I. (1979). "Paternalism and the Mildly Retarded." Philosophy & Public Affairs 9:377-92.

Wikler, Daniel I. (2009). "Paternalism in the Age of Cognitive Enhancement: Do Civil Liberties Presuppose Roughly Equal Mental Ability?" Human Enhancement. Julian Savulescu and Nick Bostrom, eds. (Oxford: Oxford University Press), pp. 341-55.

Wingspread Statement on the Precautionary Principle. (1998). http://www.gdrc.org/u-gov/precaution-3.html.

찾아보기

가드너, 스티븐(Gardiner, Stephen) 114
가정을 틀에 넣는 것(Framing assumptions) 138
감사함(Gratitude) 163
개체발생적 인과관계(Ontogenetic casual relationships) 119
결핍(Deprivation) 134, 135, 137, 142, 155, 161, 182, 191, 209
경제성장(Economic growth) 148-150
경험 기계(Experience Machine) 184
계산 능력(Numeracy) 18-20, 35, 147, 174, 180, 190, 209
고통(Suffering) 42, 50-52, 77, 92, 97, 151, 207
과잉 육아(Hyperparenting) 167, 170, 206
교육(Education) 12, 18, 74, 132, 144, 145, 156, 172, 202, 208, 216
군비 확장 경쟁(Arms race) 40, 54, 66
극단적인 연관성 가정(Extreme Connectedness Assumption) 33, 34, 65, 70, 99-101, 103, 105
글을 읽고 쓸 줄 아는 능력(Literacy) 18, 19, 20, 30, 35, 110, 134, 135, 143, 145, 147, 174, 181, 209
기면증(Narcolepsy) 11, 215
기억(Memory) 13, 15, 85, 190, 201

남녀 한 쌍의 결합, 인간(Pair-bonding, human) 87, 195
네트워크 효과(Network effects) 142, 143, 210
노직, 로버트(Nozick, Robert) 184, 185
농업혁명(Agrarian revolution) 20, 27, 35, 135, 145, 146, 174
누스바움, 마사(Nussbaum, Martha) 90
니코틴(Nicotine) 12, 18

다윈, 찰스(Darwin, Charles) 27, 29, 31, 33, 37,

39-41, 43, 44, 50, 51, 123, 171, 197
다이아몬드, 재레드(Diamond, Jared) 21, 77
단위성(Modularity) 103, 104
더글러스, 토머스(Douglas, Thomas) 86, 200
덕(Virtue) 164, 170, 171, 175, 177-179, 201, 202
드그라지아, 데이비드(DeGrazia, David) 185
데블린 경(Devlin Lord) 100, 101, 105
도덕 감정(Moral emotions) 202
도덕 상상력(Moral imagination) 97, 202
도덕 제국주의(Moral imperialism) 208
도덕적 무기력 문제(Moral Flabbiness Problem) 189-192, 199
도덕적 의사결정 피로 현상(Moral decision-making fatigue) 203
도킨스, 리처드(Dawkins, Richard) 48, 63
독점가(Monopoly pricing) 154-156

레러, 조나(Leher, Jonah) 85
롤스, 존(Rawls, John) 118
리탈린(Ritalin) 11, 15-17, 49, 126, 164, 182, 216
리피토(Lipitor) 199

모알렘, 샤론(Moalem, Sharon) 66, 123
미국 식품의약국(FDA: Food and Drug Administration) 15, 126, 216
미끄러운 경사 길 논변(Slippery slope argument) 26
밀, 존 스튜어트(Mill, John Stuart) 22, 197

배아를 검사해서 자궁에 착상할 배아를 선택하는 것(Embryo selection or screening) 14

배제(Exclusion) 132-135, 142, 203, 207, 209
번식 적응도(Reproductive Fitness) 24, 28, 44, 49, 52, 58-62, 69, 73, 77
번식 후 삶의 질(Post-reproductive quality of life) 44, 45
법(Law) 100, 141, 146, 150, 200, 203, 212
밴 베일런, 리(Van Valen, Leigh) 102
보스트롬, 닉(Bostrom, Nick) 38, 39
복지국가(Welfare state) 149
부시 대통령 산하 생명윤리위원회(President's Council on Bioethics, G. W. Bush's) 37-39, 75, 76, 79, 105, 167, 173, 190
붉은 여왕 가설 102, 103
비아그라(Viagra) 16
비유(Analogy) 39-41, 44, 46, 59, 63-66, 102, 119, 122, 206
  사상누각(house of cards) 64-66
  장인 기술자(master engineer) 38-41, 43, 44, 46, 63-64, 66, 111, 121, 122, 206
  촘촘한 그물망(seamless web) 100-102, 104, 105, 121, 123, 206

"사랑의 묘약"(Love drugs) 87, 192, 195
사불레스쿠, 줄리언(Savulescu, Julian) 181, 195, 196
사전 주의 원칙(Precautionary Principle) 112-114, 116, 118
사회적 실천으로서의 의학(Medicine as a social practice) 172
삶의 선물(Giftedness of life) 164, 171, 172
샌델, 마이클(Sandel, Michael) 147, 161, 163-179, 191, 204
샌드버그, 앤더스(Sandberg, Anders) 38, 39,

116, 195, 196
생명공학(Biotechnologies) 13, 19, 136, 172, 207, 211
생명의료 증강 예외론(Biomedical enhancement exceptionalism) 19, 35, 152, 209
생명의료 증강의 분배(Distribution of biomedical enhancements) 132
생명의료증강, 떳떳한 그리고 떳떳하지 못한 (Biomedical enhancement, front and back door) 15, 211
생산성(Productivity) 19, 145, 146, 148-150, 153, 210
생태 지위 구성자(Niche-construction) 211
선택적 세로토닌 재흡수 차단제(SSRIs: Selective Serotonin Reuptake Inhibitors) 16, 185, 186
센, 아마르티아(Sen, Amartya) 134
수로화(Canalization) 104
수평적 유전자 전이(Lateral gene transfer) 53, 54, 64, 108
술(Alcohol) 186, 187, 193, 208
스미스, 애덤(Smith, Adam) 86
신처럼 굴기(Playing God) 12, 21-23, 26, 95

아나스, 조지(Annas, George) 25, 26, 34
아리스토텔레스(Aristotle) 72, 89, 90
악(Vice) 32, 36, 50, 90, 100, 163, 164, 172
악의 문제(Problem of Evil) 50, 51
알리(Alli) 190, 199
알츠하이머병(Alzheimer's dementia) 11, 44, 215
약리 유전체학(PGx: Pharmacogenomics) 187, 188

약물(Drugs) 98, 107, 110, 116, 117, 128, 129, 139, 140, 143, 150, 153
  기억력을 개선하는 약물(memory-improving) 201
  기분-증강(mood-enhancing) 184-189
  능력-증강(performance-enhancing) 117, 129, 140
에를러, 알렉산드르(Erler, Alexandre) 178
엘리엇, 칼(Elliot, Carl) 46
역사적 증강 21, 27, 28, 35, 110, 135, 136, 147, 174
  교육; 윤리; 법; 글을 읽고 쓸 줄 아는 능력; 계산능력; 종교; 과학 참조
열망(Craving) 164-166, 174
예방접종(Vaccination) 145, 151, 214
예상 밖의 일에 대한 개방성(Openness to the unbidden) 164, 170, 204
오만(Hubris) 23, 25
완벽(Perfection) 96, 163-168, 174
외국인 혐오(Xenophobia) 48, 97, 203
우생학(Eugenics) 151, 152, 210
우샤히디 플랫폼(Ushahidi Web platform) 144
위험성 감소의 한계비용(Marginal cost of reduction) 109
위험성-감소 원칙(Risk-reducing principles) 106, 110, 117
위험성을 자원한 선구자(Risk-pioneers) 157
유럽평의회(The Council of Europe) 24, 25
유전자 결정론(Genetic determinism) 87, 161, 162
유전자 변이, 의도한 유전자 변이와 의도하지 않은 유전자 변이(Genetic modification, intentional and unintentional) 44

유전자은행(Gene bank) 55
유전적 다양성(Genetic diversity) 55-57
『유전적으로 완벽해지려는 인간에 대한 반론』
　(The Case Against Perfection) 163, 165
유전적으로 조작된 인간(Genetically engineering human) 108
　배아 또는 생식세포(embryos or gametes) 14
의도하지 않은 나쁜 결과(Unintended had consequences) 94, 100, 118, 120, 122, 157, 163, 216
의료보험(Health care) 132, 150-152, 214
의료화(Medicalization) 215, 216
의무화된 증강(Mandatory enhancement) 210
의사소통의 증강(Communication enhancements) 153
　휴대전화; 인터넷 참조
인간관계(Relationships, human) 76
인간 복제(Cloning, human) 78, 79
인간 생식(Reproduction, human) 79, 81
인간 유전자 풀(Gene pool, human) 24
인간의 삶에서 통제(Control in human life) 161, 162
인슐린(Insulin) 198
인식론적 발굴(Epistemic excavation) 138
인터넷(Internet) 18, 135, 144, 158, 194

자발성(Spontaneity) 179, 180
자연(Nature) 20-23, 27, 29, 33, 37-39, 50-52, 65-67, 71, 72, 74, 76, 106, 111, 122, 147, 165, 171, 197, 198, 206
　대자연(mother) 43, 44
　그리고 양육(and nurture) 71, 72, 74
　목적론적(as teleological) 27, 171

자연의 지혜(wisdom of) 38, 41, 52, 63, 111
자연선택(Natural selection) 26, 27, 39-44, 46, 56, 58-60, 62-64, 67, 97, 102, 104
재화(Goods) 132, 133, 135, 137-140, 142, 144-148, 150, 151, 170, 175, 177, 180, 209, 215
　미래(future) 31, 34, 40, 61, 85, 86, 116, 120, 130, 148-150, 153, 175, 180, 214
　본질적(internal) 72, 73, 117, 146, 147, 163, 165, 199
　시장(market) 19, 139, 140, 142, 150, 154, 186, 187, 209
　사적인(personal) 20, 179, 212
　공적인(public) 20, 140, 212
　제로섬(zero-sum) 138-141, 143, 144, 148, 149, 170, 209, 215
정당성(Legitimacy) 17, 23, 41, 156, 212, 215, 216
정복(Mastery) 162, 164-166, 168, 170, 174, 204, 208
정복을 위한 충동(Drive to mastery) 165, 166, 204
정의와 불평등(Justice and inequality) 131
정절(Fidelity) 87, 178
제도로서의 윤리학(Ethics as an institution) 200
제비뽑기, 선천적 제비뽑기, 사회적 제비뽑기
　(Lotteries, natural and social) 130, 131, 141
종교(Religion) 32, 39, 50, 52, 70, 175, 200
종의 장벽(Species barriers) 55
주의력 결핍 장애(ADD: Attention Deficit Disorder) 11, 15-17, 48, 182, 215
중복성(Redundancy) 103, 104
증강 기획(Enhancement enterprise) 205, 211
증강은 능력과 연관되어 있다는 점(Enhance-

ment as capacity relative) 96
증강의 가역성(Reversibility of enhancement) 107, 108
증강의 도덕적 지위(Moral status of enhancement) 166, 168
지배(Domination) 132-135, 137, 141, 142, 155, 209
지적 재산권(Intellectual property) 154-156
진정성(Authenticity) 185, 192, 195-197
집단적 인지 증강(Collective cognitive enhancements) 144, 145
집중(Attention) 13, 164
집행 기능(Executive function) 13

착취(Exploitation) 132, 133, 155, 209
처방약(Prescription medicines) 152, 154
체외수정(IVF: In vitro fertilization) 53, 73, 80
최소극대화의 원칙(Maximin Rule) 114-117
진화의 최적화(Optimality, evolutionary) 58-60, 41-43, 197, 198, 205-207, 212
추리(Reasoning) 13
『치료를 넘어서』(Beyond Therapy) 14, 171
치료와 증강의 구분(Treatment/enhancement distinction) 13, 15, 110, 159, 170-172, 185, 199, 206, 207, 212-215

카스, 레온(Kass, Leon) 75, 80-83, 167
카페인(Caffeine) 12, 18, 126, 154
칸트의 정언명령(Kant's Categorical Imperative) 86, 87
컴퓨터를 뇌에 직접 연결하는 기술(Brain/computer interface technologies) 14
코카인(Cocaine) 12, 186, 188

콜린스, 프랜시스(Collins, Francis) 50, 51, 180

파월, 러셀(Powel, Russell) 6, 43
평등이 아니면 절대 불가의 관점(the Equality or Nothing View) 136
표현형: 유전자 변화 대 표현형 변화(Genetic versus phenotypic change) 104, 107, 117
프랭크, 로버트(Frank, Robert) 176
프로작(Prozac) 16, 185
프리드먼, 벤저민(Friedman, Benjamin) 148, 149
플래너건, 오언(Flanagan, Owen) 84
필수 의약품(Essential medicines) 155

"하드웨어에 내장되어"(Hardwiring) 84, 87
합산 원칙들(Counting principles) 118
"해야만 하기 때문에 할 수 있다"(Ought implies Can) 83
혁신(Innovation) 152-160, 209
협력(Cooperation) 86, 146
홍적세의 잔재(Pleistocene hangover) 46
확산(Diffusion) 24, 27, 49, 57, 137, 139, 142, 150, 156, 157, 159, 209, 216
황금률(Golden Rule) 85, 87
후쿠야마, 프랜시스(Fukuyama, Francis) 32, 34, 70, 73, 100, 105
훌륭한 삶(Good life) 45, 61, 75, 92, 97, 179, 181, 184-186
휴대전화(Cell phones) 137, 144-153, 158, 174, 210

역자 후기

모든 공부하는 사람들이 마찬가지이겠지만 백지에 한 땀 한 땀 수놓아지는 글을 보면서 뿌듯함을 느끼다가도 그 글을 닫을 즈음이 되면 책임감으로 어깨는 천근만근이 되어가고, 쥐구멍이라도 찾고 싶은 심정에 내몰리게 된다. 이 두어 장의 말로 220여 장에 이미 놓아진 수를 어찌해볼 요량은 아니다. 이 책은 저자도 언급하고 있다시피 전문가들만을 위한 책이 아니다. 오히려 대중에게 다가가기 위한 책이다. 이런 점에서 이 책이 일반 독자들에게 난해하게 다가간다면 이는 모두 역자들이 부족한 탓이다. 번역하는 입장에서 원작의 의도를 제대로 전달하지 못하는 건 아닐까 우려되어 우선 독자들의 넓은 아량을 구하고, 현학들의 지도 편달을 바란다. 그리고 번역하면서 원서 외에『생명의 윤리를 말하다: 유전학적으로 완벽해지려는 인간에 대한 반론』(마이클 샌델 지음, 강명신 옮김, 동녘, 2010)을 참고하였다는 점을 밝혀둔다.

저자는 아주 위태롭고 좁은 길을 가고 있는 것처럼 보인다. 항상 양시

론이나 양비론은 무용하고, 중도(中道)는 위태롭다. 저자는 중도를 간다. 하지만 책을 읽다보면 왠지 저자의 입장이 명백하게 생명의료 기술의 개입을 옹호하는 쪽으로 치우쳐 있는 듯하다. 정말 저자는 중도를 걷는가? 그렇다. 우리는 조금 거시적으로 증강에 대한 논의를 책 밖으로 확장시켜 볼 필요가 있다. 복잡한 논란에 끼어들자는 게 아니다. 단지 지금까지의 지배적인 담론이 증강에 대한 반대였다는 흐름을 파악하는 것만으로 충분하다. 그렇다면 우리는 저자가 어떤 길을 가고 있는지 분명하게 알 수 있다. 마치 한쪽으로 기울어있는 저울의 수평을 맞추듯 저자는 저울의 기울어진 반대편에 분동을 하나씩 하나씩 올려놓듯 논의를 진행해간다. 이는 저울을 반대편으로 기울이기 위함이 아니다. 단지 그 수평 자체가 의미가 있다. 이러한 예는 한국 철학사에서도 살펴볼 수 있다. 조선시대 율곡 이기론(理氣論)의 핵심은 이기지묘(理氣之妙)에서 찾을 수 있다. 이는 그동안 항상 절대의 자리를 차지하며 순선의 핵심이었던 이(理)와 탁함의 근원인 기(氣)를 불가분의 관계로 설명함으로써 보다 실현 가능한 성인(聖人)이 되는 길을 열었다. 그동안 기는 버려야하는 것이었다면 이제는 이와 떨어질 수 없으니 버릴 수도 없을뿐더러 다스려야 하는 것이 되었다. 이와 같이 저자도 한쪽의 논의를 모두 폐기하자거나 다른 한쪽의 논의를 전적으로 취해야한다고 주장하지 않는다. 저자는 글 첫머리에서 생명의료 증강을 무작정 반대하는 것은 이제 더 이상 설득력이 없다고 언급하고 있다. 하지만 오히려 향상을 위한 시도가 역효과를 가져올 수도 있다는 위험성을 과소평가해서는 안 된다고도 주장한다. 동시에 그럼에도 불구하고 우리가 인간보다 더 나은 인간이 될 가능성을 항상 열어두어야 한다고도 말한다. 이 책에서 이러한 양날의 검과 같은 논의를 살펴보기란 어렵지 않다. 하지만 이것은 오히려 저자의 기우에서 비롯한, 항상 균형감을 유지하려는 의도에 의한 것이다. 아마도 저자 스스로도 본인이 얼마나 좁고 위태로운 길을 가고 있는지 알고 있는 듯하다. 저자는 증강에 반대하는 논거들을 철저하게 반박하고 있다. 하지만 이러한 반박이 그 위험성마저 무마시키려는 시도는 아니다. 이것은 단지 증강에 대한 반대가 얼마나 팽배해 있는지에 대한 방증일 뿐이다.

기술의 발전이 이미 우리 곁에서 우리와 함께 한다는 사실은 더 이상 놀랄 일도 아니다. 단지 그것을 어떻게 받아들일지에 대한 태도가 문제일 뿐이다. 막연한 두려움이나 대중을 호도하는 수사어구들은 어떤 도움도 되지 않는다. 설령 유용성의 논증으로 설득 가능하다고 하더라도 단순히 유용성의 문제로 환원해서도 안 된다. 그러한 기술들에 대한 올바른 이해와 위험성에 대한 정확하고 정당한 근거와 예측이 담보되어야 하고, 긍정적인 의미에서의 생명의료 증강 즉, '향상'에 대한 보다 포괄적인 담론이 형성되어야 할 것이다. 이 책은 그러한 '향상'에 대한 담론의 말단에 놓여 있는 논의이다. 이 책을 거슬러 올라가보면 증강에 대한 논의의 거대한 물줄기를 만날 수 있을 것이다. 역자들은 본 역서를 통해 독자들이 그 거대한 물줄기와 조우하기를 기대해본다. 또한 저자와 마찬가지로 그 거대한 물줄기를 마주하고도 거침이 없기를 기대해본다.

이 책 『인간보다 나은 인간』에서 철학자이자 생명윤리학자인 앨런 뷰캐넌은 생명의료증강혁명의 윤리적 딜레마의 해결책을 찾기 위해 고심한다. 우리는 생명의료증강을 통해 더 똑똑해질 수 있고, 더 좋은 기억력을 가질 수 있고, 더 강해지고 더 빨라질 수 있으며, 더 강인한 체력을 가질 수 있고, 훨씬 더 오래 살 수도 있으며, 질병과 노화에 더 강한 저항력을 가질 수 있고, 더 풍성한 정서적 삶을 향유할 수도 있다. 이러한 생명의료증강이 초래할 이점들에도 불구하고 많은 사람들이 본능적으로 생명의료증강을 거부한다. 이것을 거부하는 근거는 무엇이며, 그러한 근거가 올바르다고 할 수 있는가? 뷰캐넌은 증강에 대한 논의가 잘못된 가정들과 오해의 소지가 다분한 수사적 논증들로 왜곡되어 있다는 사실을 보여준다. 이점에서 이 책의 의의는 단순히 의학 기술을 통한 인간 증강에 대해 찬성하기보다는 기존의 선입견에 기대어 인간 증강을 판단하는 데 대한 우려를 표함에 가깝다. 이는 우리가 인간이 포크를 사용하기까지 500년이란 세월이 걸렸으며, 에테르의 사용을 금지하여 몇백 년간 마취를 하지 못하고 수술대에 오른 수많은 사람들이 감수해야만 했던 끔찍한 고통을 상기해보면 명확해질 것이다. 윤리학은 어쩌면 '해서는 안 되는 것'에 대한 강요가 아니라, '해야만 하는 것'에 대한 사고와 운신의 여지를 넓히는 역할에 그 의의가 있을 것이다.

  마지막으로 다시 한번 졸역에 대한 독자들의 넓은 아량에 호소하면서 감사의 말로 글을 마치고자 한다. 이 책이 나오기까지 많은 분들의 노고와 격려가 있었다. 항상 묵묵히 지켜봐주시는 부모님과 식구들, 지금까지 가르침을 주신 은사님들과 기꺼이 토론에 응해주신 이어강(Bernhard Irrgang, TU Dresden) 교수님, 동학 미하엘(Michael Funk, TU Dresden), 로도스출판사의 김수영 사장님, 역자들의 우문에도 항상 현답으로 응원해주신 권복규 교수님께 특별히 감사드린다.

2015년 8월 한국과 독일의 여름을 오가며
심지원, 박창용

비오스총서를 펴내며

비오스총서는 생명과 윤리에 관한 성찰을 담은 책의 모음이다. 우리 문화에서 '생명'은 종교적 차원에서 다루어지는 것이 보통이었다. 한편 '윤리'는 인간의 삶의 도리로서 체득되는 것으로 여겨져 왔으며, 윤리적 요구 사이의 충돌이나 갈등과 같은 문제에 대한 성찰은 일상적 삶의 범위를 넘어서는 것으로 치부되어 왔다. 이렇게 보면 양자 모두 보통 사람들이 상식적인 시각을 가지고 따질 수 있는 주제로 여겨지지 않았던 것이다. 그래서 우리나라에서 생명과 윤리에 대한 담론은 주로 종교인의 몫이었으며, 각 종교에서는 자신들의 이념과 신앙을 가지고 생명과 윤리에 대한 담론을 전개하여 왔다.

비오스총서는 이러한 생명과 윤리에 대한 담론이 교차하는 '생명윤리'를 대상으로 하여, 이를 성찰적 사유의 영역으로 끌어들이고자 기획되었다. 생명윤리(bioethics)라는 말은 1970년대 초반 미국에서 탄생하였다. 우리나라에서 이 말이 의미 있게 쓰이기 시작한 것은 줄기세포 논문조작 사건이 일어났던 때부터이다. 생명과 윤리가 높은 관념의 영역에서 유희하고 있는 동안, 현실의 세계에서는 의학과 생명과학이 놀라울 정도로 발전하고 있었던 것이다. 그렇지만 의학과 생명과학의 놀라운 '발전'이, 인간 생명의 존엄성, 인권과 정의라는 우리 사회의 핵심 가치에 대하여 어떤 도전이 되며 그에 대해서 어떻게 대응해야 하는지에 관한 진지한 숙고는 충분히 전개되지 못하였던 것도 사실이다. 한국의 지식인 사회는 의학과 생명과학이라는 전문적인 영역에서 벌어지는 기술적 발전의 현황과 그 함의에 대하여 민감하지 못하였으며, 의사와 생명과학자들 역시 자신들의 일을 수행하기에 필요한 법제도를 인지하는 것 이외에 그 배후에 존재하는 가치와 의미에 대해 근본적으로 성찰할 여유가 없었던 것이다.

우리는 오늘날 콩트가 말한 인지의 신학적, 형이상학적 단계에 살고 있지 않다. 오히려 어느 사이에 실증적 단계도 넘어선, 다원화된 민주주의 사회에 살고 있다. 진리에 대한 인식 태도가 달라진 것이다. 그렇다면 이 사회에서 생명과학과 의학이 초래한 가치의 위기는 어떻게 극복되어야 할 것인가? 그것은 다원적 민주사회의 진리관 하에서, 즉 실천적 사유와 담론의 장에서 민주적인 소통과 토론을 통하여 극복되어야 할 것이다. 비오스총서의 목적은 바로 한국의 지식사회에 그러한 소통과 토론을 촉진하기 위한 사유의 씨앗을 뿌리려는 데 있다. 지금 의학과 생명과학에서 일어나고 있는 일들은 장차 한국 사회 나아가 세계의 변화에 거대한 영향을 미칠 것이 분명하다. 그리고 이 문제들은 특정 분야의 몇몇 전문가의 힘만으로 해결될 수 있는 문제는 아니며, 과학기술의 힘만으로 해결될 수 있는 문제는 더욱이 아니다. 현대의 일상적 삶 속에서 생명과학과 의학에 의해서 형성되고 영향받는 영역은 개인의 삶의 모든 영역이라고 해도 과언이 아니다. 그런데 생명과학과 의학의 성취의 함의가 아직 충분히 규명되지 못했음에도 불구하고, 우리는 이에 관해 선택하고 결정하지 않을 수 없는 상황에 처해 있다. 그러한 선택과 결정을 올바르게 수행하기 위해서 우리가 안고 있는 문제들에 대한 깊이 있는 지적 탐색은 무엇보다도 긴요한 것이라고 하지 않을 수 없다.

이화여자대학교 생명의료법연구소는 2005년 설립된 이후 이 생명윤리를 연구하는 우리나라의 대표적인 기관으로서, 생명윤리 및 생명윤리 정책에 관한 연구를 위하여 그리고 이에 관한 담론의 확산을 위해 많은 노력을 기울여 왔다. 이제 어언 십년이 흐른 지금, 우리 사회에 생명윤리 담론의 착근과 확산, 그리고 더욱 수준 높은 연구 성과의 창출에 조금이라도 기여하기를 바라는 마음에서 그동안 거둔 결실의 일부를 이 비오스총서로 내놓는다.

여러 가지 부족함과 많은 한계에도 불구하고, 이 총서가 우리 지식사회의 생명윤리 관련 담론을 더욱 풍부하게 하고, 관련 서적과 자료가 부족한 현실에서 젊은 연구자들의 길잡이가 되며, 나아가 이러한 담론을 전개하는 가운데 성찰적 민주주의의 훈련이 이루어져서 우리 사회를 한층 더 성숙하게 하는 데 도움이 될 수 있다면 그 이상 기쁜 일은 없을 것이다.

2014년 2월
이화여자대학교 생명의료법연구소 연구진 일동

비오스총서 007

인간보다 나은 인간

초판1쇄 인쇄 2015년 10월 9일
초판1쇄 발행 2015년 10월 16일

지은이 앨런 뷰캐넌
옮긴이 심지원, 박창용
펴낸이 김수영
펴낸곳 로도스출판사

출판등록 2011년 2월 22일 제301-2011-035호
주소 서울시 성북구 동소문로 118 플라망스타워 1105호
전화 02-3147-0420~0421
팩스 02-3147-0422
이메일 rhodosbooks@naver.com

© 로도스, 2015, Printed in Seoul, Korea.

ISBN 979-11-85295-20-6 94190
　　　979-11-85295-10-7(세트)

값은 뒤 표지에 있습니다.
잘못된 책은 바꿔드립니다.